U0620678

孟子研究

陈晓霞 主编

图书在版编目（CIP）数据

孟子研究. 第三辑 / 陈晓霞主编. -- 北京 : 九州出版社, 2023.7

ISBN 978-7-5225-1981-4

Ⅰ. ①孟… Ⅱ. ①陈… Ⅲ. ①儒家一文集②《孟子》一研究一文集 Ⅳ. ①B222.55-53

中国国家版本馆CIP数据核字(2023)第128659号

孟子研究·第三辑

作　　者	陈晓霞　主编
责任编辑	郝军启
出版发行	九州出版社
地　　址	北京市西城区阜外大街甲 35 号（100037）
发行电话	(010)68992190/3/5/6
网　　址	www.jiuzhoupress.com
印　　刷	北京旺都印务有限公司
开　　本	720 毫米 ×1020 毫米　16 开
印　　张	15
字　　数	280 千字
版　　次	2023 年 7 月第 1 版
印　　次	2023 年 7 月第 1 次印刷
书　　号	ISBN 978-7-5225-1981-4
定　　价	56.00 元

《孟子研究》编辑委员会

目　录

孟子思想研究

孟学史研究

儒学研究

儒学名家研究

孟子思想研究

《孟子》“天下之言性也”章研究与检讨

——从朱陆异解到《性自命出》“实性者故也”

丁四新 *

【摘要】“天下之言性也”章是《孟子》一书中最难理解的一章。(1) 从朱陆异解到近来，学者的意见大抵分为两系，一系认为孟子对于“天下之言性也，则故而已矣，故者以利为本”三句持肯定态度，朱子、焦循、俞樾、杨伯峻等属于此系；另一系认为孟子对于此三句持否定的态度，陆象山、毛奇龄、徐复观、裘锡圭等属于此系。两派学者对于《孟子》此章的解释大殊。(2) 竹书《性情论》(《性自命出》) 的公布，引发了学者对于《孟子》此章含义的重新探讨。裘锡圭等认为援引竹书来解释《孟子》此章是有效的，但笔者认为未必如此。竹书“室性者故也”之“室”，应当读为“实”；“故”在竹书中是一个褒义词，指有为或有目的的活动，具体指诗、书、礼乐“三术”，而非诈故、巧故之义。(3) 对于“天下之言性也”三句，孟子持肯定态度；“肯定系”的解释是可取的。朱子等人的解释带有时代特征，也未必尽是。“故”当训为“本故”“本然”，“利”当训为“顺利”。孟子的意思是说，天下之言性，不过是以其本故来谈论其善恶罢了；若以性之本故谈论其善恶，那么在思考、判断其善恶问题上即应当以顺利其性为根本原则。

【关键词】孟子；天下之言性也；《性自命出》

一、问题的提出

《离娄下》“天下之言性也”章，是《孟子》一书中最难训解的一章。是章曰：

(孟子曰) 天下之言性也，则故而已矣，故者以利为本。所恶于智者，为其

* 作者系清华大学人文学院哲学系教授。

凿也。如智者若禹之行水也，则无恶于智矣。禹之行水也，行其所无事也。如智者亦行其所无事，则智亦大矣。天之高也，星辰之远也，苟求其故，千岁之日至，可坐而致也。

对于此章，自宋代以来学者大起争议，训解即多有不同。朱子曾与门人反复答问此章之意，陆九渊云此章“人多不明其首尾文义”，而焦循《正义》则汇集了多种训解[①]。傅斯年曾说他读不懂此章，徐复观则断然认为“从来的注释家，都注释得很牵强”[②]。可见《孟子》此章难解，乃不争的事实。自上博竹书《性情论》（对应郭店简《性自命出》篇）整理、出版后，《孟子》此章应当如何训解的问题被再度激活，学界陆续发表了十多篇相关文章。不过，在笔者看来，当前的研究不但未使旧的争讼平息，反倒平添了新的争端。

在拜读了相关论著后，笔者认为颇有必要再梳理和检讨《孟子》“天下之言性也”章的古今注疏及今人的相关训解。大致说来，古人的注解可分为三类，一类从赵岐到二程、朱子，一类为陆九渊，一类为清人。清人的风气自由，意见多样，批评前人及彼此间展开批评，乃常见现象。今人的有关论著则集中在战国竹书《性情论》(《性自命出》) 出版以后，学者对于《孟子》“天下之言性也”章及竹书“实性者故也”发表了诸多意见。不过，在笔者看来，似乎其中没有一种说解或观点是足够令人信服的。

归纳起来，如下学术问题仍有待讨论：第一，梳理和辨析朱陆对于《孟子》“天下之言性也”章的训解和观点；第二，重新讨论《性自命出》“室性者故也”，并由此检讨当代学者对于《孟子》“天下之言性也”章的新解释；第三，探讨《孟子》“天下之言性也”章的本意，并平议朱陆训解之是非。同时，就探讨“天下之言性也”章的本意来说，如下问题是非常关键的：其一，孟子对“天下之言性也，则故而已矣”是持肯定还是持否定的态度？其二，章中的前两个“故”字是何义？且后一个“故”字与前两个“故”字是否同义？其三，孟子对于“利”字持肯定还是否定态度？而本章“利”字应当如何训解？这些问题，直接关系到我们如何理解《孟子》此章的本意。本文将着重结合竹书《性自命出》(《性情论》) 篇重新

---

① （宋）黎靖德编、王星贤点校：《朱子语类》卷 57，北京：中华书局，1986 年，第 1351—1354 页；（宋）陆九渊：《象山语录上》，钟哲点校：《陆九渊集》卷 34，北京：中华书局，1980 年，第 415 页；（清）焦循撰、沈文倬点校：《孟子正义》卷 17，北京：中华书局，1987 年，第 584—593 页。

② 转见梁涛：《〈性情论〉与〈孟子〉“天下之言性”章》，新出楚简与儒学思想国际学术研讨会论文，北京，2002 年 3 月 31 日—4 月 2 日。徐复观：《中国人性论史·先秦篇》，北京：九州出版社，2014 年，第 151 页。

讨论和回答这些问题。

二、从朱陆异解到今人的解释

（一）朱陆异解

从东汉至宋代，对于《孟子·离娄下》“天下之言性也”章的解释，可以分为两大派系，一派为赵岐、程伊川和朱子，朱子为其代表；一派为孙奭和陆九渊，陆九渊为其代表。这两派的解释对后人产生了深远的影响。其中，对于《离娄下》“天下之言性也”三句，孟子是持肯定还是持否定的态度，乃是两派解释首先要面对的问题。而对于“故”字和“利”字的训解不同，在一定程度上也影响了人们对于《孟子》此章大意的理解。

朱子的训解是继承赵岐和程子而再做变化的结果。赵岐《注》见于《十三经注疏》本[①]。伊川的训解主要见于《孟子精义》[②]。朱子的训解见于《孟子章句集注》和《朱子语类》卷五十七、卷五十九[③]。大致说来，赵岐、伊川和朱子的训解是这样的：首先，对于“天下之言性也，则故而已矣，故者以利为本”三句，赵、程、朱三人都认为孟子持肯定态度。这一点非常重要，它奠定了整章解释的基调。其次，赵、程、朱三氏一贯，都以《孟子》此章的主旨在于“皆为智而发”，不过有轻重的不同：赵氏说得轻，程子说得重，朱子则更加锱铢。再次，对于“故”字，赵氏训为“故常”，伊川训为“已然之迹”，朱子在“已然之迹”的基础上又训为性情之“情”和“有所以然之意”，显示他们的训解虽然出自同一脉络，但在不断变异。至于晚年，朱子将本章的解释直接笼罩在性情论的理论背景下。最后，对“则”与“利”的训释，三氏有异有同：赵氏训“则”为“不过是”，“利”字训为“循顺”；程子认为“则”是语助词，训“利”为“顺”，同时又训为“利益”；朱子则训“则”为“即”（“不过是”），训“利”为“顺”，他大体上放弃了“利益”一义。从训诂变化看三氏对文义和章义解释的变化，《孟子》此章的解释在不断深入理学的思想背景之中。反过来看，理学化的解释可以说改变了《孟子》此章某些关键字的训诂。

---

① 见（汉）赵岐注、（宋）孙奭疏：《孟子注疏》卷8，（清）阮元校刻：《十三经注疏（清嘉庆刊本）》第5册，北京：中华书局，2009年，第5938页。

② 见（宋）朱熹：《孟子精义》卷8，朱杰人、严佐之、刘永翔主编：《朱子全书》第7册，上海：上海古籍出版社、合肥：安徽教育出版社，2002年，第741—742页。

③ （宋）朱熹：《四书章句集注》，北京：中华书局，1983年，第297页；（宋）黎靖德编、王星贤点校：《朱子语类》卷57、59，第1351—1354、1380页。

对于《孟子》“天下之言性也”章，陆象山的解释与赵岐、伊川和朱子的训解大异。据《象山语录上》[①]，对于此章，象山大起异议，推翻故训，别出新解。其一，他训“故”为“故旧”和“陈迹”。象山崇尚日新、生生之道。其二，象山认为，孟子对于“天下之言性也”三句持否定态度，即不同意所谓“以故言性”的观点。在此，“则”字，象山训为“大抵”“不过”；“利”，他训为“利害”之“利”。其三，象山将孟子“千岁之日至，可坐而致也”两句当作反诘句来读。这是一个崭新的读法，但可惜未必正确。其四，对本章的宗旨，象山不像程朱那样强调“此章专为智而发”，而是强调所谓“新故孰为知性之本”这一点[②]。

总之，在南宋，朱子和陆九渊对于《孟子》“天下之言性也”章的解释已分为两系。

（二）清人的训解：毛奇龄、焦循和俞樾

在清代，毛奇龄、焦循和俞樾的相关训解比较重要。据《孟子正义》卷十七引毛奇龄《四书剩言补》[③]，毛氏训“则故而已矣”之“故”为“智故”，与赵、朱、陆之训不同。不过，毛氏的训解是错误的，不合《孟子》文意和孟子思想。焦循本人的训解，则见于《孟子正义》卷十七[④]。对于“故”字，焦循主要以“事”“往事”“已往之事”或“故迹”训之，同时兼训“故常”之义。“故”训“事”。对于“利”字，焦循有多种训解，但以“顺利”为主。从总体上看，焦氏是这样解释的：将《易传》所说天道变化及其已往之事迹作为人性之本，在“故事”之中能知其变化和知其利，则知人性之善，不通、不察、不明其故和不知其利，则不知人性之善，故由此诸子或言性恶，或言性善恶混，或分性为气质之性和义理之性。这种解释以易理为统帅，比较迂阔，应该说它离孟子本意较远。比较起来，程朱的解释似乎更贴近孟子本意。

俞樾的训解，见《群经平议》卷三十三“天下之言性也则故而已矣”条，其按语今引述如下：

> 《荀子·性恶篇》曰：“凡礼义者，是生于圣人之伪，非故生于人之性也。”

---

① （宋）陆九渊：《象山语录上》，钟哲点校：《陆九渊集》卷 34，第 415 页。

② （汉）赵岐注、（宋）孙奭疏：《孟子注疏》卷 8，（清）阮元校刻：《十三经注疏（清嘉庆刊本）》第 5 册，第 5838 页。

③ （清）焦循撰、沈文倬点校：《孟子正义》卷 17，第 585 页。

④ （清）焦循撰、沈文倬点校：《孟子正义》卷 17，第 584—589 页。

杨《注》曰：“故，犹本也。言礼义生于圣人矫伪抑制，非本生于人性也。”孟子言性善，则人性本有礼义，故曰：“天下之言性也，则故而已矣。”犹曰但言其本然者足矣，与荀子之语正相反。荀子又引舜之言曰：“妻子具而孝衰于亲，嗜欲得而信衰于友，爵禄盈而忠衰于君。”盖以证人性之恶。乃自孟子言之，则孝也、信也、忠也是其故也。妻子具而孝衰，嗜欲得而信衰，爵禄盈而忠衰，非其故也，无失其故斯可矣。故又曰：“故者以利为本。”言顺其故而求之，则自得其本也。孟子论性大旨其见于此。[①]

首先，俞樾认为，孟子对于“天下之言性也”三句持肯定态度。其次，俞樾训“故”为“本”或“本然”，与赵岐训“故常”相通。林桂榛从俞樾说，云：“《孟子》此章的‘故’系‘原本’义。”[②] 其实，在此之前，程伊川即训为“本如是者也”，与俞樾的训解相同。需要指出，从语法功能来说，《荀子·性恶》篇“非故生于人之性也”之“故”字为副词，而《孟子》“则故而已矣”之“故”字为名词，后者是“本故”“原故”“本然”“本如是者”之义。再次，俞樾训“利”为“顺”，这是传统注疏的解释，赵岐、伊川和朱子都作此训。最后，俞樾对于“天下之言性也”三句是这样解释的：天下之言性，但言其本然而已矣，顺其本然则得性善之旨。应该说，俞樾的解释不但贴近孟子的思想，而且能够与传统注疏相贯通。

（三）今人的解释

在郭店简出版以前，对于《孟子》“天下之言性也”章的训解值得注意的当代学者有黄彰健、徐复观和杨伯峻三位先生。黄、徐二氏的训解大抵同于陆象山，今不赘述[③]；而杨伯峻的解释则属于朱子一系。杨氏的训解见于《孟子译注》一书。此书初版于1960年，发行量巨大，影响甚广[④]。杨氏的翻译如下：

天下的讨论人性，只要能推求其所以然便行了。推求其所以然，基础在于顺其自然之理。我们厌恶使用聪明，就是因为聪明容易陷于穿凿附会。假若聪明人像禹的使水运行一样，就不必对聪明有所厌恶了。禹的使水运行，就是行

---

① ［清］俞樾：《群经平议》卷33，顾廷龙主编，《续修四库全书》编纂委员会编：《续修四库全书》178册，上海：上海古籍出版社，2002年，第537页。

② 林桂榛：《〈孟子〉“天下之言性也”章辨正》，《孔子研究》2014年第4期，第71页。

③ 黄彰健：《释孟子“天下之言性也则故而已矣”章》，见氏著：《经学理学文存》，台北：商务印书馆，1976年，第224页；徐复观：《中国人性论史·先秦篇》，第151—152页。黄文原发表在《大陆杂志》10卷第7期（1955年）上。

④ 杨伯峻：《孟子译注》，北京：中华书局，1960年，第196页。

其所无事,(顺其自然，因势利导。)假设聪明人也能行其所无事,(不违反其所以然而努力实行,)那聪明也就不小也。天极高，星辰极远，只要能推求其所以然，以后一千年的冬至，都可以坐着推算出来。[①]

在此，杨伯峻首先认为孟子对于“天下之言性也”三句持肯定态度。进而，他认为三个“故”字同义，训“故”为“所以然”，训“利”为“顺”。“故”训为“所以然”，这即是“原故”“本故”的引申。从总体上看，他的解释是通达的，但在整体上也受到现代语境的明显影响。如“苟求其故”，赵岐释为“苟求其故常”，此“故常”之义与“所以然”有相当差距；而程朱解为“已然之迹”，则与杨训的差别更大。同样，“则故而已矣”，杨氏训解为“只要推求其所以然便行了”，这是在故训的基础上跳转了一步，在字面上与故训存在一定的差距。对于“故者以利为本”一句，杨伯峻的翻译主要依从程朱意思，云:“推求其所以然，基础在于顺其自然之理。”“推求其故”的意思，即以循顺自然之理为基础。这与赵岐《注》存在一定的差距。赵《注》曰:“以言其故者以利为本耳。”赵氏以所顺者为“故”，“故者以利为本”即顺其故常之意。衡量这两种训解，赵岐《注》更为素朴，似乎更接近于孟子本意。

三、《性自命出》“室性者故也”辨疑

竹书《性情论》(《性自命出》)释文的出版，引发了学者对于《孟子·离娄下》“天下之言性也”章的热烈讨论。这场讨论，首先是从梁涛那里发轫的，随后裘锡圭接过此一话题，由此引起了学者的较大关注。近十五六年，不断有学者讨论《孟子》此章，试图解决此章的文本和文意问题。多数学者肯定援引竹书来讨论此章训解的必要性，但也有部分学者表示异议，否定此一做法的必要性和有效性。

(一)《性自命出》“室性者故也”辨疑

学者援引竹书《性自命出》来解释《孟子》“天下之言性也”章，其相关文本的关键问题集中在“室性者故也”一句及其相关文字上，特别在“室”字的释读、“室性”的读法及“故”字的训释上。

先看关键文本“室”字的释读。竹书“凡性或动之”章,《性自命出》在第9—14号简,《性情论》在第4—7号简，今依《性自命出》引出此章释文(引文从宽式):

① 杨伯峻:《孟子译注》，第196页。

> 凡性，或动之，或逆之，或室（实）之，或厉之，或屈之，或养之，或长之。凡动性者，物也；逆性者，悦也；室（实）性者，故也；厉性者，义也；屈性者，势也；养性者，习也；长性者，道也。凡见者之谓物，快于己者之谓悦，物之设者之谓势，有为也者之谓故。义也者，群善之蕝也。习也者，有以习其性也。道者，群物之道（导）。

引文中的“性”字，原皆写作“眚”，《性情论》亦是如此。在《性自命出》中，“性”字一律写作“眚”，与“生”字明确相区别[①]。“室”字，郭店简原释作“交”，上博简释作“恔”，读作“交”[②]，皆误。裘锡圭首先指出，上博简的那个字，其实从室从心，上下结构，而不是所谓从交从心；郭店简的那个字，其实从交从又，上下结构，而不是“交”字。他根据上博简的那一字认为，郭店简的此字乃“室”字的误摹[③]。“交”字在《性自命出》（ ）或《性情论》（ ）中出现多次，其写法确实与此字不同，裘先生的判断是对的。因此，凡据“交”字来解释这段简文者，都是错误的。

再看“室性”的读法。裘锡圭先认为郭店简的“室”或上博简的“[illegible]”字“似应读为实”，训为“充实”。同时，裘先生又列二说，一读“室”（[illegible]）为“窒”；又作如字读，云“室性”为“为性筑室”“给性一个框架”[④]。后来，裘先生放弃了“实性”和“窒性”的读法，而将“室（或[illegible]）”字读为“节”；“节”即“节制”，他说：“‘室（[illegible]）性’就是‘节性’”[⑤]。

裘先生以上训释或说法，哪一个是正确或可靠的？这是需要慎重回答的问题。笔者认为，竹简“室（或下从心）”，读为“实”的说法是可取的；读为“窒”或“节”，是不可取的。从声韵来说，“室”（书纽质部）、“实”（船纽质部）可以通假。《说文·宀部》曰：“室，实也。”段玉裁说，“人物实满其中”故谓之“室”。“室”在竹简中当读作“实”。《说文·宀部》曰：“实，富也。”段《注》曰：“以货

① 参见拙文：《生、眚、性之辨与先秦人性论研究之方法论的检讨》，载《先秦哲学探索》，北京：商务印书馆，2015 年，第 19—20 页。拙文原载《中国哲学与文化》第 6、7 辑，桂林：广西师范大学出版社，2009、2010 年。

② 荆门市博物馆编：《郭店楚墓竹简》，北京：文物出版社，1998 年，第 179 页；马承源主编：《上海博物馆藏战国楚竹书（一）》，上海：上海古籍出版社，2001 年，第 226—227 页。

③ 参见裘锡圭：《中国出土古文献十讲》，上海：复旦大学出版社，2004 年，第 308—316、260—276 页。

④ 上引裘说，见氏著《中国出土古文献十讲》，第 312、313 页。

⑤ 上引裘说，见氏著《中国出土古文献十讲》，第 260—261 页。

物充于屋下是为实。”[①]“实”作为动词，即充实、充满之义。李锐赞成“室”读为“实”的意见，他说：“笔者倾向于将‘室性’读为‘实性’，即是充实、扩充、完成性……‘实性者，故也’，是指用圣人有为而制作的人伦规范来充实性。”他并引《孟子·公孙丑上》“知皆扩而充之”、《尽心下》“充实之谓美，充实而有光辉之谓大”为证[②]。在观念上这即是所谓实性。笔者认为，李锐的读法是值得肯定的。《论衡·气寿篇》曰：“人之禀气，或充实而坚强，或虚劣而软弱。充实坚强，其年寿；虚劣软弱，失弃其身。”从实质的意义上说，《论衡》此篇即存在所谓“实性”的观念[③]。

回头再看“窒性”和“节性”的说法。如果“窒”如字为训，那么“窒性”的说法不仅古书无一见，而且与竹书《性自命出》的文意不相符合。“节性”的说法虽然已见于先秦古书，但郭店简《性自命出》的“节（節）”字无一例外地都写作“即”，或写作从辵之“即”，上博简《性情论》则一般直接写作“节（節）”，只有一例写作“即”。这说明，裘锡圭将简文“室（或𡫸）”读为“节（節）”字确实很成问题。而且，在古典语境中，“节性”是针情欲来说的，此义显然不符合竹书《性自命出》的文意。而如果“室性”是所谓“为性筑室”或“给性一个框架”的意思，那么这种解释难免给人以生涩、怪诞之感，而事实上，先秦秦汉传世古籍从未出现过此词。总之，读作“节性”，或如字读作“室性”，对《性自命出》来说都是讲不通的。

最后看竹简“故”字的训释。裘锡圭先说竹简“故”字之义与“故典”“故事”“故俗”相当[④]。后来，他对此字之义做了繁杂的训解：（1）简文以“有为也者”来解释“故”，跟荀子作“人为”讲的“伪”字的意义很相近；（2）竹简“不同方而交以故者也”的“故”字，是“有目的的考虑”之义；（3）所谓“故”主要应指合乎儒家思想的各种礼制和伦理道德规范，可用当“有为也者讲”的“故”来指称；（4）简文“节性者故也”的“故”字，应该指“能节制人性的成例、规范、制度之类的东西”，“与《左传》《公羊传》《礼记》中当‘旧典’‘故事’‘故俗’讲

① （清）段玉裁：《说文解字注》，上海：上海古籍出版社，1988年，第338、340页。

② 上引李锐文，见氏著《郭店简〈性自命出〉实性说》，载丁四新主编《楚地简帛思想研究（三）》，武汉：湖北教育出版社，2007年，第446页。李锐在《郭店简与〈孟子〉“天下之言性”章的“故”字》一文中有相同意见，见《北京师范大学学报（社会科学版）》2009年第3期，第142页。

③ 《春秋繁露》有《实性篇》，但其所谓“实性”是“质性”之义，与竹简的“实性”一词根本不同。竹简“实性”一词，为动宾结构。

④ 裘锡圭：《谈谈上博简和郭店简中的错别字》，载《中国出土古文献十讲》，第312页。

的‘故’相类”[①]。裘氏的这些说法值得重视，但是他对于竹简“故”字的训释未必精当，仍需检讨。竹书一曰“实性者，故也”，再曰“有为也者之谓故”，而“有为也者之谓故”即见于竹书下文“凡道心术为主”章。从这两章文本来看，竹书“故”字其实包含三重含义：（1）“有为”之义，“为”读去声，“有为”即有目的、有意图之义；（2）竹书作者对“有为也者之谓故”的“故”字持肯定态度，它与《性情论》第25号简“不同方而交，以故者”（《性自命出》在第57号简）的“故”字明显不同，后一“故”字大体上属于中性词，但包含着一定的贬义成分。裘锡圭混淆了这两个“故”字的价值色彩。（3）有心、有目的的活动可以外化为“道”之“术”，竹书称为诗、书、礼乐三术，裘氏谓之为“旧典”“成例”。同时，“故”字的含义还需与“物”“悦”“义”“势”“习”“道”作适当区分，不能彼此混淆。总之，竹书“实性者故也”之“故”字，首先指有为（有目的、有意图）的活动，其次指其外化的产物，如诗、书、礼乐，且后者必须通过前者才能充实其性，才能产生相应的教化作用，《性自命出》第18号简曰：“教，所以生德于中者。”

下面顺便检讨梁涛、李锐对竹书“室性者故也”的训解。梁涛在一个会议论文中先据郭店简《性自命出》“交性者故也”，训“交”为“更”，训“故”为“有意识、有目的的行为”，并将此句译作“教导、完善它的是有意识的人为”[②]。后来，他正式发表这篇论文时从裘锡圭说，所引简文作“节性者故也”[③]。对于“故”字的训解，他也吸纳了裘先生训“成例”“规范”的意见，只不过他是按照荀子的思路来进行解释的。他说：“作为外在规范的‘故’之所以能够‘节性’，显然是靠‘化性起伪’，是靠积习、习惯的力量来实现的。”由此，他将竹简此句翻译为：“节制、完善它的是礼义典故。”[④]正如上文所云，“室”读为“节”是不对的；同时，用荀子的思路来理解竹书“室性者故也”这句话，也是不恰当的。

就“室性”，李锐批评“节性”的读法而赞成“实性”的读法，这是可取的。他说：“《性自命出》强调对天命之性的充实，有可能启发了孟子。”并引《孟子》

① 裘锡圭：《由郭店简〈性自命出〉的“室性者故也”说到〈孟子〉的“天下之言性也”章》，见氏著《中国出土古文献十讲》，第264—269页。

② 梁涛：《〈性情论〉与〈孟子〉“天下之言性”章》，新出楚简与儒学思想国际学术研讨会论文，北京，2002年3月31日—4月2日。

③ 梁涛：《竹简〈性自命出〉与〈孟子〉“天下之言性”章》，《中国哲学史》2004年第4期，第72页。

④ 梁涛：《竹简〈性自命出〉与〈孟子〉“天下之言性”章》，《中国哲学史》2004年第4期，第73页。

"充实之谓美"等来作证据[①]。不过，需要指出，孟子的"充实"说或"扩充"说以人性善为前提，其工夫路数是由内向外的扩充。这一点，与《性自命出》"实性者故也"显然不合。当然，我们可以说，孟子有可能创造性地吸收和转化了竹书的"实性"说。《性自命出》的写作在前，《孟子》的成书在后。对于竹简"故"字，李锐同意裘锡圭的说法，并将其应用到《孟子》"天下之言性也"章"故"字的训解上[②]。

总之，对于竹简"故"字，裘锡圭、李锐的训释大体相同，而梁氏训为"习惯"，且以荀子思路作解，这是不恰当的。而对于竹简"室"字，大多数学者盲从裘锡圭的"节性"说，但此种读法未必是可靠的。在笔者看来，"实性"的读法其实更为可靠，更为恰当。

（二）梁、裘、李三氏的做法与学者的批评

援引竹书的实性说及对"室性者故也"的"故"字解诂，能否有效地解释《孟子》"天下之言性也"章的本意，使得《孟子》此章训解的困惑涣然冰释呢？这是一个值得追问的问题。

梁涛、裘锡圭和李锐三人先后引入《性自命出》的相关文本及其"故"字的训诂来解释《孟子》此章的本意，在三氏看来，他们的这种努力无疑是有效的[③]。不过，与三氏的意愿相反，大多数学者却否定了他们的做法，即否定引入竹书以解释《孟子》此章的有效性。田智忠说："近来出土的文献，不但没有使该问题得到解决，反而加剧了这场争论。我们不能对于借助出土资料来解决传世文献的训诂问题过于乐观。"[④]李世平说："利用《性自命出》并不能解决'天下之言性也'章的难解问题，反而会增加一些不必要的缠绕。"[⑤]林桂榛说："仅依靠新出土的楚简《性自命出》篇'节性者，故也''有为也者之谓故'就像发现了新大陆似地以

---

① 李锐：《郭店简〈性自命出〉"实性"说》，丁四新主编：《楚地简帛思想研究（三）》，第443—447页；李锐：《郭店简与〈孟子〉"天下之言性"章的"故"字》，《北京师范大学学报》社会科学版2009年第3期，第142页。

② 李锐：《郭店简与〈孟子〉"天下之言性"章的"故"字》，《北京师范大学学报》社会科学版2009年第3期，第143页。

③ 梁涛：《〈性自命出〉与〈孟子〉"天下之言性"章》，《中国哲学史》2004年第3期，第72、76页；裘锡圭：《由郭店简〈性自命出〉的"室性者故也"说到〈孟子〉的"天下之言性也"章》，《中国出土古文献十讲》，第273页。李锐：《郭店简与〈孟子〉"天下之言性"章的"故"字》，《北京师范大学学报》（社会科学版）2009年第3期，第141页。

④ 田智忠、胡东东：《论"故者以利为本"——以孟子心性论为参照》，《福建师范大学学报》（哲学社会科学版）2007年第5期，第48—49页。

⑤ 李世平：《"天下之言性也"章再释——兼与梁涛博士商榷》，《学术界》2013年第1期，第110页。

为‘天下之言性也，则故而已矣，故者以利为本’之‘故’也是‘有为’之‘故’，进而在这个判断的基础上解‘天下之言性也’章，这很缺乏‘内证’方法及力量，流于外部论证，说服力明显不够……解‘故’字须先看内证，内证才是最有效的。”[①]此外，徐克谦、陶晓春等人的文章在此期间根本没有提及竹书《性自命出》篇，这更谈不上赞成裘、梁、李三氏的做法[②]。

（三）检讨与看法：援引竹书以解决《孟子》“天下之言性也”章的理解问题其实未必有效

笔者认为，梁涛、裘锡圭和李锐三氏援引竹书《性自命出》(《性情论》）篇来讨论《孟子》“天下之言性也”章，从动机来看是必要的，但这一做法是否有效，则是值得严格检讨的。

裘锡圭认同陆象山对《孟子》此章的解释，他将竹书“故”字解释为“人为的规范、准则”，并以此去解释《孟子》“天下之言性也”章的前两个“故”字。他说：“《性自命出》的以‘故’节制人性的说法，告子‘以人性为仁义，犹以杞柳为桮棬’的说法，也显然是孟子的批评对象，说不定还是他心目中的主要批评对象。”通观裘氏的做法，有几点是应当怀疑甚至否定的：一者，上文已指出，既然他的竹书“节性”说不能成立，那么他由“有为也者之谓故”推及“故”字应当训解为外在的“人为的规范、准则”的说法亦未必能够成立。二者，既然《性自命出》说“诗、书、礼乐，其始出皆生于人”，那么作为“有为”之“故”的诗、书、礼乐三术真的是完全外在于人的吗？这样看来，所谓“外在”只是一个相对的概念，从究竟义来看，诗、书、礼乐三术不但来源于人自身，而且其教化目的正在于“生德于中”。其三，对于《孟子》“天下之言性也”章的第三个“故”字，裘锡圭训释为“星辰运行的常规”，则与前两个“故”字的含义不一致。最后，他认为“天下之言性也，则故而已矣”的意思是：“一般讲性的人，把人性所固有的仁义礼智，仅仅看成外在的人为的规范、准则了。”[③]但这很难说是孟子的准确看法。在孟子之前，有多重人性论主张，第一种像告子主张“仁内义外”，但从孟子的“内外”概念来看，告子所说“仁内”其实也是外在的；第二种主张人性可以

① 林桂榛：《〈孟子〉“天下之言性也”章辨正》，《孔子研究》2014年第4期，第69页。

② 徐克谦：《〈孟子〉“天下之言性也”章探微》，《南京师范大学》（社会科学版）2011年第2期，第118—123页；陶春晓：《从“天下之言性也”章看孟子的人性论》，《辽宁广播电视大学学报》2014年第4期，第118—120页。

③ 以上引文，俱见裘锡圭《由郭店简〈性自命出〉的“室性者故也”说到〈孟子〉的“天下之言性也”章》，见氏著《中国出土古文献十讲》，第271—272页。

为善、可以为恶，其仁义跟人性的内外关系不明；第三种主张人性有善有恶，其中就其性纯善之人来说，其仁义无疑是内在的。相关文献可以参见《孟子·告子上》。就《性自命出》来看，第4—5号简曰："善不善，性也（'善性也'三字据上博简补）；所善所不善，势也。"人具有善恶评价（道德评价）的天赋，这正是人性之所以为善的前提。第39号简曰："笃，仁之方也；仁，性之方也，性或生之。"这是说"仁"是内在于人性的。另外，郭店简《语丛二》说"爱生于性""慈生于性""智生于性""情生于性，礼生于情"，它们说明爱、智、礼皆是内在的，都出于人性。总之，在孟子之前，持"仁"内在于人性的观点是很普遍的，而持"义"内在于人性的观点也并非没有。由此可知，将"天下之言性也，则故而已矣"理解为当时诸子普遍将人性"仅仅看成外在的人为的规范、准则"的观点，这显然是不对的，或者不够准确的。也因此，裘氏训《孟子》此"故"字为"外在的人为的规范、准则"的说法，即很难说是正确的。

梁涛对于《孟子》"天下之言性也"章的解释从总体上看属于赵岐、程朱一系。梁氏一开始训前两个"故"字为"修习"，后一个"故"字为"运行规律"，"利"训为"顺"[①]。在受到裘锡圭的批评后，他将前两个"故"字训为"积习"，后一个"故"字仍旧训解为"运行规律"。他的翻译是这样的："人们所谈论的性，往往不过是指积习而已。积习的培养要以顺从人的本性为根本，人们之所以厌恶智，是因为用智的人往往穿凿附会（不从事物本身出发）。如果用智的人能像大禹治水一样，那么人们就不会厌恶智了。大禹治水（顺从水的本性，采用疏导的办法），不有意多事。如果用智的人也不有意多事，那么智的作用就大了。天极高，星辰极远，如果了解它们的运行规律，千年之内的日至，坐着都可以推算出来了。"[②]很明显，这是以荀子解释孟子，或者说，以荀子惑乱《孟子》。孟子的人性工夫论，不过操存、存养、求其放心、扩充、寡欲和尽心知性之类而已，与荀子重积习、化性起伪的主张大殊。另外，梁氏"积习"和"运行规律"之训解相差很大。最近，在《孟子"天下之言性"章与孟子性善论》的推文（《中华读书报》公众号，2018年4月26日）中，他将后一"故"字训解为"习惯"，试图统一全章的三个"故"字义，但问题同样存在。而且，"习惯"是一个主观色彩很浓厚的词语，以其来描述天体运行的状态，这属于典型的用词不当。

李锐的解释在总体上属于陆象山一系。他借用竹书《性自命出》来训解《孟

① 梁涛：《〈性情论〉与〈孟子〉"天下之言性"章》，新出楚简与儒学思想国际学术研讨会论文，北京，2002年3月31日—4月2日。

② 梁涛：《〈性自命出〉与〈孟子〉"天下之言性"章》，《中国哲学史》2004年第3期，第74页。

子》“天下之言性也”章的“故”字，认为前两个“故”字是“有为、有目的、有原因、有缘故（的言论）”，而后一个“故”字“可以解释为原因、原故，有为的缘故、有目的而为的原因，引申为规律”；训“利”为“利害”之“利”[①]。从其论证来看，其一，李锐首先认为《性自命出》的“故”字义合乎《孟子》“天下之言性也”章的“故”字义，然后在引申的基础上直接做了挪用。这种做法难免有武断之嫌。不仅如此，李锐认为此“故”字在《孟子》此章中是贬义的，为孟子所批评的，因此此“故”字其实即“诈故”“巧故”之“故”字。但是，作“诈故”“巧故”讲的“故”字，真的符合《孟子》此章的文意吗？在笔者看来，李锐训解的错误正与毛奇龄氏同。其二，李锐对于后一“故”字所做的引申，很难说是可靠的。从“有为也者”之“故”到“原因”“原故”，再到“规律”，这种引申其实滑转得很厉害。实际上，《性自命出》“有为也者”之“故”，是一种有目的、有意图的主观之“故”，与纯粹表原因的“故”字有较大差别，而表示天体运行的“规律”一词，则与之相差更大。需要指出，古人表达“规律”义时一般使用“道”“则”“法”等字词。而且，单纯表原因的“故”字不是由“有为为之”的“故”字义引申的，它实际上来源于“使为之”的“故”字。“故”是“古”字的孳乳字。《说文·攴部》曰：“故，使为之也。”此其本义。段玉裁《注》曰：“今俗云原故是也。凡为之，必有使之者，使之而为之则成故事矣。引申之，为故旧。故曰：‘古，故也。’《墨子·墨经上》曰：‘故，所得而后成也。’”[②]反观竹书“有为也者之谓故”，它应当是“使为之”之“故”字义的引申。综合来看，李锐在应用竹书“故”字义以解释《孟子》“天下之言性也”章的前两个“故”字和后一“故”字时，在语义上都做了或大或小的改变。而其做法是否有效，则是非常令人怀疑的。

总之，能否以竹书《性自命出》的“实性者故也”一段文字来疏通《孟子》“天下之言性也”章的文意，这是一个令人颇为怀疑的做法。在笔者看来，它至多提供了一种全新的解读思路，即以所谓“二重证据法”来解决从前疑难问题的思路[③]。这种做法是否有效，还是要回到《孟子》本章及其全书中做检验。

---

① 李锐：《郭店简与〈孟子〉“天下之言性”章的“故”字》，《北京师范大学学报》（社会科学版）2009年第3期，第143页。

② （清）段玉裁：《说文解字注》，第123页。

③ 王国维：《古史新证·总论》，谢维扬、房鑫亮主编，骆丹等副主编：《王国维全集》第11卷，杭州：浙江教育出版社，2010年，第241—242页。

四、两系说总结与本文的结论

（一）《孟子》“天下之言性也”章研究：肯定系与否定系的观点

众所周知，《离娄下》“天下之言性也”章是《孟子》一书中最令人费解的一章，其难解之处不仅在于对其章意大旨大家有争议，而且在于学者对于某些文字和文句的训解自宋代以来即众说纷纭，莫衷一是。不过，总结古今训解，大体形成了两系或两派的意见。而这两系或两派意见的形成，俱以孟子对于“天下之言性也，则故而已矣，故者以利为本”三句持肯定或持否定态度为基础，认为孟子对此三句持肯定态度者为一系（简称“肯定系”），认为孟子对此三句持否定、批判态度者为另一系（简称“否定系”）。在南宋时期，陆九渊断然抛弃传统注疏，别出新解，他认为孟子对“天下之言性也”三句持否定和批判的态度。朱子继承了赵岐、伊川的说法，认为孟子对“天下之言性也”三句持肯定态度。这样，朱陆各自成为当时“肯定系”和“否定系”的代表人物。在清代，焦循、俞樾属于“肯定系”，而毛奇龄则属于“否定系”。在 20 世纪五六十年代，杨伯峻属于“肯定系”，而黄彰健、徐复观则属于“否定系”。最近十余年来，“否定系”的人马大增，裘锡圭、徐圣心、李锐、田智忠、徐克谦、任新民、丁为祥等学者加入其中；而“肯定系”则门前冷落，目前可见梁涛、林桂榛、李世平、陶春晓四位。不过，真理的本性是，肯定或否定人数的多寡，与真是真非没有必然的联系。

“肯定系”，即认为孟子赞成“天下之言性也，则故而已矣，故者以利为本”之一系，在具体训解上不尽相同。赵岐训“故”为“故常”，乃就人性本然如是、恒常如是者而言之；“利”，赵氏训为“顺利”“循顺”[①]。伊川训“故”为“本如是者”，又说“故者旧也”，训“利”为“顺利”，同时兼取“利害”之“利”义。在他看来，《孟子》“天下之言性也”三句是说：谈论人性之本如是者，应当以循顺之而不害为原则[②]。在此，伊川的训解与赵岐《注》是相通的，不过略有推阐而已。朱子继承了伊川的训解，同时将《孟子》此章置入性情论中来作解释，认为“性、故”犹如“性、情”，是已发与未发的关系。“故”，他训为“已然之迹”；“利”，他训为“循顺”[③]。这一训解与他的解释理论是一致的。应该说，朱子沿着程子的解

① （汉）赵岐注、（宋）孙奭疏：《孟子注疏》卷 8，（清）阮元校刻：《十三经注疏（清嘉庆刊本）》第 5 册，第 5938 页；（清）焦循撰、沈文倬点校：《孟子正义》卷 17，第 584—593 页。

② （宋）朱熹：《孟子精义》卷 8，朱杰人、严佐之、刘永翔主编：《朱子全书》第 7 册，第 740—742 页。

③ （宋）朱熹：《四书章句集注》，第 297 页；（宋）黎靖德编、王星贤点校：《朱子语类》卷 57、59，第 1351—1354、1380 页。

释向前进，达到了此系训解的极限。反过来看，赵岐的训解相当朴素，而朱子的解释则叠床架屋，并生挠曲。焦循的训解依违于朱陆之间，他认为孟子未必赞成"天下之言性也，则故而已矣"，但欲以"故者以利为本"来规范"往事"（"故"），因此在他看来，"故者以利为本"才是孟子此章思想的重点。所谓"故"，焦氏训为"事""迹"，"则故"之"故"训为"往事"（"已往之事"），"苟求其故"之"故"训为"故迹"，两训之间有不小的距离。所谓"往事"（"则故而已矣"），焦循指为《孟子·告子上》公都子所述三种人性论及《荀子·性恶篇》所说曾参、闵子骞、孝己之孝行等"往事"；"利"，他训为"顺利""和顺""通顺"和"有利"等义；"故者以利为本"，即谈论往事应当以顺利人性本身为基本原则[①]。俞樾训"故"为"本故""本然"，"利"训为"顺"[②]，他的解释非常接近程伊川和赵岐的解释。杨伯峻训"故"为"所以然"（即训"故"为"原故"），"利"训为"顺"[③]。训为"顺"，是赵岐、程朱的故训。按之《孟子》原文，杨氏"所以然"的训解不但自圆其说，而且与赵岐、程伊川、俞樾的训解是相通的。总之，在此系中，赵岐、程伊川、俞樾和杨伯峻的解释非常接近，而朱子的解释受到儒家性情论、已发未发理论的严重影响，焦循的训解则与上述诸人的解释多有参差。

"否定系"，即认为孟子否定和批判"天下之言性也，则故而已矣，故者以利为本"之一系，在具体训解上亦不尽相同。陆九渊是朱子的论敌，他倡导异说，训"故"为"故迹""陈迹"，"利"为"利害"之"利"，认为"天下之言性也"三句是孟子批评战国诸子据陈迹言性，不过以利害言性罢了。在义理上，陆九渊阐扬新故之理，与朱子以性情论训解之迥异。正因为以"新故之理"为训，所以陆九渊将《孟子》此章末二句作为反诘疑问句来读，他说："孟子言'千岁之日至，可坐而致也'，正是言不可坐而致，以此明不可求其故也。"[④]需要指出，迄今为止，陆氏的读法是独特的，没有人跟从他的这一读法。"故"字，清人毛奇龄又出新解，训为"智故""诈故"或"伪故"；"利"，他训为"利害"之"利"[⑤]。审察毛氏的训解，其实属于望文生义，不合孟子和先秦儒家之本意。儒家不是反智主义者，对"智故"的态度与道家根本不同。今人黄彰健训"则故而已矣"之"故"字为"故事""有所事"，训"苟求其故"之"故"为"原故"，二字异训；"利"，训为"利

① （清）焦循撰、沈文倬点校：《孟子正义》卷 17，第 584—589 页。

② （清）俞樾：《群经平议》卷 33，顾廷龙主编、《续修四库全书》编纂委员会编：《续修四库全书》178 册，第 537 页。

③ 杨伯峻：《孟子译注》，第 196 页。

④ （宋）陆九渊：《象山语录上》，钟哲点校：《陆九渊集》卷 34，第 415 页。

⑤ （清）焦循撰、沈文倬点校：《孟子正义》卷 17，第 585 页。

害”之“利”[①]。徐复观训“则故而已矣”之“故”字为“习惯”，训“苟求其故”的“故”字为“本”;“利”，训为“义利”之“利”[②]，与陆象山、毛奇龄、黄彰健同训。其实，黄健章不但在“故”字的训诂上有误，两“故”字之训大相龃龉，而且他以道家来解释《孟子》此章，都说明他的解释是不可靠的。徐复观同样将“则故”和“其故”的两个“故”字异训，他将前一字训为“习惯”，这显然超出了故训的范围。总之，此一系的训解者均有先入之见之弊，均有大胆否定传统注解和故标新意之弊。检讨下来，他们的训诂多不严谨，解义多不通贯，因此可以断定他们的解释是不可靠的。

在上博简《性情论》(郭店简《性自命出》)出版后，裘锡圭、梁涛和李锐都援引《性自命出》的相关文本来疏通《孟子》“天下之言性也”章的本意，并认为这一做法是有效的。其实，竹书“实性者故”的“故”字是否在字义上即为《孟子》“则故而已矣”和“苟求其故”的“故”字，这首先是一个问题。裘锡圭训“故”为“外在的人为的规范、准则”，这不但对竹书“实性者故也”之“故”字存在一定的误解，而且很难据此即认为它完全可以纾解《孟子》此章训解之困。对于“苟求其故”的“故”字，裘氏训为“星辰运行的常规”。这样，在他那里，不但“则故”“其故”之两“故”字义不能统一，而且“常规”与竹书《性自命出》的“故”字义其实无关。李锐的训解接近裘说，不过对于“则故”“其故”这两个“故”字，他的训解不一，前一个“故”字他训为“有为、有目的、有原因、有缘故(的言论)”，且以为贬义，其实这即是训为“诈故”“巧故”。梁涛对于这两个“故”字的训解亦不一，他将“则故”之“故”字训为“习惯”，这是继承徐复观相关训解的结果。归纳起来，正如一些学者所云，援引竹书《性自命出》来解释《孟子》此章文意，不但无益，反增纷扰。笔者认为，《性自命出》的实性说对于《孟子》此章本意的解决具有一定的启示意义，但不可以随意夸大。目前看来，此种做法确实激发了学者的研究兴趣，使人们在一段时间内聚焦于《孟子》此章应当如何训解的问题上。

(二)批评与结论

权衡这两派学者的相关训解和讨论，笔者认为“肯定系”的训解更为可靠。“故”，是“古”的孳乳字。《说文·攴部》曰:“故，使为之也。”“使为之”，即俗所谓“原故”一词。这是“故”字的本义。“故”还有“事”“变故”“故事”“成

① 黄彰健:《释孟子“天下之言性也则故而已矣”章》，氏著:《经学理学文存》，第222—226页。
② 徐复观:《中国人性论史·先秦篇》，第151—152页。

例”“旧”“原来”等义，皆是“原故”的引申义。《孟子·离娄下》“则故而已矣”之“故”字，训“故常”“本如是”“本然”或“本故”，于义为近；训为“事”“故事”“已然之迹”“旧迹”，甚至“成例”，亦在允许的范围内；唯训为“智故”“巧故”或“伪故”，不合于《孟子》此章大旨，而训为“习惯”则超过了故训范围。“利”，乃“犂”字之初文[①]。《说文·刀部》曰：“利，铦也。”“利”即“锋利”，此为典籍中“利”字的本义。由此引申，“利”有“财利”“利润”等义；其中由“财利”再引申，“利”有“有利”“利益”“顺利”等义[②]。《孟子·离娄下》“故者以利为本”之“利”字，主要有两种训解，一种训“顺利”，见赵岐、程伊川、朱熹、焦循、俞樾、杨伯峻等的训解，一种训为“利益”“利害”之“利”，见陆九渊、毛奇龄、黄彰健、徐复观和裘锡圭等的训解。持后一训的人除了固执于自己的臆度外，他们还认为，《孟子》其他诸“利”字均无一例训为“顺利”，由此否定前一训解。其实，这个理由是难以成立的，因为某字之某一义项在《孟子》中仅出现一例的情况并不罕见。例如，“草上之风必偃”之“上”字训为“加”，《孟子》仅此一例，其他无一例可训为此义者；“杀越人于货”之“于”字训为“取”，《孟子》仅此一例，其他无一例可训为此义者；“得之不得”之“之”字训为“与”，《孟子》仅此一例，其他无一例可训为此义者。这说明，在《孟子》一书中某字之某义的孤例未必就不能成立，或者说一字之义项在《孟子》中仅有孤例，也是大量存在的。在先秦，“利”为“顺利”义其实早已存在，《周易·坤》六二“不习无不利”、《蒙》上九“不利为寇，利御寇”，《论语·里仁》篇“仁者安仁，知者利仁”，诸“利”字俱训为“顺利”。回到《孟子》本文，关键在于此“利”字训为“顺利”是否通达，是否合乎文意，以及是否合乎孟子的思想。

概括起来，理解《孟子》此章的难点，首先在于判定孟子本人对“天下之言性也”三句持何种态度——是肯定的，还是批判的、否定的？对于这个问题的回答，决定了解释的基本方向。其次在于如何训解“故”字和“利”字。“故”字和“利”字的训解，会影响人们判断孟子对于“天下之言性也”三句所持的态度和看法。陆象山一系学者以其雄健之气蔑弃传统注解，但未必得其真诠。笔者认为，在没有确实、过硬的理由和证据下，理解《孟子》此章大意，尊重故训是颇为必要的。笔者认为，“肯定系”的训解是可靠的。

今参照杨伯峻的翻译，将《孟子·离娄下》“天下之言性也”章试译如下：

---

① 参见于省吾：《甲骨文字诂林》第2册，北京：中华书局，1996年，第1422—1424页。

② 王力主编：《王力古汉语字典》，北京：中华书局，2000年，第69页。

天下人谈论人性，不过是以其所以然来谈论它罢了；所谓所以然，应当以顺利其性为根本原则。我之所以厌恶用智，就是因为它容易导致穿凿附会（而无法真正认识到人的本性及判断其善恶）。如果智者像大禹治理洪水那样（运用其智），就无需厌恶智了。大禹使洪水运行，就是行其所无事（顺其自然，因势利导，从而达到治水的目的）。如果智者也行其所无事（顺其自然，因其本故），那么他的智慧就不小了。苍天极高，星辰极远，假如能用智推求其所以然，那么千年以后何日是冬至，就可以坐着推算出来了（所以推求人之本性及判断其善恶，智是非常重要的。顺而循之即是大智）。

在上述译文中，“故”译作“所以然”。之所以采用杨伯峻的这一翻译，是因为相对于“故常”“本如是”“本然”“本故”来说，“所以然”一词更容易被现代人所接受和理解。译文中的“所以然”当然可以换为“故常”“本故”等词，但需心知其意。宋儒或以“事”为训，这其实已受到了理学观念的深刻影响，是不够准确的。此章大意，赵氏曰：“言能循性守故，天道可知；妄智改常，必与道乖，性命之指也。”朱子《集注》曰：“程子曰：‘此章专为智而发。’愚谓事物之理，莫非自然。顺而循之，则为大智。若用小智而凿以自私，则害于性而反为不智。程子之言，可谓深得此章之旨矣。”[①] 皆可以参考。

① （汉）赵岐注、（宋）孙奭疏：《孟子注疏》卷 8，《十三经注疏（清嘉庆刊本）》第 5 册，第 5938 页；（宋）朱熹：《孟子集注》卷 8，《四书章句集注》，第 297 页。

孟子思想要点及其特质

张茂泽*

【摘要】关于孟子的思想，有几个问题，要先提出来，我们都关注一下啊！第一，孟子政治经历并不成功，为什么他还那么自信，公然说当时若要平治天下，舍我其谁？这是不是吹牛？第二，孟子主张人性善，“人性善”是什么意思，我们用什么方法才能认识这一点？今天我们怎么证明人性善说？第三，“仁政”是什么政治？它和法治、德治的区别和联系是什么？第四，荀子批评孟子，孟子没有办法回答，因为荀子批评时，孟子已经去世了嘛！我们若是孟子，应该怎么替他回答呢？

【关键词】孟子；思想要点；特质

孟子是子思门人的弟子，可谓孔子儒学思想的嫡传。他“私淑”孔子，承继儒学道统，阐发“人之性善”说，称颂尧舜王道，辟杨、墨，拒邪说，雄辩有力，影响很大，成为战国中期儒学的最大代表。孟子儒学思想的主要内容是仁政说，而其理论基础则是人性善说、良知良能说等。孟子特别凸显了心性的地位和作用，开启了中国儒学史上的理想主义传统。孟子被后人尊为“亚圣”，地位仅次于孔子。

一、孟子生平及其思想要旨

孟子（约公元前372年～公元前289年），名轲，字舆，战国时期邹（今山东邹城市）人。司马迁认为他“受业于子思之门人”（《史记·孟子荀卿列传》）。子思是孔子的孙子，则孟子是孔子的第四代弟子。孟子曾经带着弟子，游说齐、梁、邹、滕、薛、宋等国，“后车数十乘，从者数百人，以传食于诸侯”（《孟子·滕文公下》），影响很大。当时，各诸侯国大体上已经完成了国内改革，治国者开始

* 西北大学中国思想文化研究所教授、博导。

追求富国强兵、统一天下。司马迁说:“当是之时，秦用商君，富国强兵；楚魏用吴起，战胜弱敌；齐威王、宣王用孙子、田忌之徒，而诸侯东面朝齐。天下方务于合从、连衡，以攻伐为贤，而孟轲乃述唐、虞、三代之德，是以所如者不合。”(《史记·孟子荀卿列传》)在这种情况下，孟子的学说被当时诸侯认定为“迂远而阔于事情”(《史记·孟子荀卿列传》)，没有获得真正实践的机会。

孟子是不是迂阔？孟子思想是不是脱离实际，没有实践条件？完全不是。时君世主自私自利，又要掩盖自己那点小心思，反而攻击孟子思想不合时宜。这些国君之庸俗，就在于听圣人之言而不知不行，还要找借口，反攻倒算。这不仅庸俗，而且很坏。说孟子思想不合时宜，不符合实际情况。什么时宜，这实际情况是什么？不就是治国者那点计算得失、筹谋利害的个人小心思，归根结底，不就是自私自利之心吗？为什么要让圣贤之言降格以符合我们这些庸人的私心偏见，为什么要强迫真理去将就庸俗谬误，而不是让大家消除个人私意成见，克服庸俗浅见，上达人的真性情和天道统一的高度？

孟子被世人、诸侯误解，但他并未因此改变自己的思想，没有因为富贵利禄而放弃自己的理想和做人成人原则，没有丢掉独立人格，反而对于用自己的学说治理天下非常自信。他说:“如欲平治天下，当今之世，舍我其谁也？”(《孟子·公孙丑下》)为什么孟子这么说不是吹牛？因为他的仁政主张只是自己本性的自然表现、良知的发用流行。自己具足，不靠外人，不看环境条件，只是自己坚持用功即可。这种治国方式十分简便，人人由内而外，易知易行。难题并不在于有没有种庄稼、种蔬菜等生产活动的知识、技术，因为这类知识、技术，一旦理性实践经验足够，认识实践充分，不断积累，自然有成。社会人生的最大难题，恰恰在于人有没有真性情，人的真性情能不能在生产生活、家国天下中发挥作用。

晚年，孟子和弟子万章等人著述《孟子》七篇，即今存《孟子》一书。宋朝以后，孟子被尊为“亚圣”,《孟子》一书也被列入儒家的《十三经》之中。

孟子自觉继承和发展了孔子的学说，在儒家形而上学、人性论、修养论等方面都有新的发挥。孔孟都向当政者积极宣传儒学思想，但方式略有不同。孔子周游列国，辞简义丰；孟子游说各国，多长篇大论，其思想表达，有强烈的辩论色彩。孟子的儒学新义，是在他游说各诸侯国君中，在和当时诸子学派如墨、道、法、农诸家的辩论中，得到充分阐发的。他将道家和墨家的学说简称为“杨、墨”,给予了严词批驳，指出杨朱“为我”说会导致“无君”，而墨子“兼爱”说则是“无父”(《孟子·滕文公下》)。但孟子自己很清楚，他不是“好辩”，而是因应新的社会政治、人类文明发展形势，重新诠释和丰富历史上流传下来的“先王之道”,

以解决现实问题。孟子善辩，他的言论气势恢宏，高屋建瓴，观点深刻，他的反驳，尤其尖锐犀利，说服力强，有锐不可当之势。孟子的人性善说、良知或良心说、大丈夫说、尽心知性知天说、仁政说等，都丰富和深化了孔子开创的儒学思想，对后来的中国儒学思想发展产生了很大影响。

根据《韩非子》记载，孔子去世以后，儒家分为八派，其中孟氏之儒、孙氏之儒分别以孟子和荀子为代表。孟子为学，大约从子思上接曾子，而渊源于孔子。在孟子看来，天道（“道”）有常，人道（“性”或人性）有本，人应该通过学习和修养，“尽心知性知天，存心养性事天”，发挥出自己本有的天性，实现自己作为人的价值。孟子提出“仁政”说，极大地发展了儒家的德治主张，成为中国儒家政治思想的典型代表，对后世影响极大。孟子“仁政”说的理论基础就是他的天命论、人性善说或良心说。

二、“人性善”说

孟子认为，人人都有“不忍人之心”，这根源于人固有的善性。人的善性，孟子也称之为“良知”“本心”或“良心”（《孟子·告子上》《孟子·尽心上》）。人人都有的恻隐之心或“不忍人之心”，正是良心在心理上“发端”[①]时的一点表现。他描述人们的共同心理说：“口之于味也，有同耆焉；耳之于声也，有同听焉；目之于色也，有同美焉。至于心，独无所同然乎？心之所同然者何也？谓理也，义也。圣人先得我心之所同然耳。故理义之悦我心，犹刍豢之悦我口。”（《孟子·告子上》）在孟子看来，人们的共同心理显现的正是人人共有的良心、本性。

孟子坚信人人都有良心，而且圣人如尧、舜的良心，贤人如颜回的良心，和普通人的良心，完全相同，只是一个良心，他叫作“道一”，也称为“同道”。孟子说：“夫道一而已矣。”（《孟子·滕文公上》）又说：“禹、稷、颜回同道”“曾子、子思同道”“尧、舜与人同”“圣人与我同类”（《孟子·离娄下》《孟子·告子上》）。在孟子看来，此相同者即人的本性。良心只是人本性的主体性称谓，本性则是良心的本质内容；它们的具体内容都是仁义道德等。所以，人性本善。孟子还说：“先圣后圣，其揆一也”（《孟子·离娄下》），人性本善表现到历史上，一脉相承，不绝如缕，就是道统。

良心，也叫良知，也是本性，抽象难知，“幽隐”难言，理解不易。孟子善用

① 郭齐、尹波解释朱熹《仁术》诗“求端从有术”句说：“理学家认为，仁义礼智是比较抽象的概念，因此，要准确地体验和把握它，最好是从它的发端表现去推求，即所谓求端。”见郭齐、尹波编著《朱熹文集编年评注》第一册卷二中，福州：福建人民出版社，2019 年版，第 141 页注释①。

道德心理表征人性本善，解说抽象真理十分高明。他的言论气势如虹，雄辩有力，阐幽发微，直指人心。人们读其书，听其言，极易感受到其中的浩然之气，扑面而来，沛然莫之能御。孟子的“心性”说，帮助人们洞观心灵深处，澄明本心，觉悟本性，开启了中国古代心学的历史先河。

孟子断定人性本善。在他看来，现实中一些人有恶言恶行，只是这些人的本性受到遮蔽的结果。孟子的这一理解和解释，符合“恶是善的缺乏”的论断。他在证明人性善时，用到了心理体验，这就是孺子将入于井的比喻。一小孩在井边玩耍，不知危险，路过的人们会毫不犹豫救下这小孩。他认为，这不是出于其他功利目的，而只是出于人的恻隐之心。他说：“恻隐之心，仁之端也；羞恶之心，义之端也；辞让之心，礼之端也；是非之心，智之端也。人之有是四端也，犹其有四体也。有是四端而自谓不能者，自贼者也；谓其君不能者，贼其君者也。凡有四端于我者，知皆扩而充之矣，若火之始然，泉之始达。苟能充之，足以保四海；苟不充之，不足以事父母。”（《孟子·公孙丑上》）恻隐、羞恶、辞让、是非四心，即植根于人至善本性的主体性意识，是人至善本性显现于人心的四个开端，简称“四端”。

四心其实只是一心。人们认识、评价世界，有“心之所同然”者，即理、义，作为内容、标准，这是至善本性、良心的表现；在不涉及个人利害得失时，人们的认识评价会自然倾向于符合义理。人心的这种义理倾向性，实质上是人的本性觉悟于人心，本心显现于人心而已。人皆有至善本性，圣人与常人同。但要使人的本性在日常生产生活中现实表现出来，则需要主体性意识即人心的促动、主动、用力和统帅。

至善本性之显现于人心，首先便是恻隐之心。恻隐之心是一种认识对待他人，设身处地，以我之情絜人之情的感同身受心理。以恻隐之心为基础，人们内可以反身而诚，正面感受、通达人的至善本性，而与之合一；外可以发现我与他人以至社会、世界是有机统一体，由此而获得天地与我并生、万物与我为一的同在共生感。在恻隐之心支持下，我们会自然产生与天地万物同体并生的浩然之气，萌发生生不已的奋进意识，以及亲亲而仁民、仁民而爱物的博大爱心。人饥如己饥，人溺如己溺，悲剧意识是同情心的表现；人乐如己乐，人成如己成，成人之美，乐道人善，也是同情心的表现。借助此同情心，我与圣人相同的至善本性，得以呈现出来，也就是我们能够现实地感受本性、觉悟道心。在言行活动中，践行仁德，生此同感，则人与人的共性便呈现为仁爱情感；无此同感，人便麻木不仁，而孤立于世，难于成人。

人们若反思自己，以本性或良心为应该与否的标准，衡量、评价现实的自己，自有浩然之气，势不可挡，情感上则“乐莫大焉”，快乐无比。人本心本性自然表现于心理活动中，便是恻隐、是非、辞让之心。恻隐偏重于情，是非偏重于知，辞让偏重于意与行，这些都属于正面表现的良知。人们一旦发现在现实社会生产生活中，自己竟然违背本心，脱离本性，做不到此应该，自然羞恶，是为羞耻心。羞耻心可谓反面表现的良知。恻隐、羞恶、是非、辞让四心互为条件，又互相支持。有羞耻心促动，人本性良心便可生发仁心，力行仁德，而生恻隐，知是非，能辞让。一个人若连羞耻心都没有，反映了他完全没有仁爱之心，便是真无耻。辞让之心就位分言。因为仁义，人在天地之间的根本地位得以确立。觉此地位，处此地位，应当仁不让。在社会现实中，人或富或贵，所处政治经济地位，并非绝对不变，会深受道德人格地位的影响。富贵地位不等于人格地位，更不能代替人格地位。但儒家主张人们的富贵地位应本于其人格地位，自然获得，这叫“以道得之”；人们无论富贵还是贫贱，都应遵守道德规范，比如，皆应有辞让之心。辞让之心一生，则羞耻心显现。尤其是富贵者，作为芸芸众生中的成功人士，应该时刻感到自己修养不够，还不能当此地位，是以辞让。无辞让之心，是不知礼，反映的是没有羞耻心。是非之心，便是认识真伪、辨别是非的能力；它以后儒所谓德性之知，即对人本性的自觉认识为基础而生出。是非之心生，则人理性认识到的至善本性豁然呈现于人心理活动中，自然产生和遵循当为不当为的准则，而支持辞让之心的诞生。无是非之心，便是人毫无觉悟，辞让、羞恶、恻隐便一体皆无了。

孟子四心说内容丰富而深刻，立定了是儒家心性修养理论的基本框架。在此框架中，《中庸》“好学近乎知，力行近乎仁，知耻近乎勇”三达德说，恰恰成为心性修养的组成部分和必要补充。

在根本上看，心性修养的宗旨在于，努力学习，读其书，知其人，论其世，认识把握人之所以为人、文明之所以为文明的真理；存养浩然正气，扩充恻隐、羞恶、是非、辞让“四端”，巩固、充实自己的心性本原，行善集义，培养“大丈夫”气概，让至善本性或道心无障碍地呈现于人的日常生产生活中。这样修身以待，夭寿不贰，最终达到“万物皆备于我，反身而诚，乐莫大焉”（《孟子·尽心上》）的理想境界，使美好的人性成为现实。在人性修养中，要知行并进，既要尽心知性知天，也要存心养性事天，理性认识进步和精神家园建设同步进行。

为了论证人人固有良心，人性本善，孟子和主张人性无善无恶的告子进行了多次辩论，《孟子·告子》章记载了他们辩论的某些论题和内容。大体上看，孟子和告子辩论，反映了存在上的现象和本质（本性）之争、认识上的经验和先验之争、人生上的现实和理想之争。如杞柳之辩。杞柳是一种植物，现在是经济作物，我们山东杞柳生产已经成了产业。孟子那时杞柳已经进入日常生活，成为哲学家辩论的题目。在孟子看来，杞柳是现象，杞柳之性是本性。湍水之辩，水东流西流是现象，向下流是本质。这个本质当然未必准确，但不影响孟子表达其意思。如告子强调人的食色之性，其实是说人和禽兽在现象上相同，孟子则要言人和禽兽本质上互异；人有仁义礼知的本性，这也是人异于禽兽的独特性。落实到人性上，告子认为生之谓性，人性指的就是自然生命；这一人性意义，可以通过经验观察而认识。孟子认为人性不只是自然生命，而且是自然生命所以然的本性；对此人的本性，人们必须借助“反求诸己”才能觉悟。帮助每个人觉悟其先验本性，并让它毫无障碍地表现于经验生活中，是孟子人性善说的宗旨。

孟子断定：“仁、义、礼、智，非由外铄我也，我固有之也。”（《孟子·告子上》）固有，即天生、天命。人为什么“固有”善性？孟子继承《中庸》“天命之谓性”说，认为人善的本性来源于“天命”。说到天命，那就涉及信仰了。即你相信就有，不相信就没有。信则灵，不信则不灵。人人有良心，你相信，就照良心言行，必然良知显现，心安理得，晚上睡觉安稳。良知自然显现，所得都是舒畅快乐。良知显现、挺立之乐，既是我和他人、大家的同乐，也是根于本性、反身而诚的莫大快乐。有人不信良知，肆意妄为，而后追悔莫及，忧愁缠身，晚上睡不着觉；良知以自裁者的面目事后显现，人成为良知制裁的对象，故烦恼忧愁。

孟子证明性善和良知，主要用两种方法：一是从大的方面，高屋建瓴，直接断定，这是正的方法言说，最明白显豁。如说“道一而已”，说“尧舜与人同”“圣人与我同类”等。二是从细小处入手，用人的心理活动来呈现，如说心之所同然者，说人有恻隐、羞恶、辞让、是非四心，都是如此。后一方法，如由现象证明本质，不一定有逻辑必然性。贺麟先生即言，由一个人有仁心证明他有仁行，由体证用，是辩证必然的；反之，由用证体，由他的仁行证明他一定有仁心，未必一定如此，不是必然的。前一种方法才具有根本上的必然性。

我们今天还可以用另外的方法力证人性本善、人有良知。如何证明呢？需要反思。反思，即自己思考自己。认识人性的方法，一般有两种：一是对象性观察，告子、荀子等认识人性的自然生命外延，皆属于对象性经验观察，从而得出人性无善无恶、有善有恶、可善可恶、善恶混等可以经验实证的结论；二是主体性反思。孟子所谓人的本性至善，即反思而得。

如何在反思中证明人性本善呢？今我反思，得一命题“我 1 认为我 2 对 / 错了”。在此命题中，我 1 和我 2 的关系，值得关注。第一，我 1 始终是主语，我 2 有时是，有时不是。只有在反思活动中，我 1 才出场。不反思，我 1 隐而不显；第二，我 1 始终正确，我 2 有时会犯错误；而且我 1 之正确，始终为我 2 所承认；第三，我 2 会死，但我 1 不亡。临终之际，我们还可以反思一生，我 1 依然可以毫不留情批判我 2。现在我们来指认清楚，我 2 可谓现实的我；那么我 1 呢？他是谁？为什么我 2 要始终听命于他，他还总是绝对正确？他钱多、权大、文化水平高？都不是。完全没有文化的小孩子，也可以说“我认为我对”。这里，我们要引用一条价值评价的原理，即“真理是真理的标准，也是谬误的标准”，光明、善、美等亦然。如此，除非我 1 就是真理本身、至善本身，否则不能永远做主语，不能永远正确。由此证成。

对决定社会人生的因素，如果认识不清楚，又急于得结论，多以为此即天命。人们理性认识水平越高，天命的地盘就越是缩小。在儒道二家那里，天命理性化为天道、人性，正是先秦思想史发展的大趋势。孟子的天命观继承了孔子的天命思想，认为人的富贵或贫贱、事业的成败，皆由天命决定。孟子言“求之有道，得之有命”（《孟子·尽心上》），“若夫成功，则天也”（《孟子·梁惠王下》），表述更为清楚。孟子尤其发展了孔子的天命观，表现在：

第一，孟子明确提出“莫之为而为者，天也；莫之致而至者，命也”（《孟子·万章上》），对“天命”概念做了比孔子更清晰、更抽象的界定。照孟子理解，“人之所能为”以外的，叫作“天”。“天”有二义：没有人的推动，但它在运动，这是自然的天；没有人努力，但它导致了结果，或者说人虽然努力了，但所得结果和人努力的方向并无直接联系，这就是“命”，是命运之天。

第二，孟子主张“正命”“立命”，丰富和完善了孔子的“知命”说。人不断学习进步，不断提高自己的素养，实现自己的使命，“尽其道而死”，就是“正命”。正命是人们做人成人，进行人性修养的过程，立命则是正命的成绩、收获。从“正命”的结果看，一般人如果“夭寿不贰，修身以俟之”（《孟子·尽心上》），借助学习、实践，尽到自己的天职，挺立自己的人格，树立自己在天地之间人的地位，就可以“立命”。

孟子重视人的主体性，他将具有主体性的人称为“大丈夫”。孟子所谓“大丈夫”，指人觉悟“良心”后表现出来的理想人格境界。纵横家张仪主政秦国，凭借强大国势，在各诸侯国间纵横捭阖，“一怒而诸侯惧，安居而天下熄”，世人以为张仪这样的人就是大丈夫了。孟子说，张仪只是顺从秦王，他遵循的只是“以顺为正”的“妾妇之道”，这样的人怎么能称为大丈夫呢？真正的大丈夫应该是：

“居天下之广居，立天下之正位，行天下之大道。得志，与民由之；不得志，独行其道。富贵不能淫，贫贱不能移，威武不能屈。”（《孟子·滕文公下》）居，居住，家园。“天下之广居”指整个宇宙，是关涉全人类的整个世界。位，位分，规范。正位，正当的位分，符合礼仪规范的言行活动。朱熹注：“广居，仁也。正位，礼也”[①]；则“天下之正位”可指整个宇宙的最高准则，至少应是全人类共同赞成、遵循的规范和制度。“天下之大道”指宇宙真理，至少是人类社会的普遍真理，也就是孟子所说“道一而已”的“道”。大丈夫应该胸怀全宇宙、全人类，以宇宙规律、人类共性为准则，以宇宙真理、人类真理为真理，而且“乐莫大焉”，是世界上最快乐的人。

孟子认为，“学问之道无他，求其放心而已矣”“先立乎其大者，则其小者不能夺”，这些都是涵养人主体性的“养心”修养主张。孟子的养心方法，是儒学史上最早的心性修养方法。它正面养心，反面寡欲，两相结合。寡欲是孔子克己方法运用于心性修养的细化；养心则含“尽心知性知天”“存心养性事天”，以及“反身而诚，乐莫大焉”等内容。知性知天，不是抽象思辨，而是对人性的自觉，是在对人、社会、天命认识基础上，对人性天职“知性”“知天”的觉悟和“舍我其谁”的担当。它表现在理性认识上，便是“颂其诗”“读其书”“知其人”“论其世”（《孟子·万章下》），读书要知人，知人且论世；体现在理性实践上，则是集义、养气。这些都是对孔子人性修养论的进一步发展。在孟子看来，人们通过这样的人性修养，认识和掌握人做人成人的真理，将这些真理运用到生产生活实践中，就可以内生出一种“浩然之气”；这种浩然之气是一种像志气、豪气、勇气等一样的磅礴精神力量。有这种精神力量支持，任何人都可以挺立起自己高昂的头颅，遭遇困难不退缩，面对挫折不认怂，做真正的大丈夫。

所以，孟子所谓“大丈夫”具有独立的人格，决不会向非正义的功利引诱低头。这样的大丈夫，追求正义事业，自然有“舍我其谁”精神，即使面对强大假恶丑势力，也自然会藐视它，“勿视其巍巍然”（《孟子·尽心下》），具有正义凛然的大无畏精神。

“大”是孟子特别推崇的理想人格特征。孔子辨别君子、小人，扬君子而抑小人，他还批评管仲“器小”[②]。孟子则直接推崇“大丈夫”，表彰人格之“大”。他说：“可欲之谓善，有诸己之谓信。充实之谓美，充实而有光辉之谓大，大而化之之谓

① 朱熹《孟子集注》卷六，《四书章句集注》，北京：中华书局，1983年，第266页。

② 《论语·八佾》。朱熹注：“器小，言其不知圣贤大学之道，故局量偏浅，规模卑狭，不能正身修德以致主于王道。”见《论语集注》卷二，《四书章句集注》，第67页。

圣，圣而不可知之谓神。”(《孟子·尽心下》) 能满足人本性需要者叫作善；读书知人，行善集义，反身而诚，人性修养有所得叫作信。以人性修养所得充实己身，表现出来，人格魅力无限，就是美；充实人生焕发出耀眼光辉，叫作大；大而吸引、感化天下人，叫作圣；一般人误以为圣不可知，这就是所谓神。

在孟子那里，人性修养达到理想境界的人，除了“大”，还有“乐”的特征，即“反身而诚，乐莫大焉”。他的这一论断，揭示了人生快乐的本质，就是发现并实现了真我。孟子的其他快乐说，如治国者“与民同乐”说，发现了快乐的真正主体是民众；如父母俱在、兄弟无故，俯仰无愧于天地，得天下英才而教的“三乐”说，是对快乐的分类。这些，都是对孔子“学乐”思想的发展和丰富。

三、“仁政”说

照孟子说，统治者将自己的“不忍人之心”(《孟子·公孙丑上》)，推己及人，体现到政治活动中，运用于治国理政，就是“仁政”。仁政就是爱心政治。这爱心就是良心，所以仁政是良心政治。良心是人性的精髓所在，所以仁政是人性政治。亲亲、仁民而爱物，爱民如子，推己及人，核心就是将仁爱推及天下。所以说仁政很容易，很简单。有人或许迟疑。我讲良心，别人都不讲，那我岂不吃亏？这样我还实行仁政吗？这种迟疑的产生，就已经不是良知觉醒，而是个人利害之心萌动了。一旦计算个人利害得失，固有的公明之心就被遮蔽了。治国理政中出现若干不公显现，甚至贪腐，是不是就是临事都停下来，琢磨自己的得失，计算个人的利害，因而踌躇不定，迟疑不决？

孟子“仁政”说思想内容丰富，是一个庞大的体系。它不仅有理论基础，而且有必须遵循的“推己及人”原则,这就是“举斯心加诸彼”(《孟子·梁惠王下》)，用良心治国理政，必然实行仁政。孟子“仁政”说实际上暗含有“推己及人”的基础、途径，以及运用到在治国理政上，更加细化的三个根本思想。

（一）推己及人的基础、途径

推己及人的基础是自己道德修养有成。在孔子那里，“修己以安人”“修己以安百姓”，是推己及人的基本途径。修己而又安人，又叫“忠恕”。忠者，“尽己”之谓，尽己的意思，是要人们“尽自家这个心”[①]，如“尽己”于做人成人，即努力修己，使自己成为真正的自己，这是忠于自己；尽己于祖国，即忠于祖国。恕者，

① 《朱子语类》卷六，载《朱子语类》一，北京：中华书局，1986 年，第 123 页。

“推己”[①]之谓，推己及人，帮助他人做人成人，即安人、安百姓。其中，修己是基础，安人、安百姓是修己的结果。没有修己，真正的自己没有自觉、挺立，人性没有绽放光辉，人格未展示出魅力，则教化他人，治国理政，如何能安人、安百姓？

孟子说：“人有恒言，皆曰天下国家。天下之本在国，国之本在家，家之本在身。”这是解说《大学》“古之欲明明德于天下者，先治其国”一段的意思。照《大学》看，无论齐家还是治国、平天下，都要以修身为本。以修身为本，就是修己；齐家治国平天下，便是安人、安百姓，此即推己及人。而修身的内容，就是格物致知、诚意正心，及其修养收获在身体修养和身体活动中的表现。修己而后安人，内圣必然外王；自己修养有得，自然可以推及他人。以格物致知诚意正心的人性修养为基础，推己及人，仁爱他人、天下，修身齐家治国平天下，实质上就是以“明德”为本，而由修身的己，推及他人的运动过程。推己及人，正是实施孟子所谓“仁政”的具体途径。

《中庸》第二十章有言：“故君子不可以不修身；思修身，不可以不事亲；思事亲，不可以不知人；思知人，不可以不知天。”《中庸》提供了《大学》八条目之外另一条推己及人的路径，即要修己身，必须先孝敬老人，和亲家人，必须先认识整个世界。它以“思”（反思、反省）为基本方法，由修己的己，推及必须先事亲、知人、知天等。这是由结论倒推前提，主要是一种反思性的认识活动。这种反思活动过程，展示了《中庸》由人而天的思路。这个思路，是对“天命之谓性，率性之谓道，修道之谓教”这一由天而人路径的重走和回溯。在一定程度上，这一反思思路，也部分揭示了孟子所谓“万物皆备于我矣，反身而诚”（《孟子·尽心上》）的思维奥秘。与此不同，修身齐家治国平天下，则是以明德为本，由知而行，由己而人，这是由前提到结论的顺推，主要是一种从认识到行为、由个人到社会的实践应用。

《大学》三纲领中有“亲民”说，表示其由明明德而推及家国天下的推己及人思路。孟子解释《大学》亲民说，则以仁爱为基础和主线，关注民众、事物，将推己及人的过程概括为“亲亲而仁民，仁民而爱物”。“明德”，是就推己及人的基础言。明德作为推己及人的基础，乃是光明的德性，实即人人共具的本性。人的本性表现为人的主体性，即孟子所谓良知良能；表现到人的理性认识中，就是德性之知及其表现——正确的见闻之知。如何明明德？如何觉悟良知？孟子认为，

① 朱熹《论语集注》卷二，《四书章句集注》，第72页。

“诚者，天之道；思诚者，人之道。”（《孟子·离娄上》）所谓“思”，即反思。诚，即天命于人的本性；它真实、实在，故谓诚。思诚，即反思自己真实无妄的至善本性，与圣人无异，故乐莫大焉。孟子的“思诚”，他也称之为“反身而诚”，亦即《中庸》的“诚之者”，即“择善而固执之”的人性修养活动。孟子强调，修养成人的核心认识方法是反思，推己及人，帮助他人成为理想的人，也要帮助他人学会自我反思。

孟子还认为，仁者，人也，恻隐之心，仁之端也，皆强调仁爱情感是人性的集中体现。在他看来，仁爱乃是推己及人的情感心理基础，仁爱也是推己及人的心理动力和情感土壤。因为仁爱，所以推己及人；因为有仁爱之心，所以必然推己及人；因为大家都有仁爱心，所以，推己及人可以成为社会良风美俗。

比如，孝敬父母之心，是子女仁爱之心的表现，孝敬心中本身也包含了一念之仁的恻隐之心在内。是否孝敬父母，重在看心意如何；孝敬心中有恻隐之心，才是真正孝敬父母。在子女看来，父母对兄弟姐妹的爱或有轻重；但在父母心中，所有子女其实都是一样的子女，都一样地爱，并无质的区别。或因相处时间有长短、空间有远近，而父母和子女间客观上有亲疏；父母或有偏心，也必有其偏爱的苦心孤诣之所在、不得不偏爱之所图。子女应该有仁爱心，以仁爱人，以义正我，同情理解父母偏爱的缘由，而后达成其所愿望，以慰藉父母苦心。即使父母真的偏心，做子女的也不应在公众场合妄议父母言行，更不能简单粗鄙，贬斥老父老母。子女如今长大，身强体壮，在年老体衰的父母面前，却恃强凌弱，反攻倒算，岂是孝子孝女当为之事？

儒家的仁爱是等差之爱，或以此否定其仁爱价值者。所谓等差之爱，即以我为出发点，爱周围的人，自然有亲疏远近之别。如巫马子所言：“我爱邹人于越人，爱鲁人于邹人，爱我乡人于鲁人，爱我家人于乡人，爱我亲于我家人，爱吾身于吾亲。”（《墨子·耕柱》）在人类社会中，与其他群体和个人的距离越远，爱越淡；距离越近，爱越浓。等差之爱指人们仁爱他人，依据其生产生活交往范围，仁爱由近及远，感情也由亲到疏，有等差之别。儒家认识到这一点，并利用仁爱等差的自然现象，进行仁爱修养而已。不能理解为儒家就主张等差之爱，完全排斥其他的仁爱。儒家主张仁爱，指出爱有差等，只是要借用爱有等差的特性，从家庭到国家，由近及远地表达仁爱情感，进行仁义道德修养和文明教化而已。如果人性修养达到理想境界，则墨家的兼爱、基督宗教的博爱等，都可以包含在其中。便如韩愈说“博爱之谓仁”，如张载言“爱必兼爱”，即是明证。韩愈、张载可谓善解孟子等差之爱说者。在孟子那里，这种博爱、兼爱的修养境界，集中表现为他的人性“充实之为美”“与民同乐”等说。孟子等希望生活的社会群体中，治国者能与民同乐，而不要独乐乐。他论证说：“独乐乐，与人乐乐，孰乐？”“不若与人。”“与少乐乐，与众乐乐，孰乐？”“不若与众。”（《孟子·梁惠王下》）

推己及人，帮助他人提高人性修养，首先要以身作则。《大学》：“有诸己而后求诸人，无诸己而后非诸人。”孟子也说：“广土众民，君子欲之，所乐不存焉。中天下而立，定四海之民，君子乐之，所性不存焉。君子所性，虽大行不加焉，虽穷居不损焉，分定故也。君子所性，仁义礼智根于心，其生色也睟然，见于面，盎于背，施于四体，四体不言而喻。”（《孟子·尽心上》）他提出的求其放心，尽心知性知天、存心养性事天，养心寡欲，养浩然之气等，皆为人性修养工夫。以此为基础，“中天下而立，定四海之民”，这类推己及人，才是人性的表现，这样的“广土众民”才成为君子的快乐。只有自己率先垂范，身先他人，而后影响、感化他人，才是仁爱基础上的推己及人。

历史上，现实中，都有不少治国者、家长，自己未曾做到，却要求他人做到，勉强甚或强迫他人行难行之事；这不是推己及人，而是自私自利，不是仁爱他人，而是压迫剥削他人。私欲横流，权力任性，还肆无忌惮地制度化，就是专制制度，这是历史上压迫人、剥削人的制度。在这种制度下，人难以做人，倒方便做狗，当牛做马。正如叶挺《囚歌》所言：“为人进出的门紧锁着，为狗爬出的洞敞开着，一个声音高叫着：爬出来吧，给你自由！我渴望着自由，但也深知道——人的躯体哪能由狗的洞子爬出！我只能期待着，那一天——地下的烈火冲腾，把这活棺材和我一齐烧掉，我应该在烈火和热血中得到永生。”在这种不公平制度下，人性异化甚至恶化，无以复加，势必导致社会政治革命。明清时期礼教蜕化、堕落，以假理杀人，甚而礼教吃人，引起近代革命风潮，当是本源于此。

人们一旦有人性修养，便能推己及人、感化他人，为什么？这是因为人性本善，凡人皆有共同的至善本性，在理性认识基础上自会产生价值认同，树立共同的理想、信念，发生共同的心理活动。任何符合人性真理的言行活动，对所有人都有强大的吸引力、感染力。如果有修养的君子还能得时行政，正德、利用、厚生，民众获得了仁政实惠，自然心服口服；推行开去，近者悦，远者来，遵照“上有好者，下必甚焉”的风俗形成规律，君子德风，小人德草，风吹草动，人文化成，很容易就形成文明、和谐的社会风貌。

（二）推己及人表现到治国理政上，有三个根本思想

首先，在权力的来源上，孟子提出了君权“天受”和“民受”论。孟子“仁

政”说最关心国君的修养条件。他认为，由谁做国君，坐江山，是天命决定的，他叫作“天与之”。但天命决定不是抽象的，它表现在君权“天受”和“民受”两个方面。“天受”指上天通过一个人的家庭出身、时代条件、机遇等，接受某人做国君，“民受”指一个人有较高修养，人民群众拥戴他做国君。根据孟子的想法，在“封邦建国”制度下，“天受”是一个人做国君的必要条件，如周公、孔子等有德有能，但无“天受”，仍然不能成为国君。“民受”则是一个人能长期做国君并保持政权稳固的条件，如夏桀、殷纣王虽有“天受”，但自己修养不够，没有“道德”，所以施行的政策不得民心，没有“民受”（《孟子·万章下》）的条件，结果终究亡国。孟子直言：“不仁而得国者，有之矣；不仁而得天下，未之有也。”（《孟子·尽心下》）不仁不肖者或许依据血缘关系可以继承权位，成为治国者；但这种人缺乏人性修养，不实行仁政，就不可能真正令人心悦诚服，维持长久统治，更不可能使近者悦、远者来，而得天下。

一个人要具备什么条件才能成为一国之君？在孟子之前，人们大多归诸天命。孟子讨论此问题，也保留了“天受”条件，但他又理性地探讨这个问题，将政治权力的根源建立在道德仁义或人性修养基础上，将政治权力的巩固建立在得民心的基础上，这在中国政治思想史上是第一次；其具体说法，则是儒家政治思想的积极发展，值得充分肯定。

其次，在治理国家的方式上，孟子提出“以善养人”“以德服人”的原则。其中心思想是要求统治者自己要不断提高素质，“以斯道觉斯民”，用人性真理感化、教育其他社会成员，使大家都能提高素质，在文明道路上不断前进。同时，统治者当然还应有仁民爱物的“良心”，这种“良心”特别表现为爱民如子、视人如己的切身体会。用孟子的话说，治国者应该有“思天下之民，匹夫匹妇有不被尧、舜之泽者，若己推而内之沟中”（《孟子·万章上》）的真实情感和责任感。对这样的治国者，老百姓会心甘情愿，心服口服。孟子说：“君仁莫不仁，君义莫不义，君正莫不正，一正君而国定矣。”（《孟子·离娄上》）他反对统治者借用权势和国家机器，以力服人，也反对以道德教化作为手段以巩固统治的“以善服人”（《孟子·离娄下》）。

其三，在君民、君臣关系上，孟子提出民贵君轻、以民为本的主张。无德政治的最大弊端在于，“知有事而不知有政，知任法而不知任人”[①]。为了诊治此政治病，儒家主张德治、仁政，关键就在育人、养贤，得人、任贤。文武之政，布在

① 段正元《大同贞义·永久和平·礼问政问——关于礼法政治》，北京：世界知识出版社，2015 年版，第 137 页。

方策，必待其人而后行。令俊杰在位、能者在朝，便是治国理政的关键所在。孔子已经提出“庶民”“富民”“教民”“利民”等主张，孟子则更进一步提出民贵君轻的口号。他说：“民为贵，社稷次之，君为轻。”（《孟子·尽心下》）意思是说，只有老百姓才是国家的根本，其他都不是。从历史上看，一个政权的建立或者垮台，关键在于它是否得民心，得民心者得天下，失民心者失天下。商汤、周文王和周武王得天下，因为他们得民心；夏桀、殷纣所以失天下，因为他们先失去了民心。在一个国家里，统治者及其政权都可以更换，只有老百姓不能更换；社稷（谁的政权）当然重要，但也不是不可更换，事实上社稷常常处于变换之中。孟子甚至大胆认为，如果国君暴虐无道，残害百姓，那么，他自然失去了国君资格，而变成为“一夫”“残贼之人”（《孟子·梁惠王下》）了，老百姓奋然兴起，诛杀暴君，这不是弑君，而是除害。

关于君臣关系，孟子提倡君臣互相尊重；他认为君臣相互尊重，一定要由君主带头实现。孔子有“君使臣以礼，臣事君以忠”的君臣关系相对说。孟子做了进一步发挥，认为君臣平等关系能否建立，端赖君主是否贤明有德。他告诉齐宣王说：“君之视臣如手足，则臣视君如腹心；君之视臣如犬马，则臣视君如国人；君之视臣如土芥，则臣视君如寇仇。”（《孟子·离娄下》）

鉴于君臣或君民如此对立，有学者便用“以德抗位”表达孟子有关“德”（人性，道德，道德修养）与“位”（地位，权位，富贵地位）关系的看法，十分不妥。儒学政治思想中，主要是有德者有其位的德本位末、德位统一的思想，以及由此引申而出的以德立位、以德正位、以德易位等主张，而无“以德抗位”说。

所谓位，指理想人格地位，乃人性修养之所获；也指现实社会政治经济地位，乃是人性修养基础上勤奋劳动的成绩。有德者必有其位，是儒家德治或仁政主张的理想境界。社会现实中有人性异化现象存在，故有德者未必有其位，有位者未必有其德；人们最主要的不满是为政者德不配位，有其位而无其德，现实社会政治经济地位和人格修养不能统一。然而，有德者无其位，是否就必然因此而与有位无德者相对抗？在孔子那里，“助人君”是儒家的基本态度。孟子游说诸侯各国，摆出的也是“助人君”姿态。现实的君主或有位无德，儒者只是想方设法，加以教化、劝谏，帮助有位者提高其修养以有其德而已，此即君君臣臣之说。孟子或有“一夫”“寇仇”等革命性言论，无非只是去不君之君、不臣之臣，追求实现君君臣臣目标而已；儒家政治革命的宗旨，依然只是追求以道德统帅权力、财富，让权力、财富为人性修养和文明教化服务。

儒家人生观始终以德为本，以位为末；儒家个人总是追求让位建基于德，以德干禄，以德谋位，以德称位，以德去位。孔子不居危邦，孟子不立危墙。为了提升自己个人的现实地位，非德而谋位、夺位、保位，儒家绝不为，为者非真儒；为了个人私利而争权夺利，尔虞我诈，甚至杀人放火，聚众造反，儒家不屑为。在儒家看来，人的自然生命虽没有道德生命重要，但若能为仁义道德做贡献，即使为之牺牲，也可永垂不朽；若“放其良心”，只是为财死、为食亡，被权力束缚，受金钱牵绊，则人死灯灭，来去匆匆，如过眼烟云，不留一丝痕迹，枉过一生，悲乎哀哉！德高于位，德足以统一位，德本位末，是儒家政治思想的基本内容。面对有位者，有德者“不能淫”“不能屈”，不畏惧，不认怂，始终保持自己的人格尊严；这是以德获位，以德立位，以德正位，以德固位，唯独不能说是以德抗位。言以德抗位，不能准确反映儒家关于道德统一权力的根本思想，而且还意味着将德和位置于同一逻辑层次，同等看待道德和权力、财富的逻辑地位，让道德和财富、权力比拼角力。这不是儒学思想，而是世俗之见；德位平等，完全没有抓住儒学德治、仁政主张的根本，否定了仁义道德的政治经济基础地位，忽视了道德的基础人格地位。

具体看，孔子说：“富与贵，人之所欲也；不以其道得之，不处也”，这是持平中正的见解，并无对抗权位、财富的偏激情绪。孔子主张求富贵以道，儒家富贵观不能概括为以德抗位。在有位者无理压迫的特殊情况下，儒家作为个人应如何应对？在儒家看来，可以起而劝谏，为民请命，即使杀身成仁，舍生取义，献出宝贵生命，也无不可；不然，也有所不为，无畏、不从、辞官不做，独善其身。便如孔子，退而周游列国，治学育人，教化乡里，或“乘桴浮于海”而已。无论权力、金钱如何诱人、迫人，自己做人成人，总是素位而行，待时而动，居易俟命，决不行险侥幸。总而言之，面对富贵倾人、权力压迫，儒者也始终坚持原则，保持人格独立，坚守道德底线，决不做权力奴才、金钱奴隶。如孟子所谓“富贵不能淫”“威武不能屈”，有一股浩然正气；或如荀子所言，有德操者“权利不能倾也，群众不能移也，天下不能荡也，生乎由是，死乎由是”（《荀子·修身》）。儒家的权力观、财富观是让权力、财富为民众服务，为所有人成为理想的人服务，也就是权力、财富为道德服务；这是位从于德，不是以德抗位。

儒学思想中有汤武革命、顺天应人的革命性主张。如孟子提出，在统治者违道悖德，残害民众、国家的极端情况下，人民群众起而“诛一夫”，实行革命，这不是弑君，而是除害，是正当的。儒学的这类革命主张也不能概括为“以德抗位”说，而是德本位末基础上的以德易位说。

此外，孟子“仁政”说还有贯彻推己及人原则和上述几个根本思想的具体措施。大致说来，在经济上，统治者应“制民之产”，发展农业等经济生产，不误农时，减免赋税，让普通老百姓“有恒产”，使一般社会成员“五十者可以衣帛”“七十者可以食肉”“黎民不饥不寒”（《孟子·梁惠王上》），大家都有基本的生活保障。在政治上，统治者应以身作则，帅之以正，垂范天下；注意征求左右、诸大夫、国人的意见，选拔贤能，尊贤使能，使俊杰在位，能者在职。在孟子看来，“不信仁贤，则国空虚；无礼义，则上下乱”（《孟子·尽心下》）。如果让那些“不仁者在位”，任其恶劣言行肆意传播，对国家有百害而无一利。在军事上，孟子反对当时流行的争霸战争、兼并战争，主张在迫不得已时才进行符合道义原则、推行道义的“义”战。在文化教育方面，他主张统治者要“与民同乐”，广设学校，教育民众，提高文明素养，帮助他们成为理想的人。

四、孟子与荀子的思想冲突

战国时期，孟子与告子激烈辩论，荀子对孟子进行了严厉批评。荀子批评孟子说：“略法先王而不知其统，犹然而材剧志大，闻见杂博。案往旧造说，谓之五行，甚僻违而无类，幽隐而无说，闭约而无解。案饰其辞而祗（音支）敬之曰：此真先君子之言也。子思唱之，孟轲和之，世俗之沟犹瞀（音貌，眼花，纷乱，愚昧）[①] 儒，嚾嚾然（喧嚣争辩的样子）不知其所非也，遂受而传之，以为仲尼、子游为兹厚于后世，是则子思、孟轲之罪也。”意思是说，孟子主张效法尧舜禹汤文武等的先王之道，但历史久远，内容不是很清楚，所以只能“略法先王”，又不知道先王之道的统绪、主线、关键在哪里，抓不住要点，所以显得闻见杂博，统不起来。人性善说，良知固有说，不就是抽象难懂，又没有解说，必须直觉洞观吗？自己很普通，却特别自信，好像自己真是才智多、志向大似的。根据古代流传下来的片段材料，加以整理、杂凑，造作新说，什么五行，都很冷僻，违背常理。世俗浅陋之人愚昧无知，受其影响，拿着它和人争辩，搞乱了孔子、子游的学术传承，是子思、孟轲的罪啊！荀子这些批评，好像近于人身攻击了，不妥。他的核心批评，还只是说孟子所讲的学说，“幽隐而无说，闭约而无解”，即思想抽象，又自成一体，让人很难理解，又没有解说，大家很难懂。

怎么看荀子对孟子的批评呢？徐复观、韦正通等怀疑荀子没有见到今本《孟子》一书。中国人民大学梁涛教授发挥此意，认为荀子所见当为《孟子外书》，不全面。他提出论据说，《荀子·性恶》所引三处“孟子曰”，应出自《孟子》外书，

---

① 杨倞注：“沟，读为怐。怐，愚也。犹，犹豫也，不定之貌。瞀，闇也。”

反映的是孟子后学“性善修习论”“性善完成论”的思想，与孟子“性善扩充论”有一定差别。荀子《性恶》乃针对《孟子外书·性善》篇而发。荀子批判性善论，一是认为其“无辨合符验”；二是指责其否定了礼义、圣王；三是批评其对人性的态度过于乐观。其批判的理论根据，则是“性伪之分”。

从文本材料上分析孟荀思想冲突，好像是说，如果孟荀二人能够全面认识对方文本，准确理解对方的思想，就不会冲突似的。我认为，实际情况恐怕并不是这样。意思是说，孟、荀即使见到对方的全部文本，准确理解了对方的思想，可两位老先生一旦对面交流，依然会发生思想交锋。因为他们两位分别代表了人类思想史上两种不同的思想倾向，即理想主义和现实主义两个发展方向。

孟荀之争是儒学内部学术争鸣的精彩华章。孟荀二派间的学术关系，成为孔子人学思想进一步发展的重要线索，对后来儒学思想演变也产生了重大影响。

荀子批评孟子，孟子没办法反批评。但我们似乎可以将孟子批评告子，视为孟子对荀子的反批评。告子说：“食色性也”，将人的生物性视为人性；因为生物性是自然的，无所谓善恶，故可以说人性无善无恶。便如人们饿了吃饭，困来即眠，自然如此，何来善恶呢？孟子所谓人性，和告子有别。孟子说，生物性是属于人性，但人之异于禽兽者，不在其生物性，而在其德性，即仁义道德、仁义礼智。这就挺立了人高于其他动物的崇高地位和人格尊严。所以，君子不将日用饮食、食色之性视为人性，而将仁义礼智视为人性。荀子正好有以人的生物性为人性的意思。但荀子又有发展，即荀子也将仁义道德礼法等善的人文内容，不视为人性内涵，而以为这只是“伪”的内容。在性、伪之分思路中，人即使为善，也将被荀子视为这不是出自人性，不以人性为主体，不以人性为运动的依归；总之就是儒家提倡的仁义道德，并不属于人性内容。所以，也不能说人性向善，人性为善，人性化善等。荀子自己说是“化性起伪”，“伪”不属于善。荀子对人性的界定，实际上斩断了仁义道德的人性根基、天道本原，好像仁义道德只是后天经验的产物，并没有本原意义。这种认识，实际上消解了仁义道德成为人类精神家园的可能性。这是和儒家致力于为仁义道德做论证的思想宗旨背道而驰的。

比较孟子和荀子的思想，大体上说，在思想的基本性质方面，孟子继承和突出了孔子“人学”思想中的先验论和理想主义成分，荀子则继承和突出了孔子“人学”思想中的经验主义和现实主义成分。理想主义者可爱、可敬，现实主义者踏实、可靠。我们愿意做哪种人呢？很不好抉择。

孔子的人学思想，紧密关注现实的人成为真正的“人”的问题，他依靠人的学习等人性修养和文明教化解决这个问题，开始把人从外在于人的神权束缚中解放出来，从人自身角度思考和解决问题。但是，所谓人自身的角度，具体分析地看，实际上又有两个层次：一是经验、事实、自然界的角度。荀子就是站在这个角度看问题；这个角度，和我们现在所推崇的经验实证科学的角度十分接近。二是先验、本性（或本体）、主体（自由）的角度。孟子站在这个角度看问题，这个角度，和理想主义的形而上学角度相同。

从孔子的人学思想看，孔子不仅保留了对“天命”的充分尊重，而且在人学思想内部，孔子一方面强调“天生德”等人性的先验、本体性，另一方面又说“为仁由己”“我欲仁，斯仁至矣”等，明显有形而上学倾向。由于当时诸侯素养不高，孔子从内心藐视他们、批判他们，希望运用学术思想指导或引导他们。这一方面的特点，为孟子所继承和发挥。同时，孔子自己又非常注重经验的、事实的现实世界，他经验的学习法、“知人”法、教学法等，都是这个特点的表现。对当时的诸侯，孔子在行为方式上又非常地尊重他们，希望这些诸侯能够重视孔子的思想，给孔子一个机会，使他能参与现实政治生活。热衷于社会政治活动，希望利用学术思想为现实政治服务，这一特点，为荀子所继承和发挥。孟子和荀子，分别从两个互相对立的方向，继承和发展了孔子的人学思想。

就孟子而言，他更注重从人的本性方面来发现人，比较重视人的本性、主体性等形而上问题的研究，将人的经验活动看成人本性的部分表现；对经验的、事实的自然界的存在及其意义，总是站在道本体高度，给予先验的或超验的理解。孟子笔下的人，和孔子一样，都是自觉的，但他将人的这种自觉能力归因于“天”，孟子称之为“良知”“良心”或“本心”。在“良知”“良心”或“本心”基础上，“人”与“天”都处于一种形而上的辩证统一关系中。孟子的思想，极大发展了孔子人学思想的形而上学基础，突出了孔子人学思想的理想主义因素和特征。荀子则不同，他朴素地承认有一个自然界存在，他将这个自然界称为“天”，不仅重视人与人社会关系事实的经验研究，而且还重视人与自然关系事实的经验探讨。在荀子笔下的“天”不再是神秘的，而是客观实在的物质自然界；同时荀子还提出了“明于天人之分”的观点，他相信借助礼义，人和他人能团结起来，认识和运用自然社会规律为人类服务。

孟子开创了中国古代儒家理想主义、本体论、形而上学等的历史，这一派所注重的在于，希望运用人的理性能力，建设人类社会的精神文明，为现实的人提供安身立命的精神家园，解决人的终极关怀问题。他们思想的矛头所向，主要是非理性或反理性的迷信、宗教等文化现象。荀子的思想，则开创了中国古代现实主义、经世致用、朴素的经验科学的历史，这一派所注重的在于，希望运用人的理性能力，改进自然环境，重点建设人类社会的物质文明、制度文明，解决人的生存和发展问题。他们思想批判的矛头，不仅指向非理性或反理性的迷信、宗教等文化现象，而且指向理性的形而上学，如同荀子批判孟子一样。

所以，孟子和荀子对于孔子提出的“仁”“礼”关系的态度也大不相同。孟子更注重“仁”，侧重于内在心性的发掘，从心性入手规范人的行为，达到“修己”的目的。而对于荀子来说，则更注重外在规范的约束，他十分注重“礼”，并且把“礼”与“法”结合起来，通过强制的手段来修身。孟子倾向于个人自觉的德治，荀子倾向于外在规范的礼法之治。孟子和荀子所走的两条不同的途径，对后世产生了重大的影响，分别开创了儒家内圣学与外王学的先河。

孟子和荀子这两大思想派别，还可以这样分析描述：

一、在“天”论中，一派主张天命的、先验道体的、逻辑抽象的天（本体），另一派则主张自然的、经验认识的、现实事实的天（自然界）。在这一区别的背后，隐藏着他们各自主张的不同意图。前一派力图运用人的理性能力解决人安身立命的精神家园问题，在修养上对于自己个人现实的、功利的生存和发展问题，不免有所轻视；后一派力图运用人的理性能力解决社会现实的、功利的生存和发展问题，而同时不免有回避人安身立命精神家园问题的倾向。这两派之间的分歧，也许可以说是断定精神家园问题比现实功利问题重要，与断定现实功利问题比精神家园问题更重要之争。

二、从人性论说，一派主张先验德性之善（孟子），另一派则针锋相对，主张经验气性之恶（荀子），或者主张经验气性的人性善恶混（扬雄），或者主张经验气性的人性有善有恶（世硕、宓子贱、漆雕开、公孙尼子等），或者主张经验气性的人性无善无恶（告子），或者主张经验气性的人性三品（善、恶、中，董仲舒），或者主张经验气性的人性五品（刚善、柔善、中、柔恶、刚恶，周敦颐）等。孟子独一派，以仁义道德为人性本质所在，可谓德性派；其他人性论者都强调气性，他们合起来构成一派，我们不妨叫他们气性派。气性派可谓人多势众。但未必人多就等于真理，有可能人多反而错误。这蕴含着古代形而上学思路与有经验实证性质的思路之争。

三、从天人关系性能看，一派断定并追求天人合一，在本原上、根本上、归宿上，都是如此，思辨色彩浓郁，有信仰或信念意义；另一派则断定和利用天人相分，强调在天人相分基础上，才能实现天人相参、天人和谐，实用色彩突出。这一分歧的背后，还隐藏着朴素的真理辩证法、朴素的主体辩证法，与朴素的自然辩证法的逻辑思路之争。

四、从人性修养说，孟子强调内在心性修养的固有性、基础性和终极性，荀子则强调外在经验修养的后起性、必要性和功利性。这一分歧，在知识上蕴涵着古代人文学科与自然科学、技术科学之争。在两位学者眼中，所针对的人也不同。孟子见人皆可爱，有希望，无不可以为尧舜；荀子见人皆恶人，必须教化、管束，否则危害不可胜言。

五、从人的认识能力说，一重视先验对经验的先在性，一只重视经验，否认有先验存在。荀子重具体知识，强调如何获得经验知识；孟子则反思如此获得经验知识的逻辑前提、先验依据。这是中国古代先验论与经验主义之争。

六、在人的行为准则方面，一派以内在的“仁”（精神、本性、自由）为最高准则，另一派则以外在的“礼”（行为规范、制度、法律等）为不可违背或突破的围墙。这一争论，实质上反映了精神自由的理想主义与制度必然的现实主义之争。孟子教人，要求学生自觉、自得、践行，有主体性；荀子教人，则重在管束、灌输、遵行，好学生就是守规矩，能听话。

七、在对现政权的态度方面，一派希望并追求运用学术思想来指导、引导或检验、批评现政权，这可谓“导人君”；另一派则努力寻求利用自己的学术思想参与或帮助现政权，这可谓“助人君”。这一论争所反映的也许可以说是在野的知识分子和当权的知识分子存在着的分歧，是利害无关者和利害攸关者或既得利益集团之间的分歧。

八、从学说的社会效用说，孟子学说注重解决人的安身立命的精神家园问题，有理想信念，才能树立坚定的自信心；荀子学说则注重解决具体的社会现实问题，需要具体的经验知识、学习效法的经典、实践技能技艺、工作纪律规范等。好比荀子思想，如同建筑学知识、技术和材料，可以帮助我们建一座桥梁，孟子思想则给桥梁建设者理想信念，以安身立命。如同荀子强调我们必须活着；人死了，什么都没了。孟子则强调我们必须精神舒畅，庄严而高贵，不自由，毋宁死。你能说孟荀二先生，谁对谁错吗？很难。

九、从在古代的历史影响说，孟子的思想在古代前期受到荀子及其后学批评，但到古代后期被理学家平反；荀子则公开而且激烈地批评思、孟学派，他的思想在古代影响封建专制政治制度十分深远，而到古代后期则受到理学家的贬斥，近代谭嗣同直斥为君主专制服务的荀学为“乡愿”。

总的看，孟、荀之争，至今仍然存在，成为一个古老而常新的问题。任继愈先生曾经说过，唯心主义善于发现和提出问题，唯物主义则善于解决问题。我认为，任先生这个话，是有他深刻的体会的，说得非常好。如果用这个标准来看孟、荀之争，那么，我们也许可以说，孟子的思想，特别能够帮助人们批判现实，提出和发现问题，而荀子的思想，则特别能够帮助人们解决问题，改进现实。两者都是很重要的。如果能够将两者统一起来，那是最好的。但从历史上看，似乎还没有一个人已经将两者统一起来了。孔子似乎已经统一起来了，但这是在思想脉络还不是非常清楚的情况下统一起来的。一旦像孟子、荀子那样说得更清楚一些，存在的问题就暴露出来了。看来，将孟、荀二家统一起来，仍然是我们21世纪学术思想的重大课题。

不过，从孟子、荀子思想产生的先后次序看，孟子在先，而荀子在后。这不就说明，孟子发现和提出了问题，而荀子思想便应运而生，追求解决此问题吗！如果没有孟子出来发现和提出问题，荀子思想的产生可能就没有问题根据，它也许就不会出现了。从这个意义上说，孟子的思想，恰恰是荀子思想产生的必要条件之一。过去有一些学者赞成荀子的思想，也赞成荀子否定孟子思想的态度，这是饮其水而不思其源，是不对的。

我们还可以从现实生活看。在现实生活中，荀子那种重视经验、现实、事实、功利的思想，是很常见的现象。换言之，荀子的思想，有丰厚的日常观念土壤。像孟子那样重视先验、理想、本性或本体、主体自由的思想，在现实中反而少见。只有那些思想深邃的天才，偶尔有此灵光闪现。或可以说，在孟子思想产生前，与荀子类似的观念，如从经验的“气”角度看人性等，已经非常流行了，周人世硕有善有恶说，告子生之谓性、食色性也、无善无恶说，就是代表。从对象说，这种流行观念只局限于现象界，对于世界万物的本质基本上是忽略或回避的；从方法上说，这种流行的观念只局限于经验方法，对于人之所以能有正确经验的问题，是忽略或回避的；从主体上说，这种流行观念只局限于现实的、事实的、有许多不足或缺陷的功利人，而对于人之所以为人的逻辑根据、最高准则、终极理想等，是忽略或回避的。孟子不让大家就这样安于现状，不让大家一生碌碌无为，他自己通过学习和反思发现问题，又真诚地向大家提出问题，请大家也要学习和反思，寻求人之所以为人的根据、标准和理想。孟子的思想，是以克服、超越、包容这些日常观念的面目而问世的。他不仅仅发现了、提出了问题而已。而荀子的思想针对孟子的思想而生，但似乎并没有在思想上克服、超越、包容孟子的思想，而基本上采取的是或者回避（如精神家园问题），或者不承认（如人有其本性），或者坚决反对（如先验人性论）的态度。这种态度，不完全是理性的，可能有一些非理性因素在其中潜藏着。

比如，孟子说人性善，荀子偏说人性恶。我认为荀子可能是有意针对孟子人性善的说法而言的。因为，荀子人性恶的结论，是怎么得出来的呢？在荀子自己的思想中，我们难以找出能够得出这个结论的逻辑根据或事实根据。

就事实而言，现实世界中的人，都是恶人吗？显然不是，至少荀子自己不能是。如果荀子自己也是恶人，则他提不出一套思想体系出来，而只会破坏所有的一切文明成就。那么，人性恶是先验的论断吗？也不能是。因为，按照先验论的见解，经验只能实现先验的可能，现实世界只能实现人本性的恶。但荀子主张后天君主要教化人为善。而且先验论提出的先验的东西，虽然只是可能、形式，但它是有积极价值的东西，比如真、善、美之类，哪里有以消极价值如假、恶、丑等作为先验之物的理论呢？况且荀子根本反对先验论呢！所以，荀子人性恶的说法，不能是先验的说法。

人性恶，既不是经验归纳的结论，又不是先验判断，那么，是不是荀子按照自己思想的逻辑思路推论出来的结论呢？很有可能。荀子确实进行了推论。他是这样推论的：人产生于气→人有欲望→欲望如果没有限制→就会走向恶，所以人性恶。但是，从荀子的这个思路看，人性恶的结论是推论不出来的。或者说他这样得出来的结论并没有逻辑的必然性。因为，从“气”到“恶”需要好几个外加的条件，如有欲望、欲望无限制等，这些条件不是“气”自身内在具备的本有因素，而是人出生以后才出现的，所以是外加条件。这样看来，荀子人性恶的结论，也不能是他逻辑推论出来的必然性结论。这样，我们实在找不出荀子得出这个结论的根据。

在这种情况下，我们或许可以根据荀子对待孟子的那种势不两立的态度来推测或猜测，荀子人性恶的说法，乃是针对孟子人性善的说法而提出来的，目的就在于有意唱反调，表达自己对孟子的不满情绪。如果真是这样，则我们可以说荀子的思想中，可能包含了一些非理性的因素在内。

当然，还有一种可能，那就是荀子有意识地站在当权者的立场，为当权者在思想文化上教化或控制民众思想，提供人性论根据。因为老百姓都是恶人，所以需要统治者来教化和镇压。如果是这样，则荀子的思想中，就可能潜藏有庸俗成分在内了。而且，即使这样，也还存在着问题。问题是，人性恶，人人都恶，统治者也是人，也同样地恶，他们凭借什么能够将民众教化为善呢？逻辑上，在这种情况下，只能以恶济恶，达到穷凶极恶而后已。后来，聪明的董仲舒发现了荀子思想的这个逻辑漏洞，所以，他提出人性三品说来，主张君主是至善的，少数恶人是至恶的，一般人都是有善有恶的，这就为统治者教化老百姓准备了比较完善的人性论。在这种情况下，现在还有人提出，董仲舒的思想主要受到了孟子思想的影响。从人性论角度看，这个说法似乎是没有什么道理的。照我看，董仲舒的思想，在人学思想或人性论方面，主要是荀子思想的继续，与荀子的思想关系大，而与孟子的思想关系小，即使在“天命”论上也是如此。

结果，在事实上，荀子的思想，也并没有从根本上解决孟子所提出来的问题。人成为真正的、理想的人的问题，孔子率先提出来，并努力依靠理性的学习活动加以解决。孟子则为孔子的这一人学思想提供了形而上学的根据，并在主体问题上有非常重要的发挥。而荀子却引入君主、刑罚等现实政权力量，企图利用“行政干预”办法，解决孔子提出的问题。这当然不能说是根本上的解决办法。不承认天命、鬼神的力量，表面看很理性，但在实际效果上看，荀子放弃了用理性能力为人们提供理性信念的追求，回避了人们精神家园的建设问题，将这一问题留给宗教或迷信，反而不利于人们在理性基础上建立自己的安身立命之所。由此看来，任继愈所谓荀子思想能够解决问题之说，仅仅就人成为真正的、理想的人这个问题看，是难以成立的。所以，我是谁，人的意义和价值是什么等等，经过了2000多年以后，直到今天，对于我们而言，仍然是一个严重的问题。而我们面对这个问题时，荀子的解决办法当然可以供我们参考，孔子、孟子所提出的解决办法，也未尝不可以供我们参考。

亲“贤”以贤“亲”

——孟子对“亲”“贤”关系的思考

陈泽彬 *

【摘要】春秋战国时期，面临宗法传统与治理需求的冲突，时代有“与子与贤”之惑。本着亲“贤”以贤“亲”的思考，既重“亲亲”之仁，亦厚“尊贤”之义的孟子，区分开原本紧密关联的血缘与政治，让私情回归伦理领域，引入天命民心，明确权力是公共的权力；承认当权者能影响权力的分配，有荐人于上的权力，又要求其依循程序，立贤无方，为天下得人；更盼望士庶济世以成仁，君主修己以安人，一同致力于民生福祉，形成和谐的共治社会，由此也超脱“亲”“贤”对待，发“贤”“不贤”之省思。

【关键词】亲亲；尊贤；仁政；贤能政治；《孟子》

一、“亲亲”与“尊贤”的二难

孟子既重“亲亲”之仁，亦厚“尊贤”之义。一方面，孟子非常重视自然亲情，说“孩提之童无不知爱其亲者”（13·15②），以此作为和谐关系的发端，说“亲亲而仁民，仁民而爱物”（13·45），将“不独亲其亲”作为治天下的路径，说“老吾老，以及人之老；幼吾幼，以及人之幼。天下可运于掌”（1·7）。另一方面，孟子认为仁爱之人要以亲爱贤能为当务之急，说“仁者无不爱也，急亲贤之为务”（13·46），把任用贤能视为推广仁政的重要前提，说“尊贤使能，俊杰在位，则天下之士皆悦，而愿立于其朝矣”（3·5），还明确表示用贤与否关乎国家兴亡，说“虞不用百里奚而亡，秦穆公用之而霸。不用贤则亡，削何可得与？”（12·6）

---

* 陈泽彬，男，汉族，1997年生，广东化州人，2020年本科毕业于中山大学哲学系，现为中山大学哲学系中国哲学专业硕士研究生。

② 《孟子》原文及此序号，依杨伯峻译注《孟子译注》（中华书局2012年版），不再逐一作注。

孟子“亲亲”与“尊贤”并重的思想，反映了社会历史的进程。春秋战国时期，既往以血缘关系为纽带的“殷道亲亲，周道尊尊”[①]的社会政治生态逐步走向崩溃。“礼乐征伐自诸侯出”[②]的现象表明，随着血缘关系的疏离，周公“封建亲戚以蕃屏周”[③]的设想最终落空，部分腐化的贵族正是败坏礼乐典章的始作俑者。“肉食者鄙，未能远谋”[④]的情况，催生出“举直错诸枉”[⑤]“尊贤而贱不肖”[⑥]的诉求，并实际体现在治理中，孟子就列举了“管夷吾举于士，孙叔敖举于海，百里奚举于市”（12·15）等事例。葵丘之会中，“初命曰，诛不孝，无易树子，无以妾为妻。再命曰，尊贤育才，以彰有德”（12·7），“亲亲”“尊贤”被并列为重要的政治守则。《中庸》“仁者人也，亲亲为大；义者宜也，尊贤为大。亲亲之杀，尊贤之等，礼所生也”[⑦]，更是体现出儒家理论化地阐释“亲亲”“尊贤”并用的合理性，圣人缘生理之情制作的礼制秩序，需要去接纳作为事理之宜被提出的“尊贤”。

然而，“尊贤”观念融入“亲亲”传统的过程并非一蹴而就，孟子注意到了“亲亲”与“尊贤”间潜在的紧张，说：“国君进贤，如不得已，将使卑逾尊，疏逾戚，可不慎与？”（2·7）朱熹注解[⑧]说，“尊尊亲亲”是“礼之常”，尊者亲者却未必有贤德，于是就有必要进用关系相对疏远的贤能，实又成“非礼之常”，所以需要十分郑重。可见，“尊贤”对“常礼”形成了实质性的挑战。

《吕氏春秋·仲冬纪·长见》里记载的一则故事，也暴露出了“亲亲”与“尊贤”的矛盾：

> 吕太公望封于齐，周公旦封于鲁，二君者甚相善也，相谓曰：“何以治国？”太公望曰：“尊贤上功。”周公旦曰：“亲亲上恩。”太公望曰：“鲁自此削矣。”周公旦曰：“鲁虽削，有齐者亦必非吕氏也。”其后齐日以大，至于霸，二十四世而田成子有齐国。鲁日以削，至于觐存，三十四世而亡。[⑨]

---

① 《史记·梁孝王世家》，韩兆琦译注：《史记》，北京：中华书局，2010年，第4288—4289页。

② 《论语·季氏》，杨伯峻译注：《论语译注》，北京：中华书局，2012年，第243页。

③ 《左传·僖公二十四年》，（周）左丘明传，（晋）杜预注，（唐）孔颖达正义，李学勤主编：《春秋左传正义》，北京：北京大学出版社，1999年，第418页。

④ 《左传·庄公十年》，（周）左丘明传，（晋）杜预注，（唐）孔颖达正义，李学勤主编：《春秋左传正义》，第239—240页。

⑤ 《论语·为政》，杨伯峻译注：《论语译注》，第26页。

⑥ 《孔子家语·贤君》，王国军、王秀梅译注：《孔子家语》，北京：中华书局，2009年，第115页。

⑦ （宋）朱熹撰：《四书章句集注》，北京：中华书局，2012年，第28页。

⑧ （宋）朱熹撰：《四书章句集注》，第221页。

⑨ 许维遹撰，梁运华整理：《吕氏春秋集释》，北京：中华书局，2009年，第255页。

这则故事流传甚广，在《淮南子》《韩诗外传》《汉书》中也有记载，不过《说苑·政理》[①]提及此事却是伯禽、太公分别报政于周公，而非太公与周公相谓。清人沈钦韩在其《汉书疏证》[②]中按《史记·鲁周公世家》对这两种说法提出质疑，一是以太公“五月而报政周公”[③]质疑报政说，认为太公并非三年来朝；再是以“周公不就封”质疑相谓说，认为治鲁者并非周公。总之，这则故事的真实性存疑，有后世附会之嫌，而又恰反映出时人已经从“田成子有齐国”“鲁日以削”等现象逆推一味“亲亲”，将使国家羸弱，追风“上贤”，可致国家易主。齐鲁两国在毗邻的地理空间，奉行了不同的政治理念，却都未能摆脱失意的命运，时代显然在呼唤意识形态的演进更新。

看起来，无论是并举“亲亲”“尊贤”，还是侧重其中一端，都很难保证国家既拥有稳定的政治秩序，也具备高效的治理能力。那么，主张“亲亲”“尊贤”并重的孟子，要如何回应“尊贤”对“常礼”的挑战？怎样去协调“亲”“贤”关系呢？

二、让“亲亲”退距伦理

孟子的弟子咸丘蒙曾经这样发问：

> 语云：“盛德之士，君不得而臣，父不得而子。”舜南面而立，尧帅诸侯北面而朝之，瞽瞍亦北面而朝之。舜见瞽瞍，其容有蹙。孔子曰：“于斯时也，天下殆哉，岌岌乎！”不识此语诚然乎哉？（9·4）

依咸丘蒙的问题看，当时有“语”对“尊贤”观念提出了批评，说尊贤的结果是，那些品德高尚的人，君主无法以他们为臣民，父母无法以他们为子女，他们即使身处高位，也会因无父无君而感到于心不安。为附和此理，咸丘蒙还煞有介事地搬出了尧舜禅让的传说和孔子对此事的嗟叹。

咸丘蒙有此问，是看到了“尊贤”的内在要求，即“尊贤”是要解决“亲亲”潜在的德不配位的问题。孟子说：“天下有道，小德役大德，小贤役大贤；天下无道，小役大，强役弱。斯二者，天也。顺天者存，逆天者亡。”（7·7）君主让位于

---

① （汉）刘向撰，向宗鲁校正：《说苑校证》，北京：中华书局，1987 年，第 169—170 页。

② 《汉书疏证二十二卷》卷 8，（清）沈钦韩撰，（清）黄以周批校，王新才、楚龙强主编：《中国古籍珍本丛刊·武汉大学图书馆卷》第 16 册，北京：国家图书馆出版社，2016 年，第 116—117 页。

③ 韩兆琦译注：《史记》，第 2628 页。

贤是“尊贤”的应有之义，这势必使君臣间产生隔阂。

为卸下咸丘蒙对“尊贤”后果的担心，孟子有的放矢地就构成批评的三个要素进行了回应，即“语”的出处、尧舜禅让传说和孔子言论：

> 否；此非君子之言，齐东野人之语也。尧老而舜摄也。《尧典》曰：“二十有八载，放勋乃徂落，百姓如丧考妣，三年，四海遏密八音。”孔子曰：“天无二日，民无二王。”舜既为天子矣，又帅天下诸侯以为尧三年丧，是二天子矣。（9·4）

首先，孟子说咸丘蒙引用的是“齐东野人之语”，即通过质疑“语”的来源来打击其可靠性。与孟子“非君子之言”的意见相左，《韩非子·忠孝》拿“语”的观点另作文章。“语”以“记曰：‘舜见瞽瞍，其容造焉。’孔子曰：‘当是时也，危哉！天下岌岌，有道者，父固不得而子，君固不得而臣也’”[①]的形式被转述，焦循[②]据此推测此等说法在当时早已能见诸书册。我们换一种思路说，此等说法隐含的问题已被广泛讨论。韩非子解读说：“父之所以欲有贤子者，家贫则富之，父苦则乐之；君之所以欲有贤臣者，国乱则治之，主卑则尊之。今有贤子而不为父，则父之处家也苦；有贤臣而不为君，则君之处位也危。然则父有贤子，君有贤臣，适足以为害耳，岂得利焉哉！”[③]

韩非子借此极力批判儒家奉尧舜为贤的理念，兜售自己“上法不上贤”的主张，认为“尽力守法，专心于事主者”[④]才是值得表彰的。这其实也提出了一个解决“亲”“贤”关系问题的方案，即在“亲”与“贤”外开出“法”来，区分地位与职能，能者在职，以职事位。亲者不肖无以治国的问题在这个方案下有所解决，但能者对亲者的依附更多出自“法”的防检和“忠”的规训，有职无位的情况将使能者的职务履行受到掣肘。“贤”被定义为忠君守法，“尊贤”也就被转换为遵循君主的意志及其具象化的法律，其本质是要以“法制”取代“礼制”，将君权从伦理道德的制约中解放出来，又将臣民束缚到律法刑罚当中，这与儒家改造礼制的思路截然不同。

再回来看孟子据《尧典》舜为尧行三年丧一事，说尧舜禅让是“尧老而舜摄”。按焦循[⑤]，孟子所引《尧典》，见于今《尚书·舜典》，后世误分《尧典》为二。《史

① （清）王先慎撰，钟哲点校：《韩非子集解》，北京：中华书局，2016年，第510页。
② （清）焦循撰，沈文倬点校：《孟子正义》，第684页。
③ （清）王先慎撰，钟哲点校：《韩非子集解》，第511页。
④ （清）王先慎撰，钟哲点校：《韩非子集解》，第512页。
⑤ （清）焦循撰，沈文倬点校：《孟子正义》，第685页。

记·五帝本纪》也记载:"尧立七十年得舜,二十年而老,令舜摄行天子之政,荐之于天。尧辟位凡二十八年而崩。"[①] 相较之下,"尧帅诸侯北面而朝之"并未得到相关史料的支撑。

孟子强调"尧老舜摄"而否定"尧舜易位",不仅为舜抹去污名,而且驳斥了尊贤妨君的理念,其背后的逻辑是分离名位与实位,分割人事权与决策权。尧所辟之位是实位,即通过令舜摄政来交接君主的行政职权,尧保有君主的名义与荣誉,并能影响这一名义的最终归属,使荐舜于天得以可能。"名""实"分离的结果是,既保证亲者在礼制上保有相应的权利,也放宽了贤者在政制上的自主性,而由于"实"由"名"赋权,"名"对"实"有监察的能力,这一制衡关系有利于打消亲者对放权的顾虑,也担保着贤者在获权后保持纯洁性。

接下来,孟子以孔子"天无二日"呼应"尧老舜摄",相应于咸丘蒙以孔子"天下殆哉"呼应"舜见瞽瞍"。按焦循[②],《礼记·曾子问》载有:"孔子曰:'天无二日,土无二王。尝、禘、郊、社,尊无二上。'"又按孔颖达《礼记正义》[③],郑玄认为孔子是以此明"丧有二孤,庙有二主"之卑。所谓"丧有二孤",是指在季桓子的丧礼上,卫出公来吊,鲁哀公和季康子都行了"主人"之"拜"礼,实则在"邻国之君吊"的情况下,宾主的尊卑要对等,鲁哀公代季康子主丧,季康子应行"哭踊"之礼;所谓"庙有二主",指的则是天子出行有"以迁庙主行,载于齐车"之礼,齐桓公多次举兵,按礼应"请主命"同行,却行天子礼,所以与其一同出师的是"伪主",及其返程,"伪主"奉入祖庙是有二主。可以看出,孔子是要以"天无二日"的自然之理,映照"礼无二尊"的人伦之理,孟子又沿此突出了"民无二王"的政治之理。

至于孔子有没有做过"天下殆哉"的判断,就要看"其容有蹙"真实与否。按焦循[④],除咸丘蒙与韩非子有言,《墨子·非儒》亦有记载,足见"舜见瞽瞍"已沦为论敌的话柄。墨、法两家执"舜见瞽瞍"不放,是捕抓到了此事提示的儒家理论的内生性困境。可以说,"君"只是各家的公约数,"父"则为儒家的特申大本,合而"绝父妨君",返指《孟子》首章"遗亲后君",乃至不仁义。

经过第一轮问答,咸丘蒙在尊贤妨君方面的疑虑应该有所消退,但他在尊贤绝父方面的担忧尚未得到回应。于是他再次发问:

---

① 韩兆琦译注:《史记》,第 43 页。

② (清)焦循撰,沈文倬点校:《孟子正义》,第 687 页。

③ (汉)郑玄注,(唐)孔颖达疏:《礼记正义》,北京:北京大学出版社,1999 年,第 586—588 页。

④ (清)焦循撰,沈文倬点校:《孟子正义》,第 684 页。

舜之不臣尧，则吾既得闻命矣。《诗》云：“普天之下，莫非王土；率土之滨，莫非王臣。”而舜既为天子矣，敢问瞽瞍之非臣，如何？（9·4）

如焦竑《焦氏四书讲录》所言，此章“前一段辨舜无臣君之事，后一段辨舜无臣父之事”。[①] 在后一段咸丘蒙有进一步引的不是来路不明的“语”，而是广为人知的《诗》值得玩味的是，《韩非子·忠孝》[②] 亦引此《诗》，不知引《诗》是否本就“语”所为，抑或《韩非子·忠孝》直与《孟子》此章相呼应。总之，咸丘蒙与韩非子都认为“莫非王臣”说的是天下没有一个人不是天子的臣民，如果是这样的话，凭借贤能成为天子的舜，又因成其父亲的君主，称不上贤人。咸丘蒙的第二问实际上是说，旧的“亲亲尊尊”系统，在更新“尊贤”插件后，无法解析旧的关系文件。要使“亲亲”与“尊贤”同时生效，就要比较二者孰轻孰重，编写条件语句，由“仁”之系统至“仁义”系统。

于是孟子就《诗》的意义和瞽瞍之非臣着手调试系统。孟子说：

是诗也，非是之谓也；劳于王事而不得养父母也。曰：“此莫非王事，我独贤劳也。”故说诗者，不以文害辞，不以辞害志。以意逆志，是为得之。如以辞而已矣，《云汉》之诗曰：“周余黎民，靡有孑遗。”信斯言也，是周无遗民也。孝子之至，莫大乎尊亲；尊亲之至，莫大乎以天下养。为天子父，尊之至也；以天下养，养之至也。《诗》曰：“永言孝思，孝思维则。”此之谓也。《书》曰：“只载见瞽瞍，夔夔齐栗，瞽瞍亦允若。”是为父不得而子也？（9·4）

先是，孟子据《诗·小雅·北山》的上下文指出咸丘蒙解诗有误，并教导他解诗的方法。《北山》[③]“溥天之下”之前是“王事靡盬，忧我父母”，“莫非王臣”之后是“大夫不均，我从事独贤”，所以孟子认为“莫非王臣”与“我独贤劳”相对，诗人是在抱怨君主，明明有众多臣民，却总是因其贤能而使役他办事，以致他没有精力奉养父母。实际上，“普天之下”四句的出处有争议，《吕氏春秋·孝行

① （明）焦竑：《焦氏四书讲录》，《续修四库全书》第 162 册，上海：上海古籍出版社，2002 年，第 300 页下栏。

② （清）王先慎撰，钟哲点校：《韩非子集解》，第 511 页。

③ （汉）毛亨传，（汉）郑玄笺，（唐）孔颖达疏，李学勤主编：《毛诗正义》，北京：北京大学出版社，1999 年，第 796—797 页。

览·慎人》记载此四句出自舜之口，焦循[①]据此推测咸丘蒙之时有此四句出自舜的流言，孟子于此不独论舜，兼明此四句非舜所为。又按许维遹《吕氏春秋集释》[②]，胡承珙认为可能是作《吕氏春秋》的人因咸丘蒙而误托于舜，翟灏则认为可能是《北山》诗人转用了舜的话。虽然此四句始源不明，但孟子解诗的方法肯定值得学习，朱熹概括得很到位，说："不可以一字而害一句之义，不可以一句而害设辞之志，当以己意迎取作者之志，乃可得之。"[③]为更直观地说明"莫非王臣"不能解作字面意义的"天下没有人不是君主的臣民"，孟子还举了《诗·大雅·云汉》作为例子，"周余黎民，靡有孑遗"不是说周朝的子民都没能活到后世，而是以一种夸张手法说"旱既太甚"[④]使很多百姓饿死。那么也有理由相信，"莫非王臣"可以是言臣民之多，而未必言臣民之全。

孟子在解《北山》时否定"莫非王臣"是指天下人都是君主的臣民，就意味着存在不是君主臣民的人，这是在为瞽瞍之非臣松绑。按焦循[⑤]，《白虎通·王者不臣》详细地介绍了王者不以哪些人为臣民，焦循以"王者不臣妻之父母"的原则说妻之父母尚且不臣，更没有臣己之父母的道理。另外，《白虎通》还有"始封之君，不臣诸父昆弟"[⑥]的原则，始封的诸侯不忍以一日之功德加于叔伯、兄弟，自然也就不忍加于父母，以他们为臣。值得注意的是，众多原则中并没有能直接说明子是否能臣其父母的，这是因为在"亲亲尊尊"的格局下，政治地位与血缘关系挂钩，"父死子继，兄死弟及"[⑦]意味着不存在子的政治地位高于父亲的情况，父子之伦与君臣之伦是一体两面。但当尊贤发生之后，就有必要将政治关系从血缘关系中剥离出来。孟子不言臣不臣，但言尊亲养亲，即是说血缘关系与政治关系可以相互独立，舜和瞽瞍之间可以没有臣不臣的政治关系，但一定有舜以天下尊养瞽瞍的"至孝"，有《尚书》记载的舜敬事瞽瞍时"夔夔齐栗"的恭谨。瞽瞍的地位能够体现在血缘关系上，"其容有蹙"的流言也就不攻自破了。

不限于舜的个例，孟子引《诗·大雅·下武》"永言孝思，孝思维则"，将事亲之"孝"的优先地位提为形上式法，在7·19章也能看到孟子"事，孰为大？事亲为大"的表态。孟子之所以认定父子之伦高于君臣之伦，是因为在儒家的观念里，

---

① （清）焦循撰，沈文倬点校：《孟子正义》，第688页。
② 许维遹撰，梁运华整理：《吕氏春秋集释》，第337页。
③ （宋）朱熹撰：《四书章句集注》，第312页。
④ （汉）毛亨传，（汉）郑玄笺，（唐）孔颖达疏，李学勤主编：《毛诗正义》，第1197—1198页。
⑤ （清）焦循撰，沈文倬点校：《孟子正义》，第691页。
⑥ （清）陈立撰，吴则虞点校：《白虎通疏证》，北京：中华书局，1994年，第322页。
⑦ 《史记·宋微子世家》，韩兆琦译注：《史记》，第2904页。

血缘关系是先天的，政治关系是根据移孝作忠的原则衍生出来的。孔子说“资于事父以事君，而敬同”[①]，就是以不虑而知的孝作为忠的依据，孟子也说“天下之本在国，国之本在家”（7·5），点明了“天下国家”是依一定的顺序建构起来的，所以当需要在私情与公义间做出抉择时，无怪乎孔子会说：“父为子隐，子为父隐。”[②]孟子会说：“窃负而逃。”（13·35）

需要说明的是，父子之伦高于君臣之伦，并不意味着血缘关系一概高于政治关系，更不能说政治关系就不重要。孟子说：“金重于羽者，岂谓一钩金与一舆羽之谓哉？”（12·1）比较血缘关系与政治关系孰轻孰重，可以就二者最重要的一端来做总体判断，说血缘关系高于政治关系，但实际运用上，就要看比较的是其中的哪些成分，在什么情况下比较，由谁来比较。于公义，包庇至亲亦免不了获罪，于私情，君主不见得比远亲切近。问题在于，私情终究是具体到个体，并以个体为原点建立起亲疏次第的，私情间可能有交集，让我们理解彼此的爱亲之切，但不存在所谓公共的私情，让我们放任他人的徇私之罪。当完成血缘关系与政治关系的离析，“亲亲”的适用范围会随之收窄，成为一个“家”的原则，在“国”这个层面，就“公天下”而言，帝舜“窃负而逃”也要“遵海滨而处”，就“家天下”来说，君主享有“亲亲”的特权，但以承担“仁民”的责任为前提，所以孔子会说：“门内之治恩掩义，门外之治义断恩。”[③]

为使“尊贤”原则被由“亲亲”原则把持的政治关系所考虑，孟子肯定了君主是权力的支配者，并能影响权力的归属，由此建立起君主对贤者的制约，使贤者处于君主的监督之下。同时为使“亲亲”原则不被君主滥用，根据“亲亲”依血缘而成立的特点，孟子通过分离血缘关系与政治关系，让“亲亲”原则退为门内之恩，令其在政治关系中的特殊性有所下降。孟子能在“遗亲后君”的困局中，为贤者开出通往政治舞台的阶梯，无疑对谋求“亲亲”与“尊贤”的平衡有着进步意义。可是，贤者攀上权力阶梯的依据和途径是什么？他们应该具备怎样的素质？质言之，与“亲亲”原则并立的“尊贤”原则是怎样制定的？

三、让“尊贤”进据政治

紧接着咸丘蒙的两个问题，孟子的另一位弟子万章这样问：

① 《礼记·丧服四制》，（汉）郑玄注，（唐）孔颖达疏：《礼记正义》，第1673页。
② 《论语·子路》，杨伯峻译注：《论语译注》，第193页。
③ 《礼记·丧服四制》，（汉）郑玄注，（唐）孔颖达疏：《礼记正义》，第1673页。

尧以天下与舜，有诸？

然则舜有天下也，孰与之？

天与之者，谆谆然命之乎？

以行与事示之者，如之何？

敢问荐之于天，而天受之；暴之于民，而民受之，如何？（9·5）

与咸丘蒙一样，万章讨论的仍是尧舜禅让这一事件，但与咸丘蒙关注这一事件的后果不同，万章感兴趣的是这一事件的发生，即尧舜禅让的机制是什么，禅让是不是意味着尧把天下托付给舜。孟子很坚决地否定了这种理解，说天子不能直接把天下托付给某人，因为天下并非天子一己之私[①]，下一任天子只能由“天”来任命，尧舜禅让的具体流程是：

昔者，尧荐舜于天，而天受之；暴之于民，而民受之；故曰，天不言，以行与事示之而已矣。（9·5）

随着“天”和“民”这两个概念的提出，我们可以知道，君主虽然掌握着最高的政治权力，但其权力源自天命，孟子引《尚书》“天视自我民视，天听自我民听”（9·5），又将天命指向百姓的民生福祉。合而言之，君主之所以有资格支配政治权力，是受天命嘱托，要以权力服务于百姓的利益，天命所向，亦即众望所归。即便是君主，其权力亦有来源，其权力亦需依据，就导致君主及其亲属无法仅通过宣示血脉正宗来垄断政治权力，一切权力的获取和占有都必须不负天命所托，满足百姓期许。“亲亲”的因素，“尊贤”的因素，都因“天”是权力的来源，“民”是权力的意义，而统一在兑现权力的价值上。要想兑现权力的价值，权力就要用于保障百姓的权益，权力缘此确立合法性。如果将“保民而王”（1·7）称作“贤”，“贤”就成为政治上的必需品，是人们参与政治的通行证。政治上不应有“亲者”与“贤者”的矛盾，实要有“贤者”与“不肖者”的对立。

出身显赫的名望子弟可以世袭祖荫，加持先辈累世积淀的政治影响力，并将先天的经济基础转换为文化优势，进而怀柔百姓，争取天命的支持。关键是，一文不名的白丁如何在势单力微的条件下，证明自己也能顺应天命民心，配得上拥有政治权力呢？孟子给出的答案是“修其天爵，而人爵从之”（11·16）。孟子认为，

① （宋）朱熹撰:《四书章句集注》，第312页。

爵位有“天爵”“人爵”之分，天爵是自然爵位，是人的本分当然，可以通过扩充人皆有之的仁义之端来修习，只要为人忠信，以行善积德为乐事，就会收获人们发自内心的敬重和赞誉；人爵是社会爵位，是人制定颁授的社会身份，在理想情况下，社会爵位不需要去刻意追求，其会与人们修习所得的天爵相匹配，并带来政治权力与物质利益。孟子反对为了追求人爵的附加收益而修习天爵，因为这样在得到人爵后，就会失去修习天爵的动力，乃至弃置天爵，达而离道。君子应有《诗·大雅·既醉》里“既醉以酒，既饱以德”（11·17）的觉悟，修习天爵意在自得于仁义，“人知之，亦嚣嚣；人不知，亦嚣嚣”（13·9），不为钓誉沽名、犬马声色。思想上向“何必曰利？亦有仁义而已矣”（1·1）的转变，承诺着权力将对百姓负责，是兑现权力价值的前提条件。

我们已经知道，修习天爵要“反求诸己”（3·7），体认“为仁由己”①，进而“由仁义行”（8·19），不过所谓“天下归仁”又是什么道理？人爵与天爵的对接不是简单的，尧认为舜贤能就把天下托付于他，或者说天下人认为舜贤能就推举他为领袖，而是要依循严格的程序。孟子之所以说举贤要慎重，除了担心亲者抵触贤者，也是由于儒家有以人立政的传统。《中庸》说：“文武之政，布在方策。其人存，则其政举；其人亡，则其政息。人道敏政，地道敏树。夫政也者，蒲芦也。故为政在人，取人以身，修身以道，修道以仁。”②任人程序严谨与否，关系到仁政主张得到怎样的贯彻，在这个角度，仁政亦是“人政”。

贤者掌握政治权力，必须满足三个条件，即由当权者举荐，被天命认可，为百姓接受，其中间环节是被天命认可，这也是我们理解任人程序的切入点。孟子说人与天是不能直接对话的，天的意志已经体现在候选者的“行”“事”当中，君是否举荐，民是否接受，就取决于这两项指标。朱熹说：“行之于身谓之行；措诸天下谓之事。”③行是修身，事即济世。孟子说：“古之人，得志，泽加于民；不得志，修身见于世。穷则独善其身，达则兼善天下。”（13·9）行是事的准备，事是行的发用，二者一以贯之，体现的是孟子“内圣外王”的伦理—政治设想，“行”与“事”是贤者获颁人爵的理想途径。

既然说天命民心看重人的“行”“事”，那么修身济世就可看作“贤”的具体要求。修身是修养人内在的心性，贤者首先要有良好的德行。孟子说：“恻隐之心，仁之端也；羞恶之心，义之端也；辞让之心，礼之端也；是非之心，智之端也。

① 《论语·颜渊》，杨伯峻译注：《论语译注》，第172页。

② （宋）朱熹撰：《四书章句集注》，第28页。

③ （宋）朱熹撰：《四书章句集注》，第312页。

人之有是四端也，犹其有四体也。”（3·6）人皆有四端，说明“人皆可以为尧舜”（12·2），有四端而说自己不能行仁义，是在轻贱自己。四端是修身的种子，表明“仁”是人内在的要求，是行得通的，所以要扩而充之，把“仁”落到实处。

要想把“仁”落实，孟子从尧舜身上看到“孝弟而已矣”（12·2），说“仁之实，事亲是也；义之实，从兄是也”（7·27），又说在改善百姓物质生活的同时，要“谨庠序之教，申之以孝悌之义”（1·3）。不管是率性而为，抑或从教而行，善及父兄只是修身成仁的开始，修身的极致是惠及天下。孔子主张的“泛爱众”[①]，到孟子这继承为“仁者以其所爱及其所不爱”（14·1），“独乐乐”不若“与人乐乐”，“与人乐乐”不若“与众乐乐”（2·1）是贤者的趣味，所以孟子会说“贤者以其昭昭使人昭昭”（14·20），《大学》说“大学之道，在明明德，在亲民，在止于至善”[②]，“使人昭昭”的过程，岂又不是通达至善的修行。

济世是修身的必由之路，就来到“贤”的第二个要求，即要有外在的事功。考察候选者的“行”时，在意的是他会不会为百姓谋福利；而考察“事”时，关心的则是他能不能为百姓谋得福利。会否是意愿，能否是结果。事亲从兄，尊老慈幼，符合一般性的道德标准，但“徒善不足以为政”（7·1），有功地方至于泽被天下，才是政治能力的体现。为考察候选者的政治能力，孟子主张“使之主事，而事治，百姓安之，是民受之也”（9·5），可以尝试着让有德行的贤人进行政治实践，根据治理成效和民意取向，以功论爵。

当权者有举荐的权力，就肩负举荐贤人的责任。为得贤人以荐，孟子说“左右皆曰贤，未可也；诸大夫皆曰贤，未可也；国人皆曰贤，然后察之；见贤焉，然后用之”（2·7），要在广开言路的同时，眼见为实，做独立判断。朱熹[③]说这样可以保证贤人名实相符，防范媚俗乡愿，拾遗蒙妒高士。孟子还要求当权者“好善而忘势”（13·8），对贤人能放下身段，“用上敬下”（10·3），敬重贤人，不应该“悦贤不能举，又不能养”（10·6），使贤人处于虚位，更说“不祥之实，蔽贤者当之”（8·17），见贤不举要承担不祥后果。相应的，贤人致仕“所就三，所去三”（12·14），“百里奚自鬻”（9·9）不足信，“段干木逾垣”（6·7）不可取，如果舜是“居尧之宫，逼尧之子”（9·5）而得位，便是篡夺，而非天与。

得到举荐的贤人参与政治，会有两种结果。要么“达不离道，故民不失望焉”（13·9），道德意义的贤人受到百姓爱戴，成为政治意义的贤能。朱熹说：“民不失

① 《论语·学而》，杨伯峻译注：《论语译注》，第 6 页。

② （宋）朱熹撰：《四书章句集注》，第 3 页。

③ （宋）朱熹撰：《四书章句集注》，第 221 页。

望，言人素望其兴道致治，而今果如所望也。”[①] “兴道致治”是民之所望，“道”是“王道”，贤人“以不忍人之心，行不忍人之政”（3·6），与民同心，民当协力，是谓“劳心者治人，劳力者治于人”（5·4）；要么民失所望，贤人没有在政治上满足百姓的预期，或是贤而不能，或是“既得人爵，而弃其天爵”（11·16），或是民众有误判，凡此种种，只能继续反身修行，争取在未来得到百姓的信赖。

“内圣外王”不是一条坦途，虽有普适性，不见普遍性。万章观察到，自禹启世袭起，王位多以父子相继的形式流转，鲜有圣贤应天命民心而王的情况。他不由再生困惑，问道：

> 人有言：“至于禹而德衰，不传于贤，而传于子。”有诸？（9·6）

启继位是一个既成事实，万章的问题是，启继位是不是因为禹道德衰微而不传位于益。孟子再次重申，最高权力的归属取决于天命，而非王命，启继位不是因为禹徇私，同样是天的意志，是百姓的选择。百姓选择启，是因为启本身就有贤能，且在政治声望上受父亲余荫；百姓没有选择益，是因为益处理政事的时日尚短，积累的政治影响力还不够大。天命传天下于舜禹的情况又不同，尧舜之子不肖，舜禹之德昭彰，与贤不与子顺理成章。孟子总结说：

> 匹夫而有天下者，德必若舜禹，而又有天子荐之者，故仲尼不有天下。继世以有天下，天之所废，必若桀纣者也，故益、伊尹、周公不有天下。（9·6）

这么看，天命民心在选定天子时，不仅看重候选者的“行”“事”，也念及先王的旧恩。除非确有不世出的圣贤，且圣贤得先王举荐，成就不可磨灭之功勋，只要先王的子嗣不是绝仁弃义，还是会得贤能匡扶，有天命支持。在刚表示大德者得位受命后，又补充说天命民心不忘先王的功绩，是对历史现实的回落，能在任人程序上解释“天命与子不与贤”，适应其时“亲者主天下”的常态，预防君主与贤能产生地位冲突，为贤者确立“相天下”的定位。

为使“尊贤”的因素在政治舞台上站住脚，孟子引入“天命”作为权力来源，“民心”作为权力意义，“天命民心”指明所有人都有可能通过“修身济世”，实现“内圣外王”；又要求当权者“用上敬下”，按“两项指标”，经“三个环节”，“尊

① （宋）朱熹撰：《四书章句集注》，第358页。

贤使能”，为贤能敞开政治权力的大门。可是，在“贤”成为一个政治必选项后，孟子没有在政治上完全驱逐“亲亲”的因素，甚至在辩护其主持天下的合理性，究竟出自怎样的考虑？会造成怎样的现象？

四、退为亲“贤”，进在贤“亲”

咸丘蒙和万章密切关注传贤传子，讨论权力的转移与归属，有其现实指向，映射的是当时发生的“燕哙让国”一事。《孟子》全书明面上共有四处涉及“燕哙让国”，其时孟子游事齐宣王，所以此四处围绕的是由“燕哙让国”引发的“齐人伐燕”和“燕人畔”等事件，见于2·10章、2·11章、4·8章、4·9章。

据《史记·燕召公世家》[①]记载，燕王哙先是受苏代所激，愈发信赖燕相子之；接着听信鹿毛寿劝告，效仿“尧让天下于许由”，将燕国托付给子之代理；最后，因为担心子之与太子平发生权力纠纷，收回三百石以上的官位，连同自己的诸侯之位，一并授予子之。在交割掉孟子强调的人事权后，燕哙与子之的地位完成了决定性的逆转，变为与咸丘蒙之问同构的“子之南面行王事，而哙老不听政，顾为臣，国事皆决于子之”。子之南面后，太子平与将军市被勾结齐宣王，密谋政变，燕国迅速陷入内外交困的境地。虽然太子平与将军市没能如愿打败子之，但在燕国大乱之时，齐国武装介入，不战而克。不过仅两年后，燕人脱离齐王统治，拥立公子职为昭王。有趣的是，昭王继位后马上“卑身厚币以招贤者”，欲雪先王之耻。短短几年，燕国经历的燕哙让国、太子平与子之相争、齐宣王乘隙夺国、燕民拥立公子职等一系列事件，充分展现了“亲亲”传统与“尊贤”因素的政治角力，暴露出各方对此的态度。

孟子对“燕哙让国”的态度可归结为两点，“燕可伐”而“齐不可伐燕”。燕可伐，是因为“子哙不得与人燕”（4·8），“诸侯能荐人于天子，不能使天子与之诸侯”（9·5），诸侯国不是诸侯一己之私，让国要征得周天子同意，不能有“让”无“禅”，随意私相授受；又因为“子之不得受燕于子哙”（4·8），子之不符合贤的要求，其与苏代存在百金之贿，并与苏代之弟苏秦有姻亲，子之也不符合能的要求，子之南面后，燕国迅速陷入混乱，乃至休克。燕之可伐在于让国，齐不可伐燕，则是因为齐王意在兼并，而非讨伐让国，哪怕是要讨伐让国，也应由周天子亲征或授命；何况齐国破燕后既没有还政，也没能理政，自然不受燕民拥护。能清楚地看到，孟子坚持权力不是一己之私，是民心向背，要求严抓任人程序，以免所

① 韩兆琦译注：《史记》，第2712—2718页。

托非人。

燕哙让国得以发生，表明“尊贤”思想在当时已成一股浪潮，甚至足以促成诸侯之位的出让，燕昭王为使国家复苏，亦知要“诚得贤士以共国”。但“尊贤”的影响还只是局部的，不彻底的。燕哙虽然所托非人，也有求名之嫌，可必须承认，其“尊贤”的决心压过了“亲亲”的念头，为子之收拢权力之举可谓有先见。太子平与将军市被是保守势力的代表，“尊贤”触动了他们的既得利益，齐宣王道出了他们的苦衷，在获悉太子平密谋政变后，他使人对太子平说：“寡人闻太子之义，将废私而立公，饬君臣之义，明父子之位。寡人之国小，不足以为先后。虽然，则唯太子所以令之。”依据“亲亲尊尊”的传统，“父死子继”倒是公道，“尊贤让国”才是私意，正君臣父子之名分，便是“亲者”眼中的正当性。

“尊贤”的影响不够彻底，也要归因于“贤”本身的模糊、有争议。其时人们相信尊贤是应该的，却没能统一“贤”的标准。诸子百家在开展一场“由谁来参与政治”的大讨论，并期望由此落实政治主张。正如韩非子指斥儒家奉尧舜为贤，孟子也不满当时“尊贤”的趋利导向，希望君主志于仁，而不是为准备兼并战争，宠信所谓“为君辟土地，充府库”“为君约与国，战必克”（12·9）的“良臣”。没有“贤”的标准，更谈不上“尊”的程度，得贤能自然可贵，不得贤能则是徒生事端，相较之下，发展成熟的“亲亲”原则能够提供一套稳定的传承法理，减轻权力过渡带来的震荡，也就不难理解燕国臣民会选择拥立公子职。

由“燕哙让国”这场政治实验看，在“亲亲”因素已根深蒂固的政治上，移植而来的“尊贤”因素水土不服。时代抛出的问题是如何打消亲者的顾虑，增强尊贤的影响，让亲者放权，最多是指出“独亲其亲”的弊病，远未至摆脱“亲亲”的影响，让亲者弃权。

在学理上，“亲亲”行为本就有其政治意味。孟子的王道政治，是自内而外，由近及远地推行的，亦即所谓的“推恩”。孟子说：“《诗》云：‘刑于寡妻，至于兄弟，以御于家邦。’言举斯心加诸彼而已。故推恩足以保四海，不推恩无足以保妻子。”（1·7）又说：“道在迩而求诸远，事在易而求诸难。人人亲其亲、长其长，而天下平。”（7·11）谈爱民如子，却连最起码的爱父母也做不到，是没有说服力的。

让亲者拥有政治身份，还有巩固政权的考虑。孟子说：“所谓故国者，非谓有乔木之谓也，有世臣之谓也。王无亲臣矣，昔者所进，今日不知其亡也。”（2·7）朱熹[①]解释说，世臣有累世功勋，亲臣得君主亲信，都是会与国家休戚与共的人，

① （宋）朱熹撰：《四书章句集注》，第220—221页。

有这些人，国家才会长治久安，成其故国。舜即位后把有庳封给了他的弟弟象，孟子说这是“亲之，欲其贵也，爱之，欲其富也”（9·3），舜常以政事为由，到有庳去与象见面，这起到了天子“巡所守”（2·4）的作用，让“发于畎亩”的舜，也能有亲臣照应。亲者的政治身份，可能只有符号意义，“封”象也可以说是“放”象，“象不得有为于其国，天子使吏治其国”（9·3），说明象并没有实际参与治理。也不是说不肖者不再有资格参与政治，“放”既有维稳的功能，也有改造的意味。汤的后代太甲就曾因坏乱常法，被伊尹流放到桐，后来太甲在桐自省归仁，由仁义行，“以听伊尹之训己也，复归于亳”（9·6），成为后世典范。

亲者不可去，举贤不容缓，亲者与贤者就遭遇在政治舞台。孟子说：“父子有亲，君臣有义。”（5·4）又说：“仁之于父子也，义之于君臣也。”（14·24）血缘关系与政治关系根据不同的原则维系，亲者参与政治，就与君主既有血缘关系，又有政治关系，贤者与亲者在这一点上就有差别。孟子说：“有贵戚之卿，有异姓之卿。”（10·9）贵戚之卿“君有大过则谏；反覆之而不听，则易位”，异姓之卿“君有过则谏，反覆之而不听，则去”。“过”与“大过”之别，说的是君主通常对亲者有更高的容忍度，亲者借此可更深度地影响决策。朱熹[①]说“大过”是足以亡国之过，亲者与君主同宗庙，与国家休戚与共，若君主不知悔改，就要“更立亲戚之贤者”。贤而非亲者与君主没有“亲亲”这层关系，君臣义合，志在治国，不在护国。孟子说：“君子之事君也，务引其君以当道，志于仁而已。”（12·8）君主“谏则不行，言则不听”（8·3），就没有追随的必要。

“亲”“贤”之别也非天堑。孟子说：“尧之于舜也，使其子九男事之，二女女焉，百官牛羊仓廪备，以养舜于畎亩之中，后举而加诸上位。故曰，王公之尊贤者也。”（10·6）在让舜参与政治之前，尧把他的女儿嫁作舜的妻子，尧成了舜的外舅，舜和尧子就互为郎舅。“贤者亲之”是破解“使疏逾亲”的政治技巧，同理，贤能可以通过修身济世来修习，这表明“亲”与“贤”不只是现成的身份，也可以是切实的行动、生成的特性，君民悬殊的地位，在“贤”“不肖”特性的对峙下拉近，又因亲“贤”以贤“亲”的行动同一。

结　语

“亲亲”与“尊贤”的二难，具体是“传贤传子”的权力分配问题，归根结底是权力的归属问题，于是牵扯到权力的来源、意义、正当性等一系列从属性问

① （宋）朱熹撰：《四书章句集注》，第329—330页。

题。“亲”之于政治，能提供稳定性，却是滋生腐败的温床；“贤”之于政治，承诺着“权为民所用，利为民所谋”，但也有所托非人的风险。基于问题与现实，孟子以“天命民心”改造亲者实际掌握的权力，希望在权力继承关系相对明确的情况下，推行贤能政治，亲者主天下，贤者相天下，亲者得到贤者教育，贤者得到亲者任用，亲者与贤者共同教化万民，万民亦由修身显著，合而共治天下。在此方案下，“尊贤”不只是“为天下得人”（5·4），也在于“愿安承教”（1·4）。君、民、亲、贤的关系，在政，则居其所而众星共，在教，又成相互映照的星辰。即是由“人皆可以为尧舜”的信仰，向往既“定于一”（1·6），又泛中心化的治教格局。与此理想并行，也有“放太甲于桐”“汤武革命”的修正预案。论意义，孟子对“亲”“贤”关系的思考，投身“与子与贤”之争，力辟“攻伐为贤”之风，范导“孰可曰贤”之问，出具“淑世成圣”之证，于是，解“亲不亲”之悬，出樊以辨舜不臣君父始，悬“贤不贤之解”，以太甲复归于毫终。

心、气、形：孟子功夫论的三个维度

倪 超*

【摘要】孟子功夫论有心、气、形三个维度。具体而言，包括存心养性、养气成德、修身践形等几个方面。首先，通过先立乎其大、心性的存养以及动心忍性等方面的修炼，充分认识心性本体，发挥心的主观能动性。其次，通过知言养气、养浩然之气的功夫，培养一个人内在的德性。最后，通过诚身、践形等功夫将内在的德性外显出来，成就大丈夫人格。由"心"到"气"的培养，再由"气"到"形"的塑造，从而将"心—气—形"三者贯通。"心"侧重于一个人内在的心性修炼，"气"是维护身心修养的一种动态的物态能量，"形"是外在形体容貌的体现。三者的相互作用促进了一个人由内而外的道德修养功夫的完成，以心驭气，以气养身，身心贯通，由此共同构成一种个体道德修养的养成模式。

【关键词】孟子；功夫论；心；气；形

功夫论是近年来学界所关注的一个话题。从这一视角出发，不少学者对先秦儒家经典中所蕴含的功夫论思想进行了考察。功夫论，就是儒家为实现"内圣外王"的理想，由个人道德修养进一步推扩到社会政治实践的具体方法的理论。广义而言，功夫包括"内圣"和"外王"两个层面。从"内圣"这个层面说，包括了一个人道德认知、道德修养和道德践履的整个过程。从"外王"这个层面说，"功夫"则关涉一个人处理政事、经邦治国的能力和才干。狭义的"功夫"则侧重强调"内圣"方面。倪培民教授指出："'功夫论'一词可以很好地概括儒家乃至整个中国传统思想对修炼、践行和生活方式的关注。"②

在先秦儒家中，孔子、曾子、子思等在功夫论方面都有很多创见，为后世儒家功夫论的发展提供了宝贵经验。但是，在一些方面还有不够清晰细致的地方，

① 倪超：贵州大学公共管理学院讲师，中国人民大学哲学博士，研究方向为儒家哲学。

② 倪培民：《什么是对儒家学说进行功夫的诠释？》，《哲学分析》2013 年第 2 期，第 41 页。

有待于后学进一步完善和发展。作为思孟学派的重要传承人，孟子继承了前人功夫论的思想，进一步将功夫论内在化、精致化、系统化、生动化地展现了出来。近年来关于孟子的功夫论探讨逐渐增多，但相比于“心性论”“政治学”等领域，孟子“功夫论”的研究还比较薄弱，相关的研究成果还不多，杨儒宾、匡钊、王正、彭国翔等学者均对孟子的功夫论进行了探讨，这为我们进一步深入研究孟子思想中的功夫论内涵提供了基础。[①]然而，如何既全面又精微地把握孟子功夫论的内涵，需要我们从《孟子》文本出发，同时借助其他传世文献和出土文献等相关材料来进行重新阐释。我们认为，孟子正是立足于性善论与天人合一的基础上来进行论证，从心、气、形三个维度进一步阐发，将功夫论呈现出来。以下笔者将从心、气、形三个维度来对孟子功夫论思想进行论述。

一、心的维度：存心养性

孟子心性之学虽有神秘主义的色彩[②]，更有着扎实的修养进路。以个体修身为起点，以内在和外在相整合，进而一步步推扩到伦常和政治，这是孟子由“内圣”向“外王”不断推进的理论特质。对于修身，孟子认为心是身的根本和主宰，所以修身首先要修心。因此，首先要确立“心”的重要性。具体而言，又包括以下几个方面。

首先，先立乎其大。孔子提出君子要有“志于道”的精神追求，而孟子也继承并发挥了这一思想，把个人的精神生命放在第一位，提出了“先立乎其人”的主张。《孟子·告子上》记载了孟子与弟子关于“大体”“小体”之辨的一段对话：

> 公都子问曰：“钧是人也，或为大人，或为小人，何也？”孟子曰：“从其大体为大人，从其小体为小人。”曰：“钧是人也，或从其大体，或从其小体，何也？”曰：“耳目之官不思，而蔽于物，物交物，则引之而已矣。心之官则思，

---

① 相关研究成果可参见：

杨儒宾：《儒家身体观》，上海：上海古籍出版社，2019年。

匡钊：《论孟子的精神修炼》，《深圳大学学报（人文社会科学版）》2016年第5期。

王正：《心、性、气、形：十字打开的孟子工夫论》，《中州学刊》2016年第6期。

彭国翔：《“尽心”与“养气”：孟子身心修炼的功夫论》，《学术月刊》2018年第4期。

② 孟子思想中具有神秘色彩的特点，冯友兰在《中国哲学史》《中国哲学简史》等著作中都有提及，很多学者也受此观点的影响。冯友兰在《中国哲学史（上）》中说：“‘万物皆备于我’，‘上下与天地同流’等语，颇有神秘主义之倾向。”参见冯友兰：《中国哲学史》，北京：生活·读书·新知三联书店，2009年，第148—149页。对此，笔者并不完全同意冯友兰先生的观点，孟子思想中一部分内容确有形而上的神秘色彩，但是总体来看，孟子思想是具有“下学而上达”的特点，有着扎实的修养功夫进路。

思则得之，不思则不得也。此天之所与我者，先立乎其大者，则其小者弗能夺也。此为大人而已矣。”

这里，孟子将人的身体分为“大体”和“小体”。“大体”是指心，“小体”是指耳目口鼻等身体的感觉器官。“大体”具有道德意识，而“小体”不具有道德意识。孟子认为，小体（耳目）与大体（心）的区别在于，耳目不会思考，所以容易受外物的蒙蔽和诱惑；而心具有思考的功能，能够对外物做出判断，因而可以“择善固执”。既然“心”是上天所赋予我们的，我们就要充分利用“心”这个大体，以心为主体，确立起崇高的理想和志向，从而抵御住外在的诱惑。

同样，借助于出土文献，我们也可以对“大体”“小体”的关系进行探讨研究。郭店楚简《五行篇》有这样一段文字：“耳目鼻口手足六者，心之役也。心曰唯，莫敢不唯；诺，莫敢不诺；进，莫敢不进；后，莫敢不后；深，莫敢不深；浅，莫敢不浅。和则同，同则善。”① 这说明耳目鼻口手足六个器官是按照心灵的引导而行动的，强调心对于感官的指导作用。② 因此，心主宰身体的感觉器官，人的修养应当以心为根本，由心推及身。

孟子指出，人的道德修养应该“先立乎其大”，这是强调立志的重要性，而立志正是孟子心性修养功夫的起点。立志之所以这么重要，那是因为志向不仅是一个人实现个人理想和人生目标的指南针，还是人道德修养的动力所在。一个人只有通过先确立志向，有志于圣学，才能踏踏实实地做修养功夫。

在儒家思想中，圣人是最圆满的理想人格，孟子教人立志也是要做圣人。一方面，“人皆可以为尧舜”，尧舜是圣人理想人格的代表，每个人都具有成为圣人的可能性；另一方面，圣人的境界十分高远，不可一蹴而就，需要后天的努力修养才可达成。因此，一个人只有通过立志，并通过不懈努力做功夫，才能将成圣成贤的可能性变成现实。

孟子还通过人禽之辨来突出了人的主体性和能动性。孟子曰：“人之所以异于禽兽者几希，庶民去之，君子存之。”（《孟子·离娄下》，以下引用《孟子》只称篇名）这是说，人和动物在生物本能上并没有什么区别，差别仅在于人有道德意识、道德自觉，能够自我要求，按照内心对仁义的追求来做事，是一种“自律道德”，所以普通人通过修养能够成为君子、贤人和圣人。那么，圣人和凡人是否有区别呢？基于人性善的理论预设，孟子提出了“圣人与我同类”这一命题：“故凡

① 李零：《郭店楚简校读记》（增订本），北京：中国人民大学出版社，2007 年，第 103 页。
② 韩星：《论儒家的身体观及其修身之道》，《哲学研究》2013 年第 3 期，第 63 页。

同类者，举相似也，何独至于人而疑之？圣人与我同类者。”（《告子上》）圣人和普通人一样，都具有共同的人性，都具有仁义礼智之心。只不过二者的区别在于，圣人能够洞悉并把握人心应有的追求：理、义。并且，“圣人先得我心之所同然”（《告子上》）。所以，“人皆可以为尧舜”，这是具有可能性的。

正基于此，人立志就应该符合“类”的要求，充分实现心的能动性，由心善到性善，并将自己的潜能发挥出来，故“孟子道性善，言必称尧舜”（《滕文公上》）。尽管尧舜是圣人，但他们和常人没有本质上的区别，实际上他们也是由普通人不断修养而达致的，所以孟子又说：“夫道一而已矣。成覸谓齐景公曰：‘彼，丈夫也；我，丈夫也；吾何畏彼哉？’颜渊曰：‘舜，何人也？予，何人也？有为者亦若是。’”（《滕文公上》）像尧舜这类圣贤与普通人都一样，起点都是“丈夫”和“人”，所以成就圣贤人格具有可能性，每个人都应该立志成为一个“大丈夫”。

其次，心性的存养。“心”“性”“天”是《孟子》中的重要概念。孟子说：“尽其心者，知其性也。知其性，则知天矣。”（《尽心上》）这是说，作为道德主体的人，应当按照自己的道德本心去行事，充分发挥自己的主观能动性，由此而体认到自己的本性和善性，再通过认识到自己的善性而进一步认识天意、天道、天命。由此可见，作为形而上的“天”是能够被人所认知的。“尽心”是前提条件，“知性”是过渡环节，“知天”是必然结果。

那么，如何做到这三点呢？孟子说：“存其心，养其性，所以事天也。”（《尽心上》）“事天”的具体方法和实现途径包括两个关键要素：存心和养性。何谓“存”“养”？朱子注：“存，谓操而不舍；养，谓顺而不害。”[①] 概而言之，“存心”意味着要能够时刻保持而不舍离这颗心，“养性”则是要顺着人的性情而不违逆。那君子应当如何存心呢？孟子指出：“君子以仁存心，以礼存心。”（《离娄下》）君子和普通人原本一样，他们的差异在于“存心”上。君子所存之心是仁爱之心、礼敬之心，这正是成就君子人格的原点所在。那么，如何养性呢？在孟子看来，人人皆有善性，这种善性是天所赋予的，但这种善性容易被遮蔽和损伤，因而人们应当积极地去保养它。这正如“牛山之木”一样，原本很美，但由于生长在郊外，经常被人们随意砍伐，因此也就不美了。可是一旦给它阳光雨露，它就会蓬勃生长，最终长成参天大树。所以，人的善性只要不去肆意破坏它，而是去积极地培养它，就会不断成长扩充。这就是“苟得其养，无物不长；苟失其养，无物不消”（《告子上》）。因此，“从这个意义上说，存心就是养性，养性就是存心，一

① 朱熹：《四书章句集注》，北京：中华书局，2012年，第356页。

旦仁义礼智之端存于内心，就是滋养自己的诚善之性，也就是侍奉而不违逆于天道之本然了”[①]。

那么，“尽心”“知性”“知天”与“存心”“养性”“事天”有什么关系呢？朱子说：“尽心知性而知天，所以造其理也；存心养性以事天，所以履其事也。不知其理，固不能履其事；然徒造其理而不履其事，则亦无以有诸己矣。”[②]换言之，“尽心”“知性”“知天”侧重的是认识论层面上的功夫，“存心”“养性”“事天”侧重于实践论层面上的功夫。二者是一个不可分割的整体，共同构成孟子功夫论的主要内容。

孟子强调，尽管人心向善，但当这种“善端”未发用出来时，就容易受到环境的影响而放失掉。所以，从消极的方面讲，孟子主张做“求放心”的功夫：“学问之道无他，求其放心而已矣。”（《告子上》）所谓“求放心”，即是将每个人放失掉的本心、良心找回来。换言之，“是把‘以小（耳目等）害大’的大（心），从小中解脱出来，以复其心的本位”[③]。

而从积极的方面来讲，存心养性还蕴含着一个重要的功夫：“养心”。如果说“存心”还只是一个初始阶段的话，那么“养心”则是强调通过长期的涵养、训练而达到的一种功夫和境界。孟子说：“养心莫善于寡欲。”（《尽心下》）这里，孟子提出了“寡欲”的修养进路。这种“寡欲”不同于宗教的“无欲”和“禁欲”，而是强调在合理的范围内尽量减少物质欲望，以追求高尚的精神境界。这种“寡欲”作为一种手段和方法，有助于人们寻找到本心，从而使本心得以滋养和生长。

基于人性善的理论前提，孟子认为“人皆可以为尧舜”，这种坚定的理想信念可以鼓励人追求卓越，不断奋进，最终成为一个德行、功业都能有所成就的人。相反，也有一些人信心不够或者不愿积极向上，孟子将这种行为称之为“自暴自弃”。孟子说：“自暴者，不可与有言也；自弃者，不可与有为也。言非礼义，谓之自暴也。吾身不能居仁由义，谓之自弃也。仁，人之安宅也；义，人之正路也。”（《离娄上》）孟子把“仁”作为“人之安宅”，把“义”作为“人之正路”，这两者都是上天所赋予每个人的。因此，“仁义”的价值就内在于人的本心、本性之中。如果一个人舍弃了“仁义”的价值，也就意味着他并没有保全好自己的本心和本性。究其原因，这既不是上天的意志，也不是他人的干涉，而是这个人本身所导致的。故这样的行为称之为“自暴自弃”。所谓“自暴”，就是人肆意践踏、

① 杨泽波：《孟子性善论研究》，北京：中国人民大学出版社，2010年，第49页。

② 朱熹：《四书章句集注》，北京：中华书局，2012年，第356页。

③ 徐复观：《中国人性论史·先秦篇》，上海：上海三联书店，2001年，第155页。

残害自己的本性；所谓“自弃”，就是人随意放弃、背离自己的本性。对于有这种行为的人，别人很难给予援助。因此，“自暴自弃不过是人们不能守身，亦即守住自己的本性。当人们残害和放弃了自身的善良本性时，他当然就会否定仁义，而不能居仁由义，也不可能有善言善行。”[①] 由于人性善的理论预示着每个人都具有成就圣贤人格的可能性，而自己最终没有达到既定的目标，那是因为自己的信心不足，意志不够坚定。所以，孟子强调，一个人应该通过心性修养来培养自信心。

最后，动心忍性。“崇德广业”是儒家知识分子的理想，可是道路却并非一帆风顺。对于很多有志于建功立业的人来说，他们往往要经受很多的磨炼，孟子把这种磨炼叫作“动心忍性”。孟子说：“天将降大任于是人也，必先苦其心志，劳其筋骨，饿其体肤，空乏其身，行拂乱其所为，所以动心忍性，曾益其所不能。”（《告子下》）孟子列举了舜、傅说、胶鬲、管仲、孙叔敖、百里奚等人物的个案，再归纳出他们的共同特点，即他们都能够在逆境中磨炼心志，增长才干，最终实现自己的抱负。所谓“动心忍性”，朱子注曰：“动心忍性，谓竦动其心，坚忍其性也。然所谓性，亦指气禀食色而言耳。”[②] 通过外在艰苦的环境来磨炼一个人的心灵和意志，使其变得更加坚强刚毅。同时，个人性格中的“气禀之性”也通过磨炼而得以调节，使其“发而皆中节”，由此能够更加成熟、稳重地面对困难和挑战。因此，人只有通过环境的磨炼才能将自己的修养功夫呈现出来，越是艰苦的环境，越是磨炼人品格的地方。所谓“艰难困苦，玉汝于成”，即是这个道理。

孟子由“动心忍性”进一步指明了“生于忧患，死于安乐”的道理。当一个人心灵困顿，思虑阻塞时，客观上为他提供了一个奋发有为的条件。这时如果他能积极振奋，迎接挑战，那他就能在忧患的境遇中得以生存发展。反之，如果一个人原本生活在优越的环境中，却不懂得珍惜，久而久之就会丧失奋发的动力和能力，当灾难来临时就会手足无措，无法应对。此外，孟子还用“孤臣孽子”的例子说明了这个道理：“人之有德慧术知者，恒存乎疢疾。独孤臣孽子，其操心也危，其虑患也深，故达。”（《尽心上》）正因为这些“孤臣孽子”处境艰难，他们心存忧虑，保持警惕，对于祸患考虑得很深刻，所以他们能够自立自强。因此，“动心忍性”本质上是通过对心性的磨炼，来培养人的忧患意识。

---

① 彭富春：《论孟子的心性论》，《清华大学学报》2010 年第 4 期，第 94 页。

② 朱熹：《四书章句集注》，北京：中华书局，2012 年，第 355 页。

二、气的维度：养气成德

“气”是先秦哲学中的一个重要概念。张立文先生指出，在中国哲学范畴系统中，“气”约具四义：一指客观存在的质料或元素；二指具有动态功能的客观实体；三指人生性命；四指道德境界。[①]“气”本意是云气，《说文》：“云气也。象形。”云气最初就是一种能流动的自然存在物。同时，“气”概念包含有物理、生理、心理、伦理、哲理等几个层次的含义。[②]在《孟子》中，“气”总共出现了20次，它被孟子赋予了生理、心理、伦理等多方面的含义，是一种综合的存在。针对个人的道德修养，孟子提出了“养气”的说法，集中见于《孟子·公孙丑上》第二章，我们从中可以窥见养气与道德修养之间的关系。据《公孙丑上》记载：

> 公孙丑问曰：“夫子加齐之卿相，得行道焉，虽由此霸王不异矣。如此，则动心否乎？”孟子曰：“否。我四十不动心。”曰：“若是，则夫子过孟贲远矣。”曰：“是不难，告子先我不动心。”曰：“不动心有道乎？”曰：“有。北宫黝之养勇也，不肤桡，不目逃，思以一豪挫于人，若挞之于市朝。不受于褐宽博，亦不受于万乘之君。视刺万乘之君，若刺褐夫。无严诸侯。恶声至，必反之。孟施舍之所养勇也，曰：‘视不胜犹胜也。量敌而后进，虑胜而后会，是畏三军者也。舍岂能为必胜哉？能无惧而已矣。’孟施舍似曾子，北宫黝似子夏。夫二子之勇，未知其孰贤，然而孟施舍守约也。昔者曾子谓子襄曰：‘子好勇乎？吾尝闻大勇于夫子矣：自反而不缩，虽褐宽博，吾不惴焉；自反而缩，虽千万人，吾往矣。’孟施舍之守气，又不如曾子之守约也。”

从这段师生问答中可以看出，孟子四十岁就做到了“不动心”的状态。“不动心”是指不会因为自己的境遇好坏或别人对自己的评价而或喜或悲，它是一种平静的心理状态和很高的修养境界，类似于孔子所言“四十而不惑”的人生状态。“不动心”有具体的修炼方法，与培养勇德有关。在孟子看来，“勇”有两种类型。一种是像北宫黝一样，“不肤桡，不目逃，思以一豪挫于人，若挞之于市朝”，这种“勇”是一种外发性的，表现出强悍的架势。另一种“勇”则像孟施舍一样，“视不胜犹胜也”，这是一种内发性的“勇”，专注于培养内在的信心和勇气。孟子

---

① 张立文:《中国哲学范畴发展史（天道篇）》，北京：中国人民大学出版社，1988年，第137—139页。

② 李存山:《气论与仁学》，郑州：中州古籍出版社，2009年，第199页。

指出："孟施舍似曾子，北宫黝似子夏。"（《公孙丑上》）朱子注："黝务敌人，舍专守己。子夏笃信圣人，曾子反求诸己。故二子之与曾子、子夏，虽非等伦，然论其气象，则各有所似。"[①] 孟子认为，孟施舍和北宫黝都有贤人气象，但这两种培养勇气的方法都还不够。真正的"大勇"是能够反躬自问，反求诸己。所谓"自反而不缩，虽褐宽博，吾不惴焉；自反而缩，虽千万人，吾往矣"（《公孙丑上》）。朱子注："缩，直也。"[②] 这里，"缩"引申指"理"，代表的是一种正义的原则。孟子认为，"理"是衡量一个人行为处事的基本原则，通过反躬自问、自我反省的方法和途径，以良知来对事物进行裁决判断，从而培养一个人勇敢果断的精神意志和品德修养。一个人心中始终保有这样的道德法则，并超越个人的气势与意念，才能称之为"大勇"，这才是培养勇德的最佳途径。

由"不动心"到"养勇"，孟子进一步提出关于"心"与"气"的话题。就"不动心"的问题，公孙丑请教孟子与告子的修养异同，孟子直言自己修养的"不动心"功夫与告子的"不动心"是有区别的。据《公孙丑上》记载：

> 告子曰："不得于言，勿求于心；不得于心，勿求于气。"不得于心，勿求于气，可；不得于言，勿求于心，不可。夫志，气之帅也；气，体之充也。夫志至焉，气次焉。故曰："持其志，无暴其气。""既曰'志至焉，气次焉'，又曰'持其志，无暴其气'者，何也？"曰："志壹则动气，气壹则动志也。今夫蹶者趋者，是气也，而反动其心。"

孟子师徒间的这段对话关涉到"言""心""气"等几个概念。"言"是指一个人的言语、言辞，"心"是指一个人的心志、思想，"气"是指一个人的情感、意气。孟子认为，告子所说的"不得于心，勿求于气"可以实现，而"不得于言，勿求于心"则存在一定问题。可见，告子和孟子在修养方法上是有差别的。所谓"不得于心，勿求于气"是指思想心志上不通达，就不必求助于情感意气。因为孟子认为心志是第一性的，意气是第二性的。由心志来统帅意气，能保证一个人行事稳重、不冲动；反之，如果一个人做事用意气来统御心志，就可能不顾后果，意气用事。所以，"不得于心，勿求于气"是指一个人思想上有所不通，就不要求助于意气。这是在"心"与"气"二者之间做判断，即不要通过意气来干扰和阻碍自己的心性修养，通过这种方式来做到"不动心"。这在心性修养上是具有合理

① 朱熹：《四书章句集注》，北京：中华书局，2012 年，第 231 页。
② 朱熹：《四书章句集注》，北京：中华书局，2012 年，第 231 页。

性的。而“不得于言，勿求于心”是指在言论上不通达，就不要求助于心志、思想。人与人之间的言语交流本质上是思想、情感上的交流，当一个人不理解对方的言论和意思，又不用心思考，那又怎样能了解对方，从而达到交流的目的呢？因此，从这个意义上说，告子的这种“不得于言，勿求于心”的修养方法虽然也做到了“不动心”，但只是一种消极的逃避问题，甚至是一种思想的怠惰和不思进取。显然，孟子对于告子“不动心”的修养方法之评论是合理的。

接着，孟子探讨了“志”“气”之间的关系问题。孟子说：“夫志，气之帅也；气，体之充也。夫志至焉，气次焉。”（《公孙丑上》）朱子注曰：“志固心之所之，而为气之将帅；然气亦人之所以充满于身，而为志之卒徒者也。故志固为至极，而气即次之。人固当敬守其志，然亦不可不致养其气。盖其内外本末，交相培养。”[①] 朱子的解释可谓的论。心志是意气的统帅，而意气则充满在人体内。这里可以将人的生命看成两个部分：一是“志”，这代表心志，也就是人的思维、意志等方面的能力；二是“气”，“气”充满人体内，代表人的躯体。所谓“志至焉，气次焉”是说意气是随着心志的变化而变化，譬如一个人心里想着要去一个地方，意气就会带动身体而行动。因此，“志”与“气”之间存在着主从关系，“志”为主，“气”为从。故孟子认为修养要注重“持其志，无暴其气”。同样，二者之间还存在着相互促进、相互牵引的关系。所谓“志壹则动气，气壹则动志”，一方面，心志、思想专一能够带动意气、血气的运行，身体能够保持一种正常的状态，比如孔子自述的“发愤忘食，乐以忘忧”的精神状态；另一方面，意气专一又会带动和促进心志的专一。这正如孟子所说的“蹶者”“趋者”都属于身体的活动，一个人跌倒了，他本能的反应是想着保护自己，而一个人专注地奔跑，则能带动心志的磨炼。因此，从某种程度上说，孟子主张“身心合一论”，通过这种身心一体的观念，孟子实际上在阐发一种“志气配合”“持志养气”的修养方法。

此外，孟子提出了重要的哲学命题：“知言”与“养浩然之气”。所谓“知言”，就是指能够了解并辨识各种言论。这里，“言”的范围比较广泛，既包括人与人之间交往的言语、言辞，又包括诸子百家不同学派的理论学说。为什么“知言”那么重要呢？一方面，从当时的历史条件来看，孟子所处的战国时期正是百家争鸣的时代，特别是以杨朱、墨翟为首的学派影响最大，即所谓“圣王不作，诸侯放恣，处士横议，杨朱、墨翟之言盈天下。天下之言，不归杨，则归墨”（《滕文公下》）。然而，这两家学派的问题在于，一个“杨氏为我，是无君也”，一个“墨氏

① 朱熹：《四书章句集注》，北京：中华书局，2012 年，第 232 页。

兼爱，是无父也”，“无君”与“无父”打破了原有的伦理秩序，造成了人们思想的混乱和社会的不稳定。因此，孟子对诸子百家各种言论的辨识有助于构建一个更加完善的理论体系，从而为建立和谐的心灵秩序、伦理秩序、社会秩序提供理论依据和思想资源。另一方面，从普遍意义上来看，能够辨识他人的言论才能够真正了解一个人。换言之，“知言”是“知人”的题中之义。由“知言”到“知人”，这是孔孟一贯的识人方法。所以，孔子说：“不知言，无以知人也。”（《论语·尧曰》）

孟子由“知言”进一步探讨“养气”的问题。一部分学者将孟子的“养气”思想同稷下道家联系起来，认为孟子的气论思想极有可能受到稷下道家的影响。① 齐国稷下道家的确十分重视“气”的探讨，提出了著名的“精气”说。比如《管子·内业》篇说：“精存自生，其外安荣，内藏以为泉原，浩然和平，以为气渊”，又称“精也者，气之精者也”。孟子的“浩然之气”与《管子》“精气”说有相似之处，但二者之间还是有区别的。我们应当注意到，孟子的“浩然之气”更多地赋予了一种道德意义，这是不同于稷下道家的。

那么，何谓浩然之气？在孟子看来，“浩然之气”很难明确地下定义，因为这关涉一个人心性修养的内在体验。这种气是由内而发，通过仁义道德之心的内在滋养，不断外化成为一种刚正不阿、勇敢果决的外在气象。这种气象是由内在修炼得来，通过“直养”，并配合“义与道”的原则，使心不偏颇，保持中道，由此能够傲然挺立、充塞于宇宙之间。同时，这种“义”的累积是由内而外、不断聚集而成，通过真诚的培养而外显出来。这好比一个人通过饱读诗书，不断修养，外在的气质就自然显得从容优雅、卓尔不群，正所谓“腹有诗书气自华”。孟子举了“揠苗助长”的例子来说明心性修养功夫的基本原则。所谓“必有事焉而勿正，心勿忘，勿助长”，即是强调一个人应当重视在事上磨炼，通过处理日常生活中的事务来加强个人修养，历事练心，时时刻刻不忘涵养内心，但也不能只重结果不重过程，否则只会导致“拔苗助长”的结果。由此看来，孟子的心性修养功夫通过“养浩然之气”而进入了一个新境界，而这正是一个人成圣成贤的成德路径。正如劳思光先生所言：“孟子之本旨乃成德之学，以德性我为主宰，故必以志帅气，且必以心正言”；“孟子论养气，本旨在于论生命之理性化。此为事中显理之义，

---

① 郭沫若、陈鼓应、白奚等学者均持这种观点。比如陈鼓应先生认为，从由内聚与外放的思考模式来比对孟子与稷下道家，孟子的气论思想极可能受到稷下道家的影响。参见陈鼓应：《管子四篇诠释》，北京：中华书局，2015 年，第 47—48 页。

乃儒学人文化成精神之特征所在。而存养功夫主要亦即归宿于此”[①]。

这种“浩然之气”也具体体现为一种大丈夫精神：“富贵不能淫，贫贱不能移，威武不能屈。此之谓大丈夫。”（《滕文公下》）在孟子看来，只有保持坚定的志向和操守，不因为外界的因素而动摇自己的心志，始终保持独立的道德人格，这样，才能称之为“大丈夫”。而这种“大丈夫”精神正是一个人在长期的修养过程中所培养和形成的。正如梁宗华教授所说：“孟子‘大丈夫’人格在价值取向、处世态度和人生持守等方面具有深刻的内涵，表现着强烈的‘以德抗位’精神，这都是以充溢德性色彩的‘浩然之气’为底蕴的。”[②]

三、形的维度：修身践形

心和气的修养是孟子功夫论的两个重要维度，但仅仅只有这两个方面，不能算一个完整的修养功夫，还必须将心、气的修养贯注到身体（或“形”）上来，用“身”（或“形”）将内在的道德修养外显出来。这是因为，在孟子看来，心和身是不可分离的，二者是一个统一的整体。一方面，心性的修养功夫会影响身体及外在的表现：“君子所性，仁义礼智根于心。其生色也，睟然见于面，盎于背，施于四体，四体不言而喻。”（《尽心上》）另一方面，如果一个人只有心、气等方面内在的修养功夫，而不注重身体和外在的行为，那么，这样的修养功夫也是会存在一定问题的。所以孟子说：“西子蒙不洁，则人皆掩鼻而过之。虽有恶人，斋戒沐浴，则可以祀上帝。”（《离娄下》）换言之，只有将“心—气—形”三者融会贯通，才能构成一个完整的生命个体，这样的个体修养功夫才实现了真正的意义和价值。

一方面，孟子继承了《大学》“修身—齐家—治国—平天下”的思路，认为“修身”是一切“外王”事业的基础和根本所在。他说：“人有恒言，皆曰‘天下国家’。天下之本在国，国之本在家，家之本在身。”（《离娄上》）可见，修身是成就家国天下的逻辑起点，自己的修身水平决定了家庭和谐的程度，而家庭的状况又会影响国家乃至天下的稳定。因此，孟子十分强调修身的重要性，只有通过修身的实践才能保证和谐的家庭伦理和政治秩序。

另一方面，孟子继承了《中庸》“诚”的观念，并将其展开到“身”的功夫修养上来。孟子曰：“居下位而不获于上，民不可得而治也。获于上有道：不信于友，

① 劳思光：《新编中国哲学史（一）》，北京：生活·读书·新知三联书店，2015年，第129—132页。

② 梁宗华：《论孟子“浩然之气”与“大丈夫”人格养成》，《东岳论丛》2018年第4期，第13页。

弗获于上矣；信于友有道：事亲弗悦，弗信于友矣；悦亲有道：反身不诚，不悦于亲矣；诚身有道：不明乎善，不诚其身矣。是故诚者，天之道也；思诚者，人之道也。至诚而不动者，未之有也；不诚，未有能动者也。”（《离娄上》）“诚”是天道的体现，是一种自然的法则。正因为天道如此，人也应该效法天道之“诚”，做到诚实无欺。所以，追求真诚是做人应该遵守的基本道德准则。朱子云：“此章述《中庸》孔子之言，见思诚为修身之本，而明善又为思诚之本。”[①] 这里，“明善”是指辨明是非善恶，形成准确的判断力；“思诚”是指内心追求真实不欺，保持意念的纯粹和专一。这些都是一个人在修身之前所做的道德修养功夫。孟子将“明善—思诚—修身”贯通了起来，并将其落实到形而下的生活实践中来。在生活实践中，“诚”则是修身的逻辑起点，以至诚之心来处理伦常关系，才能获得父母、朋友、领导、下属的认可和信任，从而实现人伦关系的和谐稳定。

所谓“诚身”，即是修身的功夫，将“诚”的功夫通过身体践行而表现出来。在孟子看来，这种“诚身”的功夫首先应用于“反求诸己”这一实践途径上。孟子说：“仁者如射，射者正己而后发。发而不中，不怨胜己者，反求诸己而已矣。”（《公孙丑上》）这里，孟子用了一个很形象的比喻，把有仁德的人比作射手，而射箭的过程就是自身功夫实践的过程：射箭应该先端正自己的姿势然后才放箭，如果没有射中目标，不要去怪罪胜过自己的人，用一些外在的因素来为自己开脱，而是应该反躬自省，寻找自身的原因。只有找出自己的病根所在，以后才会有不断提升和进步的空间。这种“反求诸己”的精神正是继承了曾子“内省”的思想，将其进一步运用到个人的修身功夫上来。

同样，孟子还说：“爱人不亲，反其仁；治人不治，反其智；礼人不答，反其敬。行有不得者，皆反求诸己，其身正而天下归之。”（《离娄上》）每个人都是行为的主体和承担者，当自己的行为没有达到预期的效果时，自己应该做的是反省自己做得够不够好，而不是抱怨他人。这里，孟子从天人关系出发，将德福关系纳入其中并加以讨论，认为人们只有通过这样的德性修养训练，才能获得相应的福分。

通过上述“诚身”的功夫，人的身和心联系到了一起并发挥其功能，个体的道德实践遂得以施展开来，是为“践形”。孟子曰：“形色，天性也；惟圣人，然后可以践形。”（《尽心上》）身体、容貌都是与生俱来的，它们的功能在于作为一种生命的载体，辅助人成就德行、建立功业，实现“内圣外王”之道。孟子之所以

① 朱熹：《四书章句集注》，北京：中华书局，2012 年，第 287 页。

认为“惟圣人，然后可以践形”，那是因为生命是一个动态的过程，人的德行无法臻于完美，普通人可能一遇到困难就退缩了，而只有圣人能够不断追求提升自我，永不停息，从而充分地展现出自己的潜能和天性。徐复观先生把孟子功夫论的核心归于“践形”，并且认为“践形”包含了以下两方面的内容：“从充实道德的主体性来说，这即是孟子以集义养气的功夫，使生理之气，变为理性的浩然之气。从道德的实践来说，践形，即是道德之心，通过官能的天性，官能的能力，以向客观世界中实现。”①

孟子这种“践形”的思想建立在“心—气—形”一体化的结构基础之上，可以说是以心驭气，以气养身，身心贯通的模式。正因为有了身心合一的整体，个体才能更好地将内在的价值实现出来，而这种“践形”的最终目的是实现儒家的圣贤人格境界。在孟子那里，修养功夫有不同的层次和境界：“可欲之谓善，有诸己之谓信。充实之谓美，充实而有光辉之谓大，大而化之之谓圣，圣而不可知之之谓神。”（《尽心下》）这里，“可欲”指的是善的德性和价值，即对于一般人而言，应该有好善恶恶之心。“有诸己”指的是将善的价值在自我身上实现，比如孝是一种善的德性，而能够将孝这种价值内化于心，成为自己坚守的一种道德原则，这称之为“信”。“充实”则是将善的理念付诸实践，即由内在价值转化为外在行动。“充实而有光辉”是说将个人的德行不断提升而自然呈现出来的一种精神面貌，像光一样照耀他人。“大而化之”是说已经达到圣人的品格，能够以“润物细无声”的方式来化民成俗，带动社会良性循环。最后，“神”代表的是一种更高的理想境界，是一种“不可知”的境界。“善”“信”“美”“大”“圣”“神”正是一个人通过“践形”而实现的理想人格境界。通过“践形”，把心、气、身连为一体，把内在的德性通过身体展现出来。正如黄俊杰先生所言：“儒家主张以‘心’来统率形体，使道德心自然渗透到人的躯体，而使人格美呈显于外，可以被感知。而且，儒家也强调把自然意义的‘气’或‘血气’，转化为德行意义的‘浩然之气’。”②

孟子强调“践形”、修身，是要追求“身”与“道”合一，具体体现为以身体道，以身行道，以身殉道。所以他说：“身不行道，不行于妻子；使人不以道，不能行于妻子。”（《尽心下》）即如果一个人自身都不能践行正道，那么连自己最亲近的妻子、儿女也不会践行；同样，不用正道来使唤别人，连妻子、儿女也不会听从。此外，孟子还说：“天下有道，以道殉身；天下无道，以身殉道；未闻以道殉乎人者也。”（《尽心上》）天下清明时，要让正道来伴随自己的生命而实现；天

① 徐复观：《中国人性论史·先秦篇》，上海：上海三联书店，2001年，第161页。
② 黄俊杰：《东亚儒学史的新视野》，上海：华东师范大学出版社，2008年，第312页。

下混乱时，就要以自身的生命来捍卫正道。换言之："不能以道作为交换的条件谋得政治利益。"[①] 孟子还说："士穷不失义，达不离道。"（《尽心上》）可知，一个士君子，面临穷困处境时能够坚守"义"的要求，得志的时候不能偏离"道"的准则，并进一步能够做到"穷则独善其身，达则兼善天下"（《尽心上》）。因此，孟子始终把"道"看得高于"身"，"道"相对于"身"而言具有价值优先性，"身"应当配合"道"而行，以身守道，以身行道。

通过"践形"可以造就"大丈夫"的理想人格。孟子说："居天下之广居，立天下之正位，行天下之大道。得志与民由之，不得志独行其道。富贵不能淫，贫贱不能移，威武不能屈。此之谓大丈夫。"（《滕文公下》）朱子注："广居，仁也；正位，礼也；大道，义也。"[②] 在孟子看来，能够坚持"仁""礼""义"的规范和准则，在面对外在的"富贵""贫贱""威武"的境遇时，仍然能够坚守气节，不为动摇，这样的人才能称之为"大丈夫"。而这种"大丈夫"精神正是通过修身，培养一种"至大至刚"的"浩然之气"而逐渐形成的。并且，在面临"生与义"的两难抉择时，一个具有"大丈夫"精神的人能够"舍生取义"，将国家、民族的大义置于个人利益之上，奋不顾身，牺牲小我，成全大我。这便是孟子所倡导的通过修身践形所达到的理想人格。

总之，心、气、形构成了孟子功夫论中的三个重要维度。孟子的修养进路是对心性本体的充分认识和深刻挖掘，然后不断加以扩充，由"心"到"气"的培养，再由"气"到"形"的塑造，从而将"心—气—形"三者贯通。"心"侧重于一个人内在的心性修炼，"气"是维护身心修养的一种动态的物态能量，"形"是外在形体容貌的体现。三者的相互作用共同促进了一个人由内而外的道德修养功夫的完成，共同构成一种个体道德修养的养成模式。

① 韩星：《论儒家的身体观及其修身之道》，《哲学研究》2013年第3期，第67页。

② 朱熹：《四书章句集注》，北京：中华书局，2012年版，第270页。

孟学史研究

孟子道统思想溯源 *

——兼谈子游对孟子的影响

彭彦华 **

【摘要】孟子是儒家道统中承前启后的重要环节，是第一个阐述并自觉捍卫儒家道统说的贤哲。在儒家道统中不仅远承尧舜之道，“私淑诸人”孔门，近接周孔仁德，而且确立道尊于势，贯通性与天道，以心性之学开启后世。孟子道统思想来源于颜、曾、思、孟学派的直接影响。在其哲学和伦理方面，受孔子和曾子的影响很大；而在政治思想和理想方面，则受子游之惠亦厚矣。道统观念在中国历史上的形成发展与朱熹有密切的关系，朱子认为孔子以后，颜、曾、思、孟“承先圣之统”，朱子推崇周敦颐，继承二程，使儒家的道统思想更趋成熟。对于道统的讨论将使我们更深入地认识中华文明的主流价值传统，有益于社会主义核心价值观的建设。

【关键词】孟子；道统思想；溯源；子游；影响

孟子作为战国时期儒家思孟一派的代表人物，是儒家道统中承前启后的重要环节，在儒家道统中不仅远承尧舜之道，私淑孔门诸人，近接周孔仁德，而且确立道尊于势，贯通性与天道，以心性之学开启后世。孟子是第一个阐述并自觉捍卫儒家道统说的贤哲。孟子生活的战国中期，政治与思想文化格局发生深刻变化。司马迁描述说：

> 孟轲，邹人也。受业子思之门人，道既通，游事齐宣王，宣王不能用。适

---

* 本文系贵州省哲学社会科学规划国学单列重大项目“陆王心学与当代国人的人文信仰建构研究”（项目编号：20GZGX09）阶段性成果。

** 彭彦华，尼山世界儒学中心（中国孔子基金会学术研究部）部长，研究员，从事儒家哲学与中国思想文化研究。

梁，梁惠王不果所言。则见以为迂远而阔于事情。当是之时，秦用商君，富国强兵；楚、魏用吴起战胜弱敌；齐威王、宣王用孙子、田忌之徒，而诸侯东面朝齐。天下方物于合纵连横，以攻伐为贤，而孟轲乃述唐、虞、三代之德，是以所如者不合，退而与万章之徒序《诗》《书》，述仲尼之意，作《孟子》七篇。[①]

司马迁的这段叙事，透露了三个信息：一是孟子思想学术渊源于孔子嫡孙子思；二是孟子所代表的儒家道德理想主义不被当政者所重视；三是《孟子》七篇要旨在“述仲尼之意”，亦即孟子对孔子道统的继承性。孟子自谓：“自生民以来，未有盛于孔子也。”[②]“乃所愿，则学孔子也。”[③]孟子之学对孔子学说的贡献是不言而喻的，孟子为孔学奠定“性与天道”的形上学基础。孟子受业于子思之门人，子思作《中庸》，孟子以子思为阶梯，承接孔子仁通天下之社会理想，上求天道，反省本心，推演性、道、教上下贯通，未发已发显微之无间，天人合一之理，发明性善论，为孔门仁爱伦理奠定了“性与天道”的形上原理。从价值本体论的高度，解释了人道之所当然与天道之所必然的内在统一性，从而圆满回答了道德可能性与道德价值何以具有普遍必然性的问题，为人之安身立命之道找到了终极性的价值依托。

一、关于颜、曾、思、孟学派

与孟子相关的，历史上有所谓思孟学派的说法。这一说法得以提出的根源，在于《荀子》的一番论述。事实上，也正是荀子才首次将子思和孟轲联系了起来。荀子曰：

略法先王而不知其统，犹然而材剧自大，闻见杂博。案往旧造说，谓之五行；甚僻违而无类，幽隐而无说，闭约而无解；案饰其辞，而祗敬之曰：“此真先君子之言也。”子思唱之，孟轲和之，世俗之沟犹瞀儒嚾嚾然不知其所非也，遂受而传之，以为仲尼、子游为兹厚于后世。是则子思孟轲之罪也。[④]

---

① 司马迁：《孟子荀卿列传》，史记卷 74，北京：中华书局，1999 年，第 1839 页。

② 《孟子·公孙丑上》

③ 《孟子·公孙丑下》

④ 《荀子非十二子》，见《荀子诂译》，119 页。

当然，这是荀子贬低思孟学派，是对孟子的抨击。然而，荀子的抨击，大抵只是针对孟子本人的观点和孟子后学的言行而发的，很缺乏历史脉络的根据。

《孟子》一书中载有许多子思的事迹，比如：

> 淳于髡曰："鲁缪公之时，公仪子为政，子柳、子思为臣，鲁之削也滋甚。"[①]
>
> 缪公亟见于子思，曰："古千乘之国以友士，何如？"子思不悦，曰："古之人有言：曰事之云乎，岂曰友之云乎？"[②]
>
> （孟子）曰："……昔者鲁缪公无人乎子思之侧，则不能安子思……"[③]

这些都无非是说子思曾在鲁缪（穆）公在位的年代生活过，而且还担当过鲁国的重臣。

另外提到子思与鲁穆公以君臣相见的尚有《檀弓》：

> 穆公问于子思曰："为旧君反服古与？"子思曰："古之君子，进人以礼，退人以礼，故有旧君反服之礼也。"[④]

以上按照《孟子》和《檀弓》的说法，在孔、孟之间，子思确然不可或缺（当然，仅有子思一人的过渡还无法确立"道统"）。如果说孟子和子思有联系的话，孟子的大丈夫精神可能部分地得之于子思一派从孔子那里继承而来的那种不苟合于当世的宏伟精神。

关于子思的思想学说，司马公曰："子思作《中庸》。"[⑤]"（孟子）受业子思之门人。"[⑥]孟子本人的说法是："予未得为孔子德也，予私淑诸人也。"[⑦]朱熹承继且发挥了司马迁的说法：

> 夫道统之传，若吾夫子，则虽不得其位，而所以继往圣、开来学，其功反有贤于尧舜者。然当是时，见而知之者，惟颜氏、曾氏之传得其宗。及曾氏之再传，而复得夫子之孙子思，则去圣远而异端起矣。子思惧夫愈久而愈失其真

① 《孟子·告子章句下》，见《四书集注》，342页。
② 《孟子·万章章句下》，见《四书集注》，323页。
③ 《孟子·公孙丑章句下》，见《四书集注》，248页。
④ 见《四书五经·中》，51页。
⑤ 《史记·孔子世家》，1946页。
⑥ 《孟子·告子章句下》，见《四书集注》，342页。
⑦ 《孟子·离娄章句下》，见《四书集注》，295页。

也，于是推本尧舜以来相传之意，质以平日所闻父师之言，更互演绎，作为此书（按：指《中庸》），以诏后之学者。……自是而又再传以得孟氏，为能推明是书，以承先圣之统。及其没，而遂失其传焉。①

很显然，朱子以为孔子之学“惟颜氏、曾氏传得其宗”，先说颜氏，我们知道，颜渊为孔门四科十哲之首，以德性著。颜子不仅好学，“独得圣门之绝传”，而且能发圣学之蕴，颜子之学，具有强烈的“学圣”“言道”之特征。颜渊至圣的功夫，对圣学发展传承的贡献是不言而喻的。不仅颜子生前有向孔子弟子、门人言道或者说传夫子之道、孔颜之道的事迹，而且孔门重要弟子，如子路、子贡等，也都是服膺颜子之学的。

再说曾子，曾子原不入孔门“四科十哲”之列，但也是一个有志于圣学传道的上等人物。朱熹曾称之在圣门中“独得其宗”②。《论语》记载有曾子向孔子问道的事迹：

子曰：“参乎，吾道一以贯之。”曾子曰：“唯。”子出，门人问曰：“何谓也？”曾子曰：“夫子之道，忠恕而已矣。”③

曾子理解的“忠恕”或为一家之言，但曾子自觉肩负传承圣道的任务却是事实。他说：

士不可以不弘毅，任重而道远，仁以为己任，不亦重乎？死而后已，不亦远乎④

后来《二程集》更强调孔门中真正传孔子之道的只有曾子，云：“孔子没，传孔子之道者，曾子而已。曾子传之子思，子思传之孟子，孟子死，不得其传。”⑤只是，按曾子自己所言，他所传之道并不仅仅得自孔子。如《大戴礼记》记载，曾子曰：“微乎，吾无颜氏之言，吾何以语汝哉？”这里的“颜氏之言”，即指颜子的儒学思想言论。曾子对传颜子之言的看重再次说明：其一，孔门弟子对颜子之学

① 《大学章句序》，朱熹：《四书章句集注》，北京：中华书局，1983年版，第14—15页。
② 《大学章句序》，朱熹：《四书章句集注》，北京：中华书局，1983年版，第2页。
③ 《论语·里仁第四》。
④ 《论语·泰伯》，朱熹：《四书章句集注》，北京：中华书局，1983年版，第104页。
⑤ 程颢、程颐：《河南程氏遗书》卷25，《二程集》，北京：中华书局，1981年版，第327页。

是积极认同的；其二，颜子之儒继承夫子之衣钵，而且也有不同于夫子之学的地方。故曾子所传圣道，已不仅仅是夫子之道，而应该是具有了传播孔颜之儒的重要特征[①]。

孔门弟子对颜渊的敬服和对颜子之学的自觉传承，正是孔子云“自吾有回，门人日益”[②]的不同说法。可以说，颜子生前，不仅被孔子赞为同道，视为传人，而且在事实上，颜子也逐渐成为拥有统领圣学发展、影响孔门后学“日益”的“具体圣人”[③]。

北宋理学家周敦颐曾说，孔门弟子中，只有颜渊的德行足以与圣人媲美，只有颜渊对孔子圣人之道体会至深并能够与圣心契合无间，故能将“圣人之道”推广以至于“万世无穷”的：

> 圣希天，贤希圣，士希贤。伊尹、颜渊，大贤也。伊尹耻其君不为尧舜，一夫不得其所，若挞于市；颜渊“不迁怒，不贰过”，“三月不违仁”，志伊尹之所志，学颜子之所学，过则圣，及则贤，不及则亦不失于令名。[④]
>
> 然则圣人之蕴，微颜子殆不可见。发圣人之蕴，教万世无穷者，颜子也。[⑤]

张载也曾认为颜子已俨然具有圣人体段，对圣人之道体悟至深，“与圣人同”，是“具体圣人”[⑥]，可以为禹稷之事[⑦]，故孔子对颜子讲道，不需要多说什么，颜子听夫子之言，便能心解力行：

> 日月星辰之事，圣人不言，必是颜子辈皆已理会得，更不须言也。[⑧]

程颐《颜子所好何学论》也认为，孔门弟子三千，只有颜渊跟其他人不一样：

---

① 关于“颜子之儒”的特质，颜炳罡曾予以总结：“颜子之儒为传道之儒，颜子之儒继承和拓展孔门天道性命的形上智慧，参天道之玄。达性情之理，穷神知化；颜子之儒知微知彰，知穷达变；颜子之儒以尧舜自期，乐天知命，追求大同的理想社会。”（《从颜氏之儒的思想特质看其与易学的关系》，《周易研究》2004年第3期）很明显，这其实就是《论语》中孔子说的“惟我与尔有是夫！”（《论语·述而》，朱熹：《四书章句集注》，北京：中华书局1983年版，第95页）。

② 《孟子·离娄上》，朱熹：《四书章句集注》，北京：中华书局，1983年版。

③ 《孟子·离娄下》，朱熹：《四书章句集注》，北京：中华书局，1983年版。

④ 周敦颐：《通书》，《周敦颐集》，北京：中华书局，1999年版，第23页。

⑤ 周敦颐：《通书》，《周敦颐集》，北京：中华书局，1990年版，第37页。

⑥ 张载：《正蒙·中正篇》，《张载集》，北京：中华书局，1978年版，第27页。

⑦ 张载：《张子语录·语录中》，《张载集》，北京：中华书局，1978年版，第318页。

⑧ 张载：《经学理窟，学大原上》，《张载集》，北京：中华书局，1978年版，第280页。

> 圣人之门，其徒三千，独称颜子为好学。夫《诗》、《书》六艺，三千子非不习而通也。然则颜子所独好者，何学也？学以至圣人之道也。[①]

在程颐看来，颜渊在孔门三千弟子中之所以能够脱颖而出，关键就在于他要学的是怎样成为圣人，怎样将孔子之道、圣人之道传承发扬下去。据文献，孔门之中，有人想跟孔子“学为圃”，有人想学“六艺”，有人“学干禄”，有人学“为政”，但是“若圣与仁”，弟子却往往“不能学”或者“不愿学”[②]；只有颜子，能以孔子为楷模，与禹稷为同道，对孔子之言“无所不说”，对孔子之行“亦步亦趋”，对孔子之教“闻一知十”，“退而省其私，亦足以发”，对圣学“既竭吾才”[③]而不悔，对圣道“造次必于是，颠沛必于是”[④]。颜子好学圣人之道，既是颜子之儒[⑤]最为本质的特点，也是孔子对颜渊寄托最远、最深的地方。如此说来，曾、思、孟学派离不开颜子之学，颜子之儒。

首次将子思和曾子联系起来的正是孟子。孟子说，“曾子、子思同道”[⑥]。“曾子、子思同道”，二人相互切磋的关系，在《礼记》中也有展现：

> 曾子谓子思曰：“伋，吾执亲之丧也，水浆不入于口者七日。”子思曰：“先王之制礼也，过之者俯而就之，不至焉者跂尔及之，故君子之执亲之丧也，水

---

① 程颢、程颐：《颜子所好何学论》，《二程集》，中华书局，1981年版，第577页。

② 譬如《论语·述而》子曰：“若圣与仁，则吾岂敢？抑为之不厌，诲人不倦，则可谓云尔已矣。”公西华曰：“正唯弟子不能学也。”（《论语·述而》，朱熹：《四书章句集注》。北京：中华书局，1983年版，第101页）《论语·雍也》冉求曰：“非不说子之道。力不足也。”子曰：“力不足者，中道而废。今女画。”（《论语·雍也》，朱熹：《四书章句集注》，北京：中华书局，1983年版，第87页）

③ 《论语·子罕》，朱熹：《四书章句集注》。北京：中华书局，1983年版，第112页。

④ 《论语·里仁》，朱熹：《四书章句集注》，北京：中华书局，1983年版，第70页。

⑤ 《韩非子·显学》称：“自孔子之死也，有子张之儒，有子思之儒，有颜氏之儒，有孟氏之儒。有漆雕氏之儒，有仲良氏之儒，有孙氏之儒，有乐正氏之儒。”这里的“颜氏”是不是颜回，学术界看法很不一致。胡适《中国哲学史大纲》云：“这八大派并不是同时发生的。如乐正氏，如子思，都是第三代的；孟氏，孙氏都是第四或第五代的。颜氏、仲良氏今不可考。郭沫若《儒家八派的批判》认为颜氏之儒当是颜回的一派。颜炳罡《从颜氏之儒的思想特质看其与易学的关系》则认为：“孔子没后，儒家曾出现过颜氏之儒，子张之儒、子夏之儒、子游之儒。子思（即原宪）之儒、思孟之儒、乐正氏之儒、仲良之儒、漆雕氏之儒，子弓、孙氏之儒等。”他明确指出：“颜氏之儒是颜回及其弟子所形成的学术群体。”（颜炳罡：《从颜氏之儒的思想特质看其与易学的关系》《周易研究》2004年第3期）“颜氏之儒”能否简单等同于孔颜论道时的“颜子之儒”，今无确切材料可证，“颜子之儒”后学传承的具体状况，今也已很难考证。故本稿拟以“颜子之儒”示以区分，指代颜渊所承续、发展的具有学圣、言道特质的思想学说以及曾受学于颜渊的孔门弟子、颜子门人等所承续、发展的颜氏思想言论。

⑥ 《孟子·离娄下》，朱熹：《四书章句集注》，北京：中华书局，1983年版。

浆不入于口者，三日，杖尔后能起。”

在孔子弟子当中，曾子一派从守成的角度讲，可能除子夏、子游之外，尚无其他弟子可以与之相匹。然而，就真实的功夫上讲，曾子一系可能更高一些，同时，在书本与实践之间，他们更偏重于后者，只是范围窄了一些。子贡评价曾子时说：

> 满而不满，实如虚，通之如不及，先生难之，不学其貌，竟其德，敦其言，于人也无所不信，其桥大也常以皓皓，是以眉寿，是曾参之行也。孔子曰：“孝，德之始也；弟，德之序也；信，德之厚也；忠，德之正也。参也中夫四德者矣哉！”以此称之也。[①]

可谓是对曾子的最高评价了。其中虽有一些门派之内的夸大其词，但总的来讲，曾子的学问无疑是弟子中的佼佼者。曾子重孝，对于日常人伦的培养和社会的安定确实贡献良多；他又重君子之行，这对于知识分子阶层的道德修养和高洁气质的形成起了很大的积极作用。可以说这些对于孔子儒学的传播和传递以及知识分子阶层的最终形成和巩固都做了一份扎实的努力。

曾子与当时的子夏、子张二子的用力方向不同，他更注重内省的功夫。曾子的这种倾向很有可能大大启发了后来的孟子一派的发端。《孟子》一书多讲曾子之事，也正是因为孟子的推崇，在后世儒学的流传中，曾子独得一贯之传的地位。孟子的逻辑是，推崇曾子在孔门中的地位和影响，无形中把曾子推举为孔子弟子中的第一人，然后主张“曾子、子思同道”，再将自己和子思联系起来。这样的做法果然使荀子误会，以为有“子思唱之，孟轲和之”的线索的存在，终于演化到宋明儒学家的手中，便有了所谓颜、曾、思、孟学派的存在。这种存在，当然便于他们“承继”儒学的“正统”。

朱熹因之以为曾子独得孔子学说之宗意，且以为《礼记·大学》为曾子所作，用来阐述孔学一贯之道的精义。朱子断言道：“三千之徒，盖莫不闻其说，而曾氏之传独得其宗，于是作为传义，以发其意。及孟子没而传泯焉，则其书虽存，而知者鲜矣！”[②] 唐宋以来，韩愈、朱子等人从维护儒家地位的愿望出发，坚持自己的正统地位，认同渲染孟子的论断，认定有颜曾思孟一派的存在。任继愈先生曾

---

① 见《大戴礼记解诂》，110页。

② 《大学章句序》，朱熹：《四书章句集注》，北京：中华书局，1983年版，第2页。

说："宋儒正是这样做的。他们为了确立理学在儒家道统中的地位，便说《大学》《中庸》为曾子、子思所作，并传授给孟子，以此标榜理学道统是绍成孟子而来的。"①

二、关于子游对孟子的影响

按照司马公的说法："(孟子)受业子思之门人。"但是孟子本人的说法却是："予未得为孔子德也，予私淑诸人也。"从其思想表现来讲，有曾子学说影响的痕迹。从客观上讲，曾子的活动范围大抵不出齐鲁之间，所以他的思想在孟子生活的地区内有一定的影响，使孟子便于接触、理解和接受。从此意义上讲，活动在鲁国的子游对孟子所形成的深刻影响自然也就是可以理解的了。荀子说："子思唱之，孟轲和之……以为仲尼、子游为兹厚于后世。"后人亦多以此证明子游和孟氏之儒的联系。梁任公在其对孔学中大同一派的分析中，以为"子思、孟子之学，实由子游而以受于孔子也"。②这是明确地要在子游与孟子之儒之间建立联系。这种联系的最有力的证明，一般均以为是《礼记·礼运》篇中有关"大同"思想的叙述。《礼运》篇开首便讲道："昔者仲尼与于蜡宾。事毕，出游于观之上，喟然而叹。仲尼之叹，盖叹鲁也。言偃在侧曰：'君子何叹？'"③这样，子游的一问，便引发出孔子对大同社会的一番描述：

> 大道之行也，天下为公。选贤与能，讲信修睦，故人不独亲其亲，不独子其子，使老有所终，壮有所用，幼有所长，矜寡孤独废疾者皆有所养，男有分，女有归。货恶其弃于地也，不必藏于己；力恶其不出于身也，不必为己。是故谋闭而不兴，盗窃乱贼而不作，故外户而不闭，是谓大同。
>
> 今大道既隐，天下为家。各亲其亲，各子其子，货力为己，大人世及以为礼。城郭沟池以为固，礼义以为纪。以正君臣，以笃父子，以睦兄弟，以和夫妇，以设制度，以立田里，以贤勇知，以功为己。故谋用是作，而兵由此起。禹、汤、文、武、成王、周公，由此其选也。此六君子者，未有不谨于礼者也。以著其义，以考其信，著有过，刑仁讲让，示民有常。如有不由此者，在势者去，众以为殃，是谓小康。"

① 见任继愈主编《中国哲学发展史·先秦》，北京：人民出版社，1983年，290—291页。

② 详见梁启超著《饮冰室全集》(上海会文堂新记书局印行)卷八。

③ 见《四书五经·中》，120页。

这番描述，显然与孟子心目中的理想社会有颇多的相同或相似之处。第一是所谓天下大公，唯民生厚的社会理想，主张“不独亲其亲，不独子其子”。老幼男女均应有所终，有所用，这与孟子朴素的民本思想很相近。第二便是对仁政的设想和追求，更提到了对君和父的要求，进一步的发展，便可能是孟子的革天之命的思想。第三是对礼的重视，主张“礼义也者，人之大端”，极有可能发展成为孟子的“四端”之说。第四便是荀子所抨击的孟子的“五行”思想。“人者，其天地之德，阴阳之交，鬼神之会，五行之秀气也”，“人者，天地之心也，五行之端也”。这可能是后来孟学中的邹子之流的发端。总之，以上种种，可以从思想学说上证明孟学和子游之学的联系，虽说不上直接的传承，但思想上的影响却是很明显的。

《礼运》一篇，并不一定是孔子本人的言说。但其独由子游来提问，可见文中所述必与子游或子游之传人有关，甚至可以说是子游一系借孔子之口来表述自己的思想。事实上，孟子的思想，在其哲学和伦理方面，受孔子和曾子的影响很大；而在政治思想和理想方面，则受子游之惠亦厚矣（但这并不意味着孟子即是曾子和子游的共同传人）。事实上，曾、游之间亦有思想分歧。荀子批评子游氏之儒道：“偷儒惮事，无廉耻而嗜饮食，必曰‘君子固不用力’，是子游氏之儒贱也。”[①] 这种必曰君子固不用力的态势，与孟子的“劳心者治人”的主张有些相近，显然，这种联系亦是不能不引起我们注意的地方[②]

在此，结合孟子与子游、曾子等人的联系，似乎有几点我们还不得不予以提出。第一，对于孟氏之儒来讲，子思是它的“道统”意义上的先师，而真正的“学说”（学统）上的“先师”，却是孔子本人以及曾子和子游等孔子弟子。第二，孟子对子游和曾子之学的承继和借鉴，并不是直接的和全面的，很显然，他只是利用了游、曾二子学说中的某些可以接受的观点。比如说，构成曾子学说之主体的“孝”在孟学中便没有显著的位置；而子游礼乐的重视也没有引起孟子太大的兴趣。反过来讲，孟子的性善之说和义利之辩则在游、曾的学说中难以窥见其有分量的端倪。所以说，孟子有选择地吸收了二子的学说，而以自己创发的思想构成其学说的主体。第三，不可遗漏的另一要点是，荀子在《非十二子》一篇中所攻击的并不是孟学本家，而是孟子的后学。

《史记·仲尼弟子列传》云：“言偃，吴人，字子游。少孔子四十五岁。”《索引》

---

① 《荀子·非十二子》，见《荀子诂译》，133—34 页。

② “八儒”是韩非本人对儒家派别的分法。事实上，不同的人可能有不同的分法，比如荀子便提出了“子张氏”之儒，“子夏氏”之儒和“子游氏”之儒，这可能和“八儒”中的某几派是一回事。当然，这三派是否是荀子目睹之事实，亦难确定。

云:“《家语》云鲁人。按:偃仕鲁为武城宰耳。今吴郡有言偃冢,盖吴郡人为是也。”[①] 然关于子游之籍贯则多有辨正,有许多学者对《史记》之言大有异议。钱穆引崔述语云:“吴之去鲁,远矣。若涉数千里而北学于中国,此不可多得之事。传记所记子游言行多矣,何以皆无一言及之?且孔子没后,有子、曾子、子夏、子张与子游问答之言甚多。悼公之吊有若也,子游摈。武叔之母之死也,子游在鲁。而鲁之县子、公叔戍亦皆与子游游。子游之非吴人审矣。其子言思,亦仍居鲁,则固世为鲁人矣。”[②] 蒋伯潜曰:“吴去鲁远,若不远千里而北学于中国,传记何以不一及之。”[③] 下与崔氏所见略同。蒋氏又有云:

> 孔子弟子,鲁人最多,卫人次之,宋人又次之。《孟子》言:“陈良,楚产也。悦周公仲尼之道,北学于中国。”(见《滕文公篇》)但亦在孔子卒后。吴去鲁远,孔子未尝至吴,而子游独以吴人不远千里而来受业。《家语》之说是也。[④]

司马公言子游为吴人,或有所据,惜未言明。后世学者之所疑,多从情理出发,亦难令人骤信。其实,吴之北鄙,距鲁亦不甚远。其次,子游之祖上可能是吴人,后居鲁地,亦有可能,孔子弟子中这种情况亦非鲜见。另一方面,就此事情本身言之,为要确定下子游的籍贯而争论不休,似乎于子游的思想活动关系不大,所以,这种争论,我们也不欲陷入太深。本文多引这方面的材料,其意亦在道明不宜将无关紧要的东西大肆渲染。

在所谓的孔门十哲中,子游与子夏以文学并称,可见其长于礼乐典籍。《论语》有云:

> 子之武城,闻弦歌之声。夫子莞尔而笑曰:“割鸡焉用牛刀?”子游对曰:“昔者偃也闻诸夫子曰:‘君子学道则爱人,小人学道则易使也。’”子曰:“二三子!偃之言是也,前言戏之耳。”[⑤]

---

① 见《史记·仲尼弟子列传》,2201页。梁玉绳云:“四十五岁似当一依《家语》作‘三十五’为是,古人‘三’、‘四’两字皆积画为之,最易伪误。”详见《史记志疑》,1215页。另外,《大戴礼记》引孔子语作“如偃”者,不知何据。

② 详见《先秦诸子系年》,62页。

③ 详见《十三经概论》,594页。

④ 详见《诸子通考》,120页。

⑤ 《论语·阳货十七》,见《四书集注》,176页。

夫子“割鸡焉用牛刀”之语，虽属戏言，但亦讲出了一定的道理。这就是说，子游偏好于那种比较理想化的大道理，力图将书本之所学以及夫子之所教，全部地用于实际的政治运作，即要努力显示出一种宏大的气魄。这样，虽然不免有一些教条主义的味道，但总的来说，子游是个很庄严的人，要为某种理想化的目标而奋斗。所以，与同门其他弟子相比，较之于子张一派，他缺乏那种激进的姿态；而较之于曾子和子夏（特别是后者），他又能够不为某些陈规旧矩所束缚，富有一种比较开放的精神。这样，他才能一方面兢兢于礼乐；另一方面又想利用“礼乐制度”构造一个宏大的理想社会。这样做的结果，便使子游心目中的礼乐与其他弟子有显著的不同。他坚持礼乐治国，强调礼乐的重要性，但他所认识的礼乐又能始终保持着发展的态势。他坚持礼，更重视礼之“道”。所以，当他向孔子问孝时，夫子的回答是：“今之孝者，是谓能养。至于犬马，皆能有养；不敬，何以别乎？”[①] 他自己又说：“丧，致乎哀而止。”[②] 这里讲的“养”和“丧”无疑即是礼，而“敬”和“止”则是更高一等，是礼之道。重视礼，表现了子游对传统的看重，而强调礼之道，则又表现了他在看重传统的同时也在积极地防范其流弊，这也正是他在某种程度上大有胜过他人的地方，在某种意义上也正是孟子道统思想的滥觞。

我们知道孔子所施行的教育，以道为主，以业为辅，这充分影响了弟子们的不同方向的发展。所谓学业，照现代意义言之，差别主要在于深浅高低；但对于道来讲，既有深浅高低之分，又有殊途异径之别。弟子们对孔子关于“志于道，据于德，依于仁，游于艺”的信条的不同理解，亦即是道先还是艺先的问题。在这一点上，主要分歧在两派之间，一派是子夏，另一派是子游和子张。孔子纠正他们的过激之处，说：“师也过，商也不及”[③]，就是认为子张太激进，而子夏却太却步，但究其本质，孔子以为过犹不及，二者都需改进。对于子游，孔子批评他“杀鸡焉用牛刀。”这说明，像子张和子游这样的弟子是将志于道列于首位的，他们并不十分看重日常的琐屑小事，强调悟性，主张从大处入手。子夏却与此不同。

> 子游曰：“子夏之门人小子，当洒扫应对进退则可矣，抑末也。本之则无，如之何？”
>
> 子夏闻之，曰：“噫！言游过矣！君子之道，孰先传焉？孰后倦焉？譬诸草

---

① 《论语·为政第二》，同上，56 页。

② 《论语·子张十九》，同上，191 页。

③ 《论语·先进十一》，《四书集注》，126 页。

木，区以别矣。君子之道，焉可诬也？有始有卒者，其惟圣人乎！”①

子游评价子夏的门人做些洒水扫地、应对宾客、进退礼仪之事还可以，却不知道根本之道。子夏则认为教学应当循序渐进，先小节、后大事，就像培植草木一般，应该区别其种类，而采用不同的培植方法。子夏注重从诸如洒扫应对之类的“小处”培养弟子，以为虽小道亦必有可观者，以为有始才能有终，而子张和子游却视之为舍本逐末。然而，孔子虽然有对子张等人的批评，但对子夏的主张亦不十分支持。他告诫子夏要努力做君子儒、勿做小人儒，这虽非认定子夏已成为小人儒，但至少也是在敲他的警钟，说明他的一套主张，有走向琐屑小人的倾向。从第三者的立场看来，无论从大处还是从小处入手，其当初的目的地都是一样的。然而，实际的发展，虽无深浅可言，但得到的效果却很不相同。林语堂在《孔子的智慧》一书中说：“孔子的门墙之内广阔得无所不包，各式各样的学生都有，据说，每个弟子在学问上之所得，都只是孔子的一部分。后来，曾子、子思、孟子这个传统，发展成为儒家道统理想哲学的一面。而子夏、荀子的儒学则顺着史学及学术的路线发展下去。”

从大处入手，直攻后儒所谓的本心，从小处入手，在于日积月累，达到后儒所谓的豁然贯通。所以，宋明儒学内部的争执（比如朱陆之争），并不十分新鲜。子游与子夏在进学之本末先后上的不同看法，其实质是对孔子学说的本质的两种不同看法。子夏的主张可以说是一砖一瓦的建构。而子游的主张则类似大块大块的组合，这其中还是贯彻了他的理想化的原则的。子贡说：

先成其虑，及事而用之，是故不忘，是言偃之行也。孔子曰：“欲能则学，欲知则问，欲善则讯，欲给则豫，当是如偃也得之矣。”②

所谓“先成其虑”无非就是在行事上预先构架好理想中的框架，然后再“及事而用”，在具体的行动中予以兑现。而子夏可能更注重事物行进中的变，所以，事重于虑，力求在万无一失的基础上有所前进。这说明，二人虽同属文学之科，但用现代术语来讲，可能子游偏重于宏观上的规模，子夏则偏重于微观上的行事，子游偏于礼乐，子夏偏于典籍，各有千秋。这样的分歧，并非产生于知识水平上的差异，而基本上是对礼的态度的不同。子夏和曾子等人，可能是以传统的方式

① 《论语·子张十九》，同上，192 页。

② 《大戴礼记·卫将军文子》，见《大戴礼记解诂》，111 页。

行事，而子游则力图让传统的东西有所改观，以便适应新的要求。处在今天的位置上，我们虽然没有资格评判其间的是非曲直，但有一点还是可以肯定的，那就是，子游的选择可能对社会上的保守势力形成威胁。这种适时而变的态度，实际上在孟子和荀子这样的大家身上均有表现。孟子欣赏子游的气魄和理想，荀子则可能从其对礼的灵活解释上受益匪浅，以至最终提出了对礼的全新定义。

与子游有关联的一位人物叫澹台灭明，其在《论语》中有一处得见：

> 子游为武城宰。子曰："女得人焉尔乎？"曰："有澹台灭明者，行不由径，非公事，未尝至于偃之室也。"[①]

以此，想此人实为一言行严谨，奉公去私者，所以才够得上孔子所谓的"得人"的标准。有关于此人的进一步的介绍，《史记》言之较多。司马公曰："澹台灭明，武城人，字子羽。少孔子三十九岁。"[②]司马迁的论断很坚定，他不仅将子羽列入《弟子传》中，而且还进一步说道："欲事孔子，孔子以为材薄。既已受业，退而修行。行不由径，非公事不见卿大夫。"[③]《弟子传》又云："（子羽）状貌甚恶。……（子羽）南游至江，从弟子三百人，设取予去就，名施乎诸侯。孔子闻之，曰：'吾以言取人，失之宰予；以貌取人，失之子羽。'"[④]

关于澹台灭明的思想，在《大戴礼记·卫将军文子》中有子贡的一段评语："贵之不喜，贱之不怒。苟于民利矣，廉于其事上也，以佐其下，是澹台灭明之行也。孔子曰：'独贵独富，君子耻之，夫也中之矣。'"看来，在子羽的思想中，重民的倾向很突出，这多少有似乎子游的思想，所以才有他们二人的相交相知。但子游的思想，很注重教民，特别是用礼乐来从日常生活的角度陶冶民人。很显然，子羽、子游的重民、教民思想，直接影响了孟子的民本思想。

三、关于孟子与道统及学统

对道的认识，亦须追溯到孟子。孟子说文王、周公到孔子有五百余年，道统逐渐形成，"五百年必有王者兴，其间必有名世者"[⑤]。对道德统序的认识，不断汇

① 《论语·雍也第六》，见《四书集注》，88页。
② 见《史记·仲尼弟子列传》，2205页。
③ 见《史记·仲尼弟子列传》，2206页。
④ 见《史记·仲尼弟子列传》，2206页。
⑤ 《孟子·公孙丑下》，朱熹：《四书章句集注》，北京：中华书局，1983年版。

聚成一些概念、一些典范、一些圣贤的人格以及实践行为，比如治理国家、管理社会、对人民的贡献等具体的事迹。所以，道统是非常具体的，历史上的成就和文化上的结晶，实际上就形成一套价值概念的典范，这是孟子对时代的反映。孟子积极推动王道仁政，他认为自己私淑于孔子，有强烈的使命感。他说："夫天未欲平治天下也；如欲平治天下，当今之世，舍我其谁也？"[①]孟子不但有道统的概念，而且还是一个道统的实践者，所以他说："予岂好辩哉？予不得已也！"[②]他有深刻的文化使命感，来实现一个理想的社会。这就说明了道统不仅仅是历史形成的一种文化价值体系，同时也是一个促进社会进步的实践行为。如此来说，道统的概念尤为重要

道统观念在中国历史上的形成与发展，与朱子有密切的关系。朱子的《中庸章句序》集中地论述了他关于道统和道学的观点。在朱子看来，什么是"道统之传"？"道统之传"就是指道统的传承。如果说"道统"和"道学"在概念上有什么区别的话，可以说道统是"道"的传承谱系，道学是"道"的传承内容。照朱子在这篇序文所说，道统之传始自尧舜，这是根据《论语·尧曰》篇"尧曰：'咨！尔舜！天之历数在尔躬，允执其中。四海困穷，天禄永终。'舜亦以命禹"这段话而来的。《论语》的这段是追述尧禅让于舜的时候对舜所说尧的话。照《论语》这一段最后一句的说法，舜后来禅让于禹的时候，也对禹重复了这些话，但没有具体记述舜所说的话。《古文尚书·大禹谟》篇里面记述了舜将要禅让于禹时所说的话："天之历数在汝躬，汝终陟元后。人心惟危，道心惟微，惟精惟一，允执厥中。"因此，朱子认为尧、舜、禹三代是以"允执其中"的传承而形成道统的。以后，"圣圣相传"，历经汤、文王、武王、皋陶、伊尹、傅说、周公、召公传至孔子；孔子"继往圣"，即继承了尧舜至周召圣圣相承的道统。孔子以后，则有颜子、曾子，再传至子思（子思即是《中庸》的作者），孟子是子思的再传弟子，亦能"承先圣之统"，也就是承继了这一古圣相传的道统。这就是朱子承认的道统早期传承的系谱。而道统相传的内容就是以"允执其中"为价值核心的思想，这就是道学。朱子认为《中庸》正是子思对这一道学思想的发挥和展开。

事实上，朱熹是在继承二程道统论的基础上，又提出一系列观点和命题，从而丰富和完善了二程确定的道统思想体系，使儒学的道统思想更趋成熟。这在当时并对后世产生了深远影响。而丰富和完善了二程确立的道统思想体系，使儒学的道统思想更趋成熟，这在当时并对后世产生了深远影响。朱熹在肯定二程，推

① 《孟子·公孙丑下》，朱熹：《四书章句集注》，北京：中华书局，1983年版。
② 《孟子·滕文公下》，朱熹：《四书章句集注》，北京：中华书局，1983年版。

崇周敦颐，阐发“十六字心传”和“孔门传授心法”的基础上，推广道的传授统绪，将道统上溯至伏羲、神农、黄帝等中华文明的发祥者，经尧舜、孔孟等的相传授受，至汉唐中断，而由北宋周敦颐、二程续千年不传之绪，将圣人之道弘扬开来。朱熹又继二程之后，努力奠定理学道统论的体系和范围，逐步形成了正式而完善的道的传承谱系。后经黄榦及《宋史·道学传》的确认，将朱熹本人包括进去，从而使儒学道统论得以完全确立，并得到学术界的认同。与此同时，张栻与其弟子陈同甫比朱熹更早把“道统”二字连用，并系统论述了儒家道统思想，为丰富与完善道统思想做出了贡献。

陆九渊是在程朱派之外讲道统的理学家。他以心论道统，提出了自己独具特色的道的传授统绪说。认为这个道的传授系统由伏羲开其先，经尧、舜、皋陶、文王、箕子、武王等，到孔子、颜子、曾子、子思、孟子，一脉相传，而孟子后，则失其传，汉唐诸儒未能接续圣人之道，汉病于“经”，溺于训诂；唐病于“文”，沦于声律，致使佛老“异端”乘虚而入，与儒学形成鼎足并立之势，而唐代的韩愈、宋代的二程尽管力排二氏，讲道益详，直接孔孟之心，把孟子之后失传的圣人之道接续下来。

王阳明提出“良知即是道”[①]的思想，把圣人之道的内涵确定为良知，这具有鲜明的时代性，是对程朱道统论的发展。王阳明并把圣人相传授受之学称之为“心学”,把“十六字传心诀”视之为“心学之源”[②]。提出“致良知之外无学矣”[③],以“致良知”说取代程朱道统论，从而把圣人相传的道统说改造为心学。完成了道统心学化的过程，这为现代新儒学之新心学一系所继承，并以之作为“源头活水”而吸取甚多。

现代新儒家以由内圣开新外王和三统说来扬弃宋明儒传统的道统论，使道统论与现代文化接轨，体现了现代新儒家道统论的时代意义。三统之说的提出旨在通过疏通道统与学统、政统的关系，来论证传统儒家心性之学与现代科学、民主政治相结合的可能性，进而探讨以道统开出学统、转出政统的途径，在返本和吸取西学中开出与社会的发展相适应的现代新文化，认为只有挺立了人的道德主体性，才能由本原派生作用，由内圣通外王，由心性之学开出现代科学和民主政治。这是对修齐治平之道及传统儒学的发展。

---

① 王阳明:《传习录中·答陆原静书》,《王阳明全集》卷2，上海古籍出版社，1992年版，第69页。

② 王阳明:《象山文集序》,《王阳明全集》卷7，上海：上海古籍出版社，1992年版，第245页。

③ 王阳明:《书魏师孟卷》,《王阳明全集》卷8，上海：上海古籍出版社，1992年版，第280—281页。

由此可见，道统的演变不仅促进了自身的发展，而且促进了儒学不断向前发展，这正是道统与儒学密切联系的表现。需要指出，不同道统流派之间的相互扬弃，其中既包含着批判、排斥的因素，同时亦具有继承、吸取的关系，不应把排斥的因素过分夸大，而应更多地看到批判地继承、批判地吸取的一面。由此，儒学道统内部不同的道统流派共同构成了整个儒学的道统论；整个儒学的道统论又体现在各个不同的道统流派之中，通过各个时期、各个不同道统流派的发展演变而展示自身，从而促进了儒学的发展。

传统意义上的“学统”是和“道统”观念紧密地联系在一起的，熊赐履（1635—1709）所编撰的《学统》一书，可谓清初的一部学术史巨构。它“断自洙泗，暨于有明，为之究其渊源，分其支派，审是非之介，别同异之端，位置论列，宁严毋滥，庶几吾道之正宗，斯文之真谛，开卷了然，洞若观火。计凡十阅寒暑，三易草稿而后成”(《自序》)。从著者的学术视野和所涉及的材料来看，不可不谓之广博，所论列的儒学史人物也堪称众多，共有两百多位。但其“位置论列”完全以道统为归，充满了历史正统意识的排他性，其正面肯定的只有孔子及“四配”和周子、程朱，这九人的传道学统构成了整个儒学发展史的主体，具有神圣的合法性，是“道统”的代表和“真谛”的化身，而其他人物只能以此为标准来加以评判，排列位次。这样，按照以九人为主轴所开列的大名单就是：

> 以孔子、颜子、曾子、子思、孟子、周子、二程子、朱子九人为正统，以闵子以下至明罗钦顺二十三人为翼统，以冉伯牛以下至明高攀龙一百七十八人为附统，以荀卿以下至王守仁七人为杂统，以老、庄、杨、墨、告子及二氏之流为异统。[①]

此一人物谱系是把孔子作为儒家学统的源头，因为“孔子上接尧、舜、禹、汤、文、武、周公之统，集列圣之大成，而为万世宗师者也，故叙统断自孔子”，“孔子道全德备，为斯道正统之主”。而“颜、曾、思、孟、周、程、朱九子，皆躬行心得，实接真传，乃孔门之大宗子也，故并列正统焉”[②]。除了这九人之外，其他的人都不能视为此一学统的正脉，而只能依据与道统关系的亲疏远近和思想上的关联性来分别排位。

道统的观念史证明，不同的时代对道统有不同的诠释，以适应当时的社会文

① 《四库全书总目》卷 63，北京：中华书局，1965 年影印本，第 568 页。

② 熊赐履：《学统》，南京：凤凰出版社，2011 年版，第 18 页。

化传承的需要。道统有其历史传承的历史。事实上，道统是儒家基于对历史的了解，基于儒家的使命感和目的感，所形成的一个重要的文化价值理念。道统是对我们文化责任的启发。今天，在中华民族伟大复兴的时代，我们所理解的道统，就是中华文明的主流价值传统。认识道统不只是恢复道统，它是中国历史的生命理想和价值，是传统文化精神和理念。对于道统的讨论将使我们更深入地认识中华文明的主流价值传统，有益于社会主义核心价值观的建设，这也是道统讨论的现代意义。总之，挖掘整理研究道统思想，对于了解认识道统思想在中华文化史上的地位，客观、历史、全面、公正地对待道统文化，吸取其体现中华民族精神和中国文化优秀传统的有价值的思想，克服其流弊，加强中外文化交流，吸取西方文化的优长，不断创新发展中国文化，挺立民族文化的主体性，以弘扬中华优秀传统文化，不以其流弊而全盘否定道统思想是十分必要的。换言之，不论人们对道统作何评价，是否定它、赞扬它、批判它、贬低它，都不能否定其在中国文化史上所客观具有的重要地位及其对儒家文化、中国文化的发展所做出的贡献。为此，我们应充分肯定道统思想对中国文化的发展、中华民族精神的形成塑造所产生的深远影响，继承和发扬道统思想中所体现的中华民族精神及其优秀文化传统。

王阳明心学进路的经典诠释——孟子篇

杜保瑞*

【摘要】阳明学毫无疑问是孟子学，孟子学意旨重点在于性善论以及工夫论，阳明以《大学》诠释发挥孟子学，概念都是《大学》《孟子》共通的。因此阳明的孟子学亦是最为可观，本节选录阳明论于《孟子》文本之意旨解读若干条，重点还是在工夫论上。包括集义说、必有事焉说、立志说等等，其中，尽心知性知天、存心养性事天、夭寿不贰修身以俟之解读，又正与朱熹有异，可以说从经典诠释角度言，阳明学表面上是《大学》之学，骨子里却真真正正就是孟子学。

【关键词】阳明心学；孟子；本体工夫；集义；立志。

王阳明的哲学，从工夫论进路展开，工夫论正是孟子学的长处，然而，王阳明又受到佛教禅宗思路影响，掌握心学思维的根本形式，就是念头上净化自己，于是强化了他的工夫理论。这些特质，就在他的《大学》诠释中完全展现了。本文之作，特地要拣选王阳明在孟子文本诠释讨论的材料上，看看他在儒家工夫论开端之处的讨论有何深入的见解，既讨论阳明学，又彰显孟子学。看他在念虑工夫的特殊形态中如何深化孟子的哲学。

一、论孟子的仁义礼智说

哲学专业术语是要分类认识的，有价值意识的，有概念范畴的，有情感状态的，有操作方式的，学生提问，阳明则几乎合并诸说于一“性”概念字上谈，然后其思路都是工夫论的。参见：

澄问：“仁、义、礼、智之名，因已发而有？”曰：“然。”他日，澄曰：“恻

* 杜保瑞，台湾大学哲学博士，现任上海交通大学特聘教授、人文学院哲学系教授、继续教育学院老子书院院长，主要研究先秦儒学、道家哲学、禅宗哲学、宋明儒学、当代中国哲学、中国哲学方法论等。

隐、羞恶、辞让、是非，是性之表德邪？”曰：“仁、义、礼、智也，是表德。性一而已，自其形体也，谓之天。主宰也，谓之帝。流行也，谓之命。赋于人也，谓之性。主于身也，谓之心。心之发也，遇父便谓之孝，遇君便谓之忠，自此以往，名至于无穷，只一性而已；犹人一而已，对父谓之子，对子谓之父，自此以往，至于无穷，只一人而已。人只要在性上用功，看得一性字分明，即万理灿然。”（《传习录·门人陆澄录》）

陆原静问的问题，向来语义不清，根本不知道自己在问什么，也不知道老师给他回答了什么。原静问仁义礼智是因已发而有吗？若就程颐之言，未发为性，已发为情，所以仁义礼知是性，四端是情。但仁义礼知又可收为性体、仁体、道体、天道、天理一事中，因此仁义礼知是仁体的表现，因而说为因已发而有也可以，故而阳明说“然”。然而，这实在不是个重要的问题，就是概念使用的定位约定而已。陆原静又问四端是表德否？笔者还是认为，这还是语意约定的问题，讲道讲性讲情讲才讲气，要有问题才有答案，要列出功能，才有主张，陆原静的问法，等于是没有哲学问题，只是在问概念使用，而哲学家的概念使用都是在特定问题下的使用，如果没有必须解决的理论的问题，而只是在问概念意思的问题，这其实是任何答案都可以的，因为每一套答案都有一个思路在背后。针对表德的问题，阳明却说仁义礼知本身就是表德，这显然是就仁义礼知相对于性体天道天理概念而言，而这一切分说的概念，阳明都用性这个概念统摄了，于是而有形体、主宰、流行、赋人、主身等说法，而有天帝命性心等概念范畴的出现，心发为孝为忠，忠孝是价值意识的概念，仁义礼知也是价值意识的概念，所以仁义礼知也被阳明视为心之所发，因此前说仁义礼知因发而有时阳明曰然，结果针对四端为表德的问题时，阳明就根本没有回答了，基本上就是仁义礼知已是已发、已是表德，阳明竟无法安顿四端，实际上只要说个情就可以了，情是心的状态，性是心的主宰价值，中庸所说的已发是指喜怒哀乐，喜怒哀乐自是情，就像恻隐羞恶辞让是非一般，未发是性，以仁义礼知说之。阳明用词，一切都是性，性就是人之本性，就是良知，所以把未发已发是性是情的都说为性了。关于天道理气心性情才等概念，它们是范畴性概念，仁义礼知忠孝等概念，它们是价值意识的概念，喜怒哀乐恻隐羞恶辞让是非，这些是情感状态的概念，古人用词，问题到哪里，词汇到哪里，阳明用词，问题不在这个上面，因此所说跳跃度大。“名至于无穷，只一性而已”关键是阳明是工夫论进路的思维，“人只要在性上用功，看得一性字分明，即万理灿然”。性就是孟子所说的性善之本性，也就是良知，致良知于事事物物，便是做工夫，做工夫就是把性善良知发挥扩充一事而已。阳明就是工夫论进路，所以对于概念范畴之间的关系问题，没有用心定位，这是朱熹这样的头脑在关切的问题。这一条，阳明谈得笼统，也可见出这种问题不是他的注意力所在。

二、论孟子的夜气说

夜气就是正气，日夜皆有，阳明从做工夫进路上诠释之：

> “夜气”①是就常人说，学者能用功，则日间有事无事，皆是此气翕聚发生处。圣人则不消说“夜气”。(《传习录·门人陆澄录》)

阳明诠释“夜气不足以存”一句，主张圣人不需要说这个夜气之存，因为他时时都在浩然之气的状态，也就是良知时时提起，没有为恶堕落之时，不需要等到夜里没有为恶之时的一时清明。此夜气，就是浩然之气，良知发用时的精神状态，可说为正气，圣人有正气，作用不分昼夜，恶人白天为恶，只剩夜间少安毋躁而已，故夜间稍能反思是非对错，尚稍有良知作用，此时之气，谓之夜气，以其良知尚存。阳明说，夜气是就常人说，非就圣人说，就常人、恶人说，依然有良知，警觉提起就是，一旦此气提起，就要发扬。阳明从做工夫的进路讲良知发用的状态，言说清晰合理。

三、论孟子操存舍亡说

操存舍亡正是工夫论的核心命题，阳明则以本体常在动静无端诠释之。

> 澄问操存舍亡章②。曰：“‘出入无时，莫知其乡。’此虽就常人心说，学者亦须是知得心之本体亦元是如此，则操存功夫始没病痛；不可便谓出为亡，入为存。若论本体，元是无出无入的；若论出入，则其思虑运用是出；然主宰常昭

---

① 孟子曰：“牛山之木尝美矣，以其郊于大国也，斧斤伐之，可以为美乎？是其日夜之所息，雨露之所润，非无萌蘖之生焉，牛羊又从而牧之，是以若彼濯濯也。人见其濯濯也，以为未尝有材焉，此岂山之性也哉？虽存乎人者，岂无仁义之心哉？其所以放其良心者，亦犹斧斤之于木也，旦旦而伐之，可以为美乎？其日夜之所息，平旦之气，其好恶与人相近也者几希，则其旦昼之所为，有梏亡之矣。梏之反覆，则其夜气不足以存；夜气不足以存，则其违禽兽不远矣。人见其禽兽也，而以为未尝有才焉者，是岂人之情也哉？故苟得其养，无物不长；苟失其养，无物不消。孔子曰：‘操则存，舍则亡；出入无时，莫知其乡。’惟心之谓与？”（孟子·告子上）

② 参见前注。

昭在此，何出之有？既无所出，何入之有？程子所谓‘腔子’亦只是天理而已。虽终日应酬而不出天理，即是在腔子里。若出天理，斯谓之放，斯谓之亡。”又曰：“出入亦只是动静，动静无端，岂有乡邪！”（《传习录·门人陆澄录》）

这一段，阳明深入发挥孟子书中所引孔子之言“孔子曰：‘操则存，舍则亡；出入无时，莫知其乡。’惟心之谓与？”虽是孔子语，但是是孟子提出来的，而且是明指心而言，心是工夫的主体，一切工夫都是心在主宰的，愿意作用，它的功能就能发挥，不愿作用，就不能发挥。它不断变化，自己都难以捉摸。虽然如此，还是应该自作主宰，努力操存，为社会服务，而非放舍而亡，自我放逐。孔子的说法与孟子的解读大致此意，配合性善论旨，则操存理论的可能性更加强化了，明指要进行道德实践活动时，定是自主地可行的。陆澄的问题没有讲出来，从阳明的回答看来，阳明要强调的是良知固有，本自存在，且时时自主地作用，无一停时，因此就工夫论而言，阳明必是坚毅主张的，因为常人与圣人都一样，心之本体是自存永存的，说本体就是带着价值自觉的良知主体，性善本体，说其无出入是说恒存作用不变，至于主体的心的状态，那仍是“出入无时，莫知其乡”的，只是有性善良知本体在照管，一定成事，就是把天理始终放在腔子里，如此一切行为有良知主宰着，方向不会有变，都是向善，没有偏邪的方向。此处，阳明讲无向，是无偏邪向，是就良知而说的。而“出入无时，莫知其乡”指的是尚未纯粹化主体意志之状态下的平常心，它东奔西跑到处乱窜，方向不定，捉摸不到。像佛教讲的心猿意马之状。这些涉及心性概念定义的讨论，阳明之所说都颇为跳跃，关键就是他不对准概念定义的存有论问题，他只关心良知固有，之后就是自做工夫一路而已。

文中讲到“若论本体，元是无出无入的”，这就是跟朱熹讲的理是静的意思一样。

文中讲“虽终日应酬而不出天理，即是在腔子里”这就是心即理的解读，谈的是工夫论。主体方向宗旨已定，只有动静之别，没有方向偏差之事，所以又说个“出入亦只是动静，动静无端，岂有乡邪！”

四、论孟子执中无权犹执一说

孟子执中权变一说，最能应事，阳明深刻发挥之。参见：

问："孟子言'执中无权犹执一[①]'。"先生曰："中只是天理，只是易，随时变易，如何执得？须是因时制宜，难预先定一个规矩在。如后世儒者，要将道理一一说得无罅[②]漏，立定个格式，此正是执一。"(《传习录·门人陆澄录》)

孟子的原话是："子莫执中，执中为近之，执中无权，犹执一也。所恶执一者，为其贼道也，举一而废百也。"执中就是不执一偏，但是执中不能变成固定模式，一成不变，永远执中，这样必会遭受利用滥用，知道你执中，就制造情境，让你因为执中而掉入陷阱，旁人因而从中取利。或者，不能应付是非分明的情况，既是是非分明，就不是执中，而是要执正、执是，所以，形式化、僵化了的执中又是不对了，所以孟子说执中无权还是执一了。执一为何是贼道呢？因为此处的一，也是一个道理，但就是假借这个道理，屏蔽了其他更重要道理，这就像是贼一样，道理万千，轻重缓急，要有分辨，若一味执一，挂一漏万已是不佳，固执己见败坏公事即成大错，更有甚者假借一理伤人害事便是为恶了。

阳明的讨论，从做工夫说，拳守良知，肆应无穷，无方无向，唯适所变，所以没有固定的做法。阳明说"中"只是良知，是良知知轻重厚薄、执两用中下的"中"，情境改变，此"中"也是跟着变了，所以不能执于何种具体做法上。阳明说后儒一段，又是在骂人了，对后儒也批评得太过了。阳明以朱熹求事事物物之理之说为执一，其实，就客观知识而言，一是一、二是二，春是春、夏是夏，锅是锅、碗是碗，特定时空场合还是要执一的，具体的执一就是权变。不顾时空，通盘的执一才是执一不变，这确实是会坏事的。朱熹谈的是研究事务客观知识，阳明关切的是现实做事处世的场合，前者必须确定化，后者必须通变灵活。

五、论孟子持其志毋暴其气说

孟子讲做工夫，在持其志毋暴其气，阳明发挥之：

① 孟子曰："杨子取为我，拔一毛而利天下，不为也。墨子兼爱，摩顶放踵，利天下，为之。子莫（鲁国人名）执中，执中为近之，执中无权，犹执一也。所恶执一者，为其贼道也，举一而废百也。"(《孟子·尽心上》)

② 缝隙、裂缝。

问志至气次[①]。先生曰:“志之所至，气亦至焉之谓，非极至、次贰之谓。‘持其志’，则养气在其中;‘无暴其气’，则亦持其志矣。孟子救告子之偏，故如此夹持说。”(《传习录·门人陆澄录》)

阳明解读志至气次之意，不是说气接着志而出现而发生，而是说一旦持志，气亦作为志向展示的载具，人将由气来支撑这个志，其实就是提起意志，理性上良知已知晓，意志上立志，则气次焉，是说勇气决心理智情感等等配合跟上的意思，不要因为懒惰胆小等心理因素又退却了，就是无暴其气。“非极至、次贰之谓”次焉是同时发起之意，意思上先说志再说气，不是先做志功再做气功。

六、论孟子不动心与集义说

阳明对孟子告子的差异进行了发挥，不料却用到了朱熹的理论，参见:

尚谦问孟子之不动心[②]与告子异。先生曰:“告子是硬把捉着此心，要他不动;孟子却是集义到自然不动。”又曰:“心之本体，原自不动。心之本体即是性，性即是理，性元不动，理元不动。集义是复其心之本体。”(《传习录·门人陆澄录》)

告子之意，亦非阳明所说者，实际上孟子就是错误的反驳。“告子曰:‘不得于言，勿求于心;不得于心，勿求于气。’”告子之意，嘴上说不了的没道理的事情，就不要在心志上强求了。心志上知道不对的事情，更不要意气用事，蛮干下去。告子之说，十分合理。孟子关切的是一旦提起良知，便能知是知非，所以说“不得于心，勿求于气，可。”心上的良知知道不对，不可暴其气。至于“不得于言，勿求于心，不可”，是指心上知道对的事情，不可以因为嘴巴上说不好，就放弃坚持。因为孟子口才最好，没有辨析不明的道理，学生们却常常被别人问得哑口无言，这也是心智不足的结果。孟子价值意识清楚，口才便给，没有说不明白的道理，所以这样反驳告子之言，其实没必要，告子之说是合理的。

① “告子曰:‘不得于言，勿求于心;不得于心，勿求于气。’不得于心，勿求于气，可;不得于言，勿求于心，不可。夫志，气之帅也;气，体之充也。夫志至焉，气次焉。故曰:‘持其志，无暴其气。’”“既曰‘志至焉，气次焉’，又曰‘持其志无暴其气’者，何也?”曰:“志壹则动气，气壹则动志也。今夫蹶者趋者，是气也，而反动其心。”(《孟子·公孙丑上》)

② 曰:“敢问夫子之不动心，与告子之不动心，可得闻与?”“告子曰:‘不得于言，勿求于心;不得于心，勿求于气。’不得于心，勿求于气，可;不得于言，勿求于心，不可。夫志，气之帅也;气，体之充也。夫志至焉，气次焉。故曰:‘持其志，无暴其气。’”(《孟子·公孙丑上》)

孟子的话，“夫志，气之帅也；气，体之充也。夫志至焉，气次焉。故曰：‘持其志，无暴其气’”，都是在讲自己要立志、要实践、要做工夫。王阳明也是这样的思路，说孟子的理论是“集义到不动心”是对的，就是纯粹化主体意志，主体性价值自觉，自然贞定。这就是做工夫，心理强化的价值自觉工夫。阳明说告子是硬把捉，笔者认为这也没有根据，只是顺了孟子的说法而已。

阳明后面一段话，进入了形上学、存有论的讨论以及本体工夫论的讨论。说心之本体元自不动，这跟朱熹讲的“理是不动的”意思一样，就是绝对价值，天理不变，赋命于性也是不变的，所以任何人都有性善本体，也就是良知，因此工夫论的模式就是“复其心之本体”。至于所说“性即是理”，是说人性之本善就是天理之本善，这与程颐、朱熹的“性即理”说思路一致、问题一致、主张一致、用词一致。今日之学者本无须在朱王之间费力冲突。只要问题相同，主张定是一致的。只因阳明多关切做工夫的问题，朱熹关心理论建构概念定义的问题，而阳明此处之所说，就是理论建构概念定义的问题，笔者以“概念思辨的存有论”问题说之，有别于“价值意识的本体论”与“主体实践的工夫论”说之。

阳明说“孟子却是集义到自然不动”，这就是在讲工夫论，就是“心即理”了。工夫论讲心即理，人性论讲性即理，本不冲突。

七、论孟子必有事焉与勿忘勿助说

阳明对孟子讲的“必有事焉而勿正，心勿忘，勿助长也”一句，强调得最多的，就是“必有事焉”，也就是要真的去做了事业，真的认真做事了，自然没有了忘助之病了。笔者常说，“努力工作治百病”，真用心于服务工作上时，自然私人的毛病就都没有了。阳明的讨论参见：

> 来书所询，草草奉复一二：近岁来山中讲学者，往往多说“勿忘、勿助”①工夫甚难。问之，则云才着意便是助，才不着意便是忘，所以甚难。区区因问之云“忘是忘个甚么？助是助个什么？”其人默然无对，始请问。区区因与说，我此闲讲学，却只说个“必有事焉”，不说“勿忘、勿助”。“必有事焉”者只是

① “敢问夫子恶乎长？”曰：“我知言，我善养吾浩然之气。”“敢问何谓浩然之气？”曰：“难言也。其为气也，至大至刚，以直养而无害，则塞于天地之闲。其为气也，配义与道；无是，馁也。是集义所生者，非义袭而取之也。行有不慊于心，则馁矣。我故曰，告子未尝知义，以其外之也。必有事焉而勿正，心勿忘，勿助长也。无若宋人然：宋人有闵其苗之不长而揠之者，芒芒然归。谓其人曰：‘今日病矣，予助苗长矣。’其子趋而往视之，苗则槁矣。天下之不助苗长者寡矣。以为无益而舍之者，不耘苗者也；助之长者，揠苗者也。非徒无益，而又害之。”（公孙丑上）

时时去“集义”。若时时去用“必有事”的工夫，而或有时间断，此便是忘了，即须“勿忘”；时时去用“必有事”的工夫，而或有时欲速求效，此便是助了，即须“勿助”。其工夫全在“必有事焉”上用；“勿忘、勿助”，只就其间提撕警觉而已。若是工夫原不间断，即不须更说“勿忘”；原不欲速求效，即不须更说“勿助”。此其工夫何等明白简易！何等俪脱自在！今却不去“必有事”上用工，而乃悬空守着一个“勿忘、勿助”，此正如烧锅煮饭，锅内不曾渍水下米，而乃专去添柴放火，不知毕竟煮出个什么物来！吾恐火候未及调停，而锅已先破裂矣。近日，一种专在“勿忘、勿助”上用工者，其病正是如此。终日悬空去做个“勿忘”，又悬空去做个“勿助”，渀渀荡荡，全无实落下手处，究竟工夫，只做得个沈空守寂，学成一个痴呆汉。才遇些子事来，即便牵滞纷扰，不复能经纶宰制。此皆有志之士，而乃使之劳苦缠缚，担阁一生，皆由学术误人之故，甚可悯矣！（《传习录·答聂文蔚》）

阳明诠释孟子勿忘勿助一段文义，主张落实了“必有事焉”，就无需“勿忘、勿助”，否则无事而为时，若还“勿忘、勿助”就是“空锅煮饭”，只能学成一个“痴汉”。阳明此说，却又意指佛教工夫就在此处，这是阳明以为可以批评道佛的地方，儒者多以为道佛就这点工夫，也学人家“勿忘、勿助”，结果丢了“必有事焉”，变成没事瞎用功，结果有事搞不定。所以儒学工夫就是“集义”而已，“集义”就是针对正义之事勠力行之，只有勠力行之一事，若有间断，要求勿忘，若求急速，要求勿助，只此而已。不能没有去做服务社会的事情，却还一味“勿忘、勿助”。

阳明以此批评道佛，但这也是不解道佛之下的批评，对儒学而言，治理天下服务社会才是做工夫的目标，没有服务天下，只管自己勿忘勿助，就是空锅煮饭，所以阳明不要求弟子无谓自责忏悔，就是去做事就对了。努力工作治百病。一、碰到了，有事就认真做。二、想到了，该做的就去做。如此自无心病。

八、论必有事焉只是集义说只是致良知说

阳明说孟子必有事焉一段，是在与聂文蔚书中畅谈而出的，阳明以孟子的必有事焉只是集义，集义也是孟子语，而又说集义只是致良知，良知固是孟子语，致良知则是阳明语了，以下，阳明便以“格致诚正”解释孟子语。参见：

夫“必有事焉”只是“集义”，“集义”只是“致良知”。说“集义”则一时

> 未见头脑，说“致良知”即当下便有实地步可用工。故区区专说“致良知”。随时就事上致其良知，便是“格物”；着实去致良知，便是“诚意”；着实致其良知，而无一毫意必固我，便是“正心”。着实致良知，则自无忘之病；无一毫意必固我，则自无助之病。故说“格、致、诚、正”，则不必更说个“忘、助”。孟子说“忘、助”，亦就告子得病处立力。告子强制其心，是助的病痛，故孟子专说助长之害。告子助长，亦是他以义为外，不知就自心上“集义”，在“必有事焉”上用功，是以如此。若时时刻刻就自心上“集义”，则良知之体洞然明白，自然是是非非纤毫莫遁，又焉有“不得于言，勿求于心，不得于心，勿求于气”之弊乎？孟子“集义”“养气”之说，固大有功于后学，然亦是因病立方，说得大段，不若《大学》“格、致、诚、正”之功，尤极精一简易，为彻上彻下，万世无弊者也。(《传习录·答聂文蔚》)

阳明论工夫，宗旨在“致良知”。孟子谈浩然之气，入手在“必有事焉”，意旨直接在做事功上磨炼，愿意做事，直接在做事的状态中，而勿正勿忘勿助长，意旨不必刻意彰显标榜正在做的有道德的事。论“必有事焉只是集义”，是说以人伦价值意识之义理原则为主旨，处理万事，而必有事焉就是强调工夫就在事功上，做事遵守道义原理，守道义就是将良知提起而发用，良知一旦发用，不论用于何事，都有了头脑主宰，所以阳明就以致良知解读格物致知诚意正心诸行动，一旦真实格致诚正，既不会忘也不需助了，因为就在实践中了，所以不必说勿忘，因为就在实践中了，所以不必说勿助。至于孟子之所以要说心勿正勿忘勿助，是对治病征而说的，此即告子义外之病。有病即治，致良知即格致诚正即无病，即不必讲勿正勿忘勿助。至于告子之病为何？阳明以朱熹言于理气论诸说及格物致知说及穷理说为理在心外，这当然也是他理解告子义外之意，至于告子义外之义为何？笔者不以为在《孟子》书中能得其要旨。阳明说告子强制其心，笔者也认为无从查知，不宜深论。故而告子部分，不必深究，告子谈伦理原理，而主仁内义外，其实不碍本体工夫。

阳明强调孟子必有事焉就是集义，凡事道义为主，就是良知发用，此时全知，言心气尽善，故不必如告子所言“不得于言，勿求于心，不得于心，勿求于气”之境，其实告子意旨明白，道理不明时，不能以言语服人，勿求于心。心上不能正道理时，不可暴其气，意气用事。就孟子而言，他讲的是已经做了工夫，良知已经提起，故而不能因为口条表达不擅长，就放弃心正。当然孟子也承认，心上不认为是对的事情，是不能意气用事去做它的，所以同意告子后半段文字意旨。

其实善解之，告子前半段也是没有问题的。他是叙述情况，而孟子是讲直接做工夫。

最后，阳明还是以他自己的《大学》格致诚正解读为谈工夫的彻解，以为比孟子必有事焉、集义诸说更加完备。其实也不必这么说吧。阳明高《大学》抑《孟子》，实在不必要。阳明对《大学》之解说即是《孟子》之意旨，这样说就好。

九、论孟子集义与致良知

阳明以孟子学意旨解读大学文本，回过头来又以对大学自创之解释，解释孟子概念，因谓之：圣贤论学，随时就事，随事就理。参见：

> 圣贤论学，多是随时就事，虽言若人殊，而要其工夫头脑，若合符节。缘天地之间，原只有此性，只有此理，只有此良知，只有此一件事耳。故凡就古人论学处说工夫，更不必搀和兼搭而说，自然无不吻合贯通者；才须搀和兼搭而说，即是自己工夫未明彻也。近时有谓“集义”之功，必须兼搭个“致良知”而后备者，则是“集义”之功尚未了彻也；“集义”之功尚未了彻，适足以为“致良知”之累而已矣。谓“致良知”之功，必须兼搭一个“勿忘、勿助”而后明者，则是“致良知”之功尚未了彻也；“致良知”之功尚未了彻也，适足以为“勿忘、勿助”之累而已矣。若此者，皆是就文义上解释牵附，以求混融凑泊，而不曾就自己实工夫上体验，是以论之愈精，而去之愈远。文蔚之论，其于大本达道既已沛然无疑，至于“致知”“穷理”及“忘、助”等说，时亦有搀和兼搭处，却是区区所谓康庄大道之中，或时横斜迂曲者，到得工夫熟后，自将释然矣。(《传习录·答聂文蔚》)

古来圣人谈做工夫，都是同一个意思，尽管用词不同，都是同指。其头脑关键，都是立志。阳明谈立志做工夫成圣人之道，那就是尽其性善之性，扬其天理之理，提起良知，应对万缘，只此一事而已。此一事就是意志贯彻于圣学工夫，这就是立志笃定。这样说工夫的话就说完了。只有一事是说就是主体自觉而已。至于用什么概念说，这不会影响的。所以不同概念都行，但若要在不同概念之间找关联性、次第性、包含性，就做工夫而言，这就越走越远了。阳明只讲做工夫。能理解一个观念，贯彻做工夫，能事毕已。只为求知解，一个概念勾搭另一个概念，只是未做工夫，瞎比附，逞口舌，搞支离。所以能做工夫，一个概念就够了，可以是集义，是必有事焉，是致良知，不必再加上别的概念辅助，这就是阳明指点聂文蔚的意思。关键都是，做工夫的意志没有坚定，才需要东拉西扯找别的方法。

另，象山谓朱熹支离，指的不是工夫论，而是存有论，存有论必分解，故象山之批评不对。朱熹论工夫时亦是提起大头脑，就是立志贯彻同一意旨。

十、论孟子尽心知性知天说

孟子尽心、存心、夭寿三段文字，阳明对之有特殊解释，认为这是三个不同等级的工夫阶段，由下而上，参见：

> “尽心”三节①，区区曾有“生知、学知、困知”之说，颇已明白，无可疑者。盖尽心、知性、知天者，不必说存心、养性，事天，不必说殀寿不贰、修身以俟，而存心、养性与修身以俟之功已在其中矣；存心、养性、事天者，虽未到得尽心、知天的地位，然已是在那里做个求到尽心、知天的工夫，更不必说夭寿不贰、修身以俟，而夭寿不贰、修身以俟之功已在其中矣。譬之行路，尽心、知天者，如年力壮健之人，既能奔走往来于数千百里之间者也；存心、事天者，如童稚之年，使之学习步趋于庭除之间者也；夭寿不贰、修身以俟者，如襁褓之孩，方使之扶墙傍壁，而渐学起立移步者也。既已能奔走往来于数千里之间者，则不必更使之于庭除之间而学步趋，而步趋于庭除之间，自无弗能矣；既已能步趋于庭除之间，则不必更使之扶墙傍壁而学起立移步，而起立移步自无弗能矣。然学起立移步，便是学步趋庭除之始，学步趋庭除，便是学奔走往来于数千里之基，固非有二事，但其工夫之难易则相去悬绝矣。心也，性也，天也，一也。故及其知之成功则一。然而三者人品力量，自有阶级，不可躐等而能也。细观文蔚之论，其意以恐尽心、知天者，废却存心、修身之功，而反为尽心、知天之病；是盖为圣人忧工夫之或间断，而不知为自己忧工夫之未真切也。吾侪用工，却须专心致志，在夭寿不贰、修身以俟上做，只此便是做尽心、知天工夫之始；正如学起立移步，便是学奔走千里之始。吾方自虑其不能起立移步，而岂遽虑其不能奔走千里，又况为奔走千里者而虑其或遗忘于起立移步之习哉？文蔚识见本自超绝迈往，而所论云然者，亦是未能脱去旧时解说文义之习，是为此三段书分疏比合，以求融会贯通，而自添许多意见缠绕，反使用工不专一也。近时悬空去做勿忘、勿助者，其意见正有此病，最能担误人，不

① 孟子曰：“尽其心者，知其性也。知其性，则知天矣。存其心，养其性，所以事天也。殀寿不贰，修身以俟之，所以立命也。”（《孟子·尽心上》）

可不涤除耳。（答聂文蔚）

孟子之说是一路发展向上，“尽心”一节乃初时立志工夫，“存心”一节乃平时持久工夫，“夭寿”一节乃终生工夫境界。从三个层面说做工夫的意旨。阳明是尽心已是彻上彻下，养性在前，尚未尽心，修身更前，尚未尽性。王阳明之解读则不然，他把孟子尽心、存心、夭寿三段文字做了特殊解释，阳明以学走路的阶段比喻之。全能者即是尽心知性知天，犹如在社会上奔走活动。刚会者即是存心养性事天，犹如在自家庭院学习走路。始学者即是夭寿不贰修身以俟之，犹如婴孩在床上学走路。床上学走、庭院学走、社会奔走是有次第的，到得最后，就不须前两段工夫了。阳明讲的是工夫彻尽之后，纯熟之后，就是尽心知性知天的境界。而前面两节只是预熟阶段。阳明认为聂文蔚之讨论有些粘滞，聂文蔚的文字这里没有呈现，笔者以为，未必是文蔚自我缠绕，而是阳明于尽心三段有特殊解释，其解亦非孟子之意。孟子之意，人于任何时刻都是当下必须尽心知性知天的，至于平日里就需存心养性事天，以求其日渐积累之效，而这样的人生，就是一个心境的写照，夭寿不贰修身以俟之。阳明阳刚性格，一尽心即知性知天了，不落第二义，故而以为存心、夭寿两节是第二义的后头紧追工夫，自可不必，此或文蔚致疑之节。笔者以为，孟子尽心、存心、夭寿三节，虽分三节，义理层次不断抽象上升，然其意旨相同，三节一时一事，要求人要尽心，尽心即是求放心，也是扩而充之，也是养浩然之气，尽心贯彻，知性知天，体察天道，尽心成性合天。这是时时刻刻的事情，更是当下的事情，体察知此，就要终生奉行，存心养性事天，也就是修养自己以服务社会国家。而这件事情就是人生的意义，不论夭寿，修身以俟之，就如同佛家讲的，尽形寿，是一辈子的事情。孟子之语高妙，解读可以多样。至于阳明，关键就是不欲支离，提起良知，立志贯彻，以为有节次助力者，便不在最高意志中贯彻了，因此提出特殊解释，以为是三阶段论，遂反对做了最高级的尽心工夫之后还要回去做初级中级阶段工夫，认为这就是意志不坚定不纯粹了。

十一、论孟子谈生之谓性

孟子性善论，却不能逃于人会为恶之说，于是性善论必须调整，而有“生之谓性”说之提出，告子即言于此，阳明认同，但强调须有头脑，把原本属于人性论存有论的问题一下跳到工夫论问题上去谈了，参见：

问："'生之谓性'，告子亦说得是，孟子如何非之？"先生曰："固是性，但告子认得一边去了，不晓得头脑；若晓得头脑，如此说亦是。孟子亦曰：'形色，天性也'，这也是指气说。"又曰："凡人信口说，任意行，皆说此是依我心性出来，此是所谓生之谓性；然却要有过差。若晓得头脑，依吾良知上说出来，行将去，便自是停当。然良知亦只是这口说，这身行，岂能外得气，别有个去行去说。故曰：'论性不论气，不备；论气不论性，不明。'气亦性也，性亦气也，但须认得头脑是当。"(《传习录·门人黄直录》)

阳明讨论《孟子》书中讲的告子之"生之谓性"的观念，学生认为此说有理，孟子何以反对？阳明解说，说告子看偏了，不晓得头脑。头脑就是价值意识，有了价值意识就是要去做，所以阳明学说就是要求做工夫的学说，光有工夫理论而不去做是无用的，没有头脑了。一套理论若是没谈工夫理论只谈人性善恶气禀如何，则更是偏离了宗旨。笔者以为，谈工夫谈本体谈存有论之理气观是一回事，谈工夫论谈要求做工夫是另一回事，这两件事在理论上是直接内在相关的。至于这个人有没有做工夫，这跟这个人谈工夫论，还是谈人性论，还是谈本体宇宙论或存有论都是不相干的事情。阳明当然可以要求人人应该做工夫，儒者就是要做工夫的，从没见到有一个儒者要求人不需要做工夫的。但是，不可以因为别人谈理气论的存有论，谈下学上达的工夫次第论，就说人家不做工夫，没有头脑。朱熹就说做工夫就在立大头脑，其说与阳明心学意旨相同，就是在讲要去做工夫的。但朱熹也讲气禀论的理气论存有论，讲了性善论的人性论，讲人性论的目的就是要讲人生的意义与方向，这就落实到天理、天命上，这就是孟子所说的知天的内涵，天道是必须讲的，这是中庸开头前三句的重点，讲天道讲人性再讲工夫。在讲天道、人性的时候，告子之说就是基础之一，必须消化。耳目口鼻之欲是现实的真相，生之谓性。有天道，所以不以之为性，做工夫，更是摆脱气禀之生之谓性，所以阳明说要立头脑，立了头脑，生之谓性并不是错的。孟子也讲形色天性，这也是就气禀说的生之谓性。所以，谈存有论是正常的、正确的。关键只是，一读到告子谈存有论，孟子就要批评，说人家是偏了，因为自己还要讲工夫论，要做工夫才不偏。其实，讲生之谓性并不是主张要只依感性生理需求去过日子，只是在讲人的感性生理存在的事实，就做工夫而言，这一部分就是要善调理的对象。所以要晓头脑，依良知去做。但就算依良知，也不是能够外于身体生理的感性需求的，所以阳明自己也说良知也不能外于这气。因此，何必一味批评告子之说呢。

论性气一段，是程颐所说，论于人性，阳明不能外于程朱。张载"天地之性、气质之性”之说，“心统性情”说，朱熹“理气论”，都是比较清楚的人性论哲学。人性论是要讲的，天道论、本体论是要讲的，这就是哲学理论的发展，孟子性善论、中庸本体论都是顺着理论发展的需要而讲的，都是要强调天命之善的部分，以及人性的本性是善的立场。但即便如此，依然不能否定气禀存在以及人会为恶的事实，因此要有理论讨论之、说明之、并安顿之，这就是在告子的生之谓性说、孟子的形色天性说之后，宋明儒学的人性论要解决的理论问题。阳明对程颐之说当然赞成，只是要加上一句，“但要认得头脑”，就是要认得天理、人性之善，以及必须立志做工夫。

笔者以为，哲学家讲的都是对的，但各依其问，而各说其旨，不必否定人说，只需善解之，都是有道理的，这也是笔者认为的当代中国哲学研究者的任务重点，就是讲清楚并说好中国哲学的各家理论。全面继承，不必非议彼此。

十二、发挥孟子勿助长说

阳明谈工夫，最知儒者知病痛，就是助长之病，要避免此病，就是不自欺。参见：

> 又曰：“诸君工夫，最不可‘助长’。上智绝少，学者无超入圣人之理。一起一伏，一进一退，自是工夫节次。不可以我前日用得工夫了，今却不济，便要矫强做出一个没破绽的模样，这便是‘助长’，连前些子工夫都坏了。此非小过。譬如行路的人遭一蹶跌，起来便走，不要欺人做那不曾跌倒的样子出来。诸君只要常常怀个‘遁世无闷，不见是而无闷’之心，依此良知忍耐做去，不管人非笑，不管人毁谤，不管人荣辱，任他工夫有进有退，我只是这致良知的主宰，不息久久，自然有得力处，一切外事亦自能不动。”又曰：“人若着实用功，随人毁谤，随人欺慢，处处得益，处处是进德之资；若不用功，只是魔也，终被累倒。”(《传习录·门人黄直录》)

阳明此说，就是要人做工夫时要诚恳真诚，不自我造假，并且，要时时刻刻真诚坚持，不好高骛远，不爱慕虚荣。有就有，没有就没有，老实用功，不装模作样。此说中说到了超绝之圣人绝少，没有一步登天之事，就要工夫节次，这样说是对的，但这就进入了次第工夫的思路了，人都是一步一脚印地成长的。坚定意志是当然，过程中犯错也是通常，知过而改便是，就怕死不认错，甚至造假，因为怕人非笑，好胜致伪。阳明说做工夫是自己的事情，不是要人称赞，也不是不要人毁谤，都是自己坚定而已，不是做给人看的。这样久久做去，自然增长。若不在心地上坚定，只是一味表演，最终无成。

十三、论孟子夭寿不贰

儒家的做工夫、做人、做学问，就是服务社会，服务社会夹杂私欲就做不好，勘破私欲的最高境界就是勘破生死，就是孟子的夭寿不贰修身以俟之之意旨。参见：

> 问："夭寿不贰。"先生曰："学问工夫，于一切声利、嗜好俱能脱落殆尽，尚有一种生死念头毫发挂带，便于全体有未融释处。人于生死念头，本从生身命根上带来，故不易去。若于此处见得破，透得过，此心全体方是流行无碍，方是尽性至命之学。"(《传习录·门人黄省曾录》)

阳明解尽心存心修身三句话时，把"夭寿不贰，修身以俟之"解作刚开始起步的工夫，其说硬是要跟朱熹的解读对立，只能说是他自己的特殊解释。此处，针对最后一句，却做了高度境界的解读，一个人做工夫，就算可以摆脱名利声色的欲望，但还是不能免于生死的畏惧，为了生命的维持，不一定能够坚持正义，有可能退缩，就做不到"杀身成仁，舍生取义"了，所以说，若一个人能把道义看得比生死更重要，此时把自身与天地齐一了，故不畏生死了，这样做工夫就是到了尽头，才是尽性至命之学。阳明这样说自然是很恰当的，只是这样说的话就跟他原先在尽心存心夭寿三句中的解读不一致了。不过，笔者本来就认为阳明之前那三句关系的解读是强解，三句都是一件事情，从当下、从平常、从永恒处讲而已，因此阳明此时对第三句话的解读反而是更恰当的了，所以谈文本解读，不可以时时与他人对立，否则为反对而反对时，所说的就是打辩论，而不是善会意了。

十四、论孟子巧力圣智说

孟子论四圣不同的话语，万分深刻。但智巧与圣力的说明会产生后人不同的解读。朱熹以孟子之说明简约之为"三子力有余而巧不足"，阳明辩之，以为此说反谓其力胜过孔子了。参见：

问:“孟子‘巧力、圣智’之说[1],朱子云:‘三子力有余而巧不足[2]。’何如?”先生曰:“三子固有力亦有巧。巧、力实非两事,巧亦只在用力处,力而不巧,亦是徒力。三子譬如射,一能步箭,一能马箭,一能远箭,他射得到俱谓之力,中处俱可谓之巧;但步不能马,马不能远,各有所长,便是才力分限有不同处。孔子则三者皆长。然孔子之和只到得柳下惠而极,清只到得伯夷而极,任只到得伊尹而极,何曾加得些子。若谓‘三子力有余而巧不足’,则其力反过孔子了。‘巧、力’只是发明‘圣、知’之义,若识得‘圣、知’本体是何物,便自了然。”(《传习录·门人黄省曾录》)

讨论之前,先见孟子之原文:

“伯夷,圣之清者也;伊尹,圣之任者也;柳下惠,圣之和者也;孔子,圣之时者也。孔子之谓集大成。集大成也者,金声而玉振之也。金声也者,始条理也;玉振之也者,终条理也。始条理者,智之事也;终条理者,圣之事也。智,譬则巧也;圣,譬则力也。由射于百步之外也,其至,尔力也;其中,非尔力也。”(《孟子·万章下》)

孟子之意,三圣皆有圣之力,故其射皆能至,唯方向不同,不一定中,故成圣形态不同,关键在智巧也。孟子这样说,有点麻烦,既已至矣,既谓之圣之力之所至,即已是圣,虽有四圣之不同类型,然皆是圣。其后又说中不中,显然有所中之别,中和、中清、中任,而孔子是皆能中,故谓之时,集大成者。所以论于中,不是只有谁中,而是所中各不相同,非关乎圣否,只是圣之形态不同,故所中不同。阳明则说,就和而言不能超过柳下惠,就清而言不能超过伯夷,就任而言不能超过伊尹,三圣皆形态之极。阳明之解读,深刻地说明了孟子的意旨。其智,方向之始,其圣,事功之完成。就此而言,三子未有不足,皆足,足于各自的形态。孟子说孔子集大成,就是各种形态都可以做得到也做得好。阳明说步射、马射、远射,都能射中,就是都成才,每一种才都有其特殊的智巧,其中即

① 孟子曰:“伯夷,圣之清者也;伊尹,圣之任者也;柳下惠,圣之和者也;孔子,圣之时者也。孔子之谓集大成。集大成也者,金声而玉振之也。金声也者,始条理也;玉振之也者,终条理也。始条理者,智之事也;终条理者,圣之事也。智,譬则巧也;圣,譬则力也。由射于百步之外也,其至,尔力也;其中,非尔力也。”(《孟子·万章下》)孟子之意,皆有圣之力,唯方向不同,故成圣形态不同,故谓智则巧也。

② 三子,伯夷、伊尹、柳下惠。朱熹以孔子高于三子,故谓其智巧不足。

靠此巧，而其巧人各有别，只孔子全具其巧。此说亦孟子巧力之说之善解。如此说来，朱熹之解不如阳明了。

十五、论孟子从源头上说性

阳明“四句教”中有“无善无恶心之体”之说，本文中，又有“性之本体原是无善无恶的”一说，于是便与孟子的性善论有了冲突，所以他讲“性无定体，论亦无定体”，这一段说得不好，导致阳明必须费尽唇舌以开脱之。参见：

> 问：“古人论性，各有异同，何者乃为定论？”先生曰：“性无定体，论亦无定体，有自本体上说者，有自发用上说者，有自源头上说者，有自流弊处说者；总而言之，只是一个性，但所见有浅深尔。若执定一边，便不是了。性之本体，原是无善、无恶的；发用上也原是可以为善、可以为不善的；其流弊也原是一定善、一定恶的。譬如眼，有喜时的眼，有怒时的眼，直视就是看的眼，微视就是觑的眼；总而言之，只是这个眼。若见得怒时眼，就说未尝有喜的眼，见得看时眼，就说未尝有觑的眼，皆是执定，就知是错。孟子说性，直从源头上说来，亦是说个大概如此。荀子性恶之说，是从流弊上说来，也未可尽说他不是，只是见得未精耳。众人则失了心之本体。”问：“孟子从源头上说性，要人用功在源头上明彻；荀子从流弊说性，工夫只在末流上救正，便费力了。”先生曰：“然。”(《传习录·门人黄省曾录》)

历来人性论主张多矣，但儒家之说，只能以孟子为终极意旨，就是性善论一说而已。这就是如同大乘佛教，说到底只能是众生皆有佛性，否则不能保证众生皆可成佛。阳明说性无定体，又说性之本体只能是无善无恶，此说不佳，背离儒家宗旨，也背离他自己认同的良知良能我固有之之说。阳明别处有云，“性之本体至善而已”，这才是正解。无善无恶之说，一为利用佛家高妙语讲话，一为刻意将心意知物做成四句教说，则“无善无恶心之体”只能说是心意未发之前的心理情态，随后就格物致知做了本体工夫了。既然“知善知恶是良知”，则此良知乃我固有，何来心之体是无善无恶呢？本体无善无恶，发用为善为恶，流弊一善一恶，阳明说这些话，都跟他过往一味强调立志向善、提起良知之说不类。可以说，阳明正在讨论存有论问题、人性论问题、本体宇宙论问题，这些问题，程朱擅长，皆已解决，阳明其他地方的说法，也是朱熹理气论的说法，亦未偏失，只是这一段话说得没有头脑，这比起告子的“生之谓性”还要严重得多，还说孟子只从源头上说，只是说个大概，非也。儒家论性，只能是孟子的性善论，阳明托大了。后儒尽力借由气质之性、天地之性、心统性情诸说，就是为保住孟子的性善论。阳明无此兴致，只管说工夫，一旦说起人性论之善恶问题，反而说浅了说坏了。孟子说源头就是说头脑就是说本体，本体只能是善，说现象说万物说人类，则既有本体也有气禀之现象，自然有善有不善，但说本体，就儒家而言，只能是至善。因此，笔者以为此段文字阳明必然是说错了，说坏了。阳明说只是一性，见有深浅，不能执定。其实，认良知固有，要求提起良知，正是阳明宗旨，问题不同，答案可以不同，阳明却自己总是只执定一个面向，就是提起意志贯彻到底直接做工夫的工夫论，但就儒学理论之完备而言，有本体论的终极价值问题，有宇宙论的天地万物与人生命的物质结构问题，有人性论的善恶本质问题，有存有论的概念定义及关系问题，问题多元，各有善解。唯论于本体不能是无善无恶，只能是至善本体。

十六、再论孟子必有事焉说：致良知

阳明始终把孟子的必有事焉与他的致良知说合并为一个意思，参见：

> 问："先儒谓鸢飞鱼跃，与'必有事焉'，同一活泼泼地。"先生曰："亦是。天地间活泼泼地，无非此理，便是吾良知的流行不息，'致良知'便是'必有事'的工夫。此理非惟不可离，实亦不得而离也。无往而非道，无往而非工夫。"

阳明讲活泼泼地，就是在良知发用时，良知固有，必可发用，好好做工夫即是，做工夫，不可须臾离也，这正是下工夫所在。因此，致良知就是必有事焉的内涵。

十七、论孔子性相近与孟子性善说

依程颐，性相近与性善是不同的，但阳明竟把两者讲成相同的了，参见：

> "夫子说'性相近'，即孟子说'性善'，不可专在气质上说。若说气质，如刚与柔对，如何相近得，惟性善则同耳。人生初时善，原是同的，但刚的习于善则为刚善，习于恶则为刚恶，柔的习于善则为柔善，习于恶则为柔恶，便日相远了。"

阳明于人性论问题上，所思不如程朱之深刻普遍且具理论深度，阳明之谈，显得没有一套固定的模型，想怎么说就怎么说，但也屡有深意。阳明说，孔子说相近，意思就是孟子说性善，不能把孔子之相近说理解成讲气禀。相近的就是那个性善，出生时原是同的。只因后天习惯造成而相远了的。阳明此说，竟没有气禀的角色。依据孟子，性善之同，是指恻隐、羞恶、辞让、是非之心我固有之，只是未做工夫，自暴其气，故而为恶。孟子之说，亦未及气禀，气禀限制之说，乃宋儒补之者。有天地之性，有气质之性，人能变化气质，善反之，则天地之性存焉。所以，宋儒有形上学存有论的问题意识，存有论说清楚，工夫论就逻辑明晰了。阳明说出生时同，长大日渐不同，这就是性相近习相远之说，此说于宋儒程颐已经调整过，主张性相同，而不只是相近，认为这才是孟子意旨，孟子才是孔子立场的哲学继承发挥者，宋儒继承之，张载、程颐、朱熹一脉相承，讲天地之性，本心本性，人人是善，至于气禀则有所不同，好坏优劣，至于习相远就是修道之教或不教之别了。

小　结

阳明诠释孟子，时现创意，唯问题亦不少。论工夫，都说禅宗心法与孟子心学一致，阳明确实发挥之，斐然有成。然而，佛教主无善无恶之说，孟子主性善之说，阳明偏偏多言佛说，致使孟子性善论旨难以清澈面目，此不可说阳明未受佛教理论形式误导所致。哲学问题面向诸多，阳明只关心做工夫的问题，至于性善论的存有论形上学本体论问题，阳明之发言都显任意，且与佛教命题纠缠不清，唯一没有佛教色彩的，就是宇宙论，从未见阳明谈及轮回、三界诸事，所以，阳明还是儒学立场无误。只是，就孟子学的继承而言，在工夫论面向中阳明继承之且发挥创造之，在本体论面相却必须说是张载、程朱一系发挥继承得更好了。

唐虞与三代：孟子政治哲学下的历史观

——兼述其“大贤拟圣”的文化意识

王侃 *

【摘要】尧、舜所在的唐虞与禹、汤、文、武所在的三代都是孟子寄托其政治理想的古代王朝，但在讨论唐虞时代的先圣时，孟子所措意的往往是人伦；在讨论三代的后圣时，所措意的往往是政教。这是因为在孟子的历史观下，两个时代所面临的历史性困境不同，导致尧、舜能够顺遂地展开自己的德性生命，汤、文王却必须迫使自己的德性生命向政教的方向突出。从三代到战国时代，孟子关注的是德性与权位的分离，为此区别了两个政治主体：有位诸侯和无位之士。怀抱救世理想的无位之士，即便效仿汤、文王向政教的方向突出，也无力于重建秩序。因此，孟子将尧、舜的君子人格从圣王形象中抽离出来，为无位之士留下了修身的实践空间。经历了这两次滑转之后，孟子赋予自己绍述孔子的文化使命，指点出了一条无位之士仍有资格走上的心性之路。这来自孟子强烈的现实感和责任感，与所谓“无知的理想主义”无缘。

【关键词】孟子；唐虞；三代；德位分离；文化意识

学界通常习惯将孟子政治哲学的历史观归结为“法先王”，这虽然谈不上错误，但至少是一种简化。事实上，寻绎《孟子》七篇的文本即可发现，至少在孟子政治哲学的语境下，由尧、舜、禹、汤、文、武构成的“先王”序列是分级的：即分为由尧、舜构成的唐虞，和禹、汤、文、武构成的三代（何况与“先王”相对的荀子所说的“后王”，很有可能指的就是三代以来的文、武之王）。如果这一观察只涉及词汇的训诂与概念的辨析，那么它将是无趣的。但笔者认为，从孟子对唐虞和三代的不同表述中，可以补全孟子政治哲学的复杂面目，从而避免招致“无

* 作者系复旦大学哲学学院博士研究生

知的理想主义”这一不适当的讥讽。更重要的是，对历史上圣王的分级隐含着孟子对政治主体的划分，这恰恰不是所谓的“迂远而阔于事情”，而是孟子强烈的现实感和责任感之所致。

一、先圣后圣：历史性困境下的歧出

《史记·孟子荀卿列传》云：“天下方务于合从连衡，以攻伐为贤，而孟轲乃述唐、虞、三代之德，是以所如者不合。”[①] 所谓“唐、虞、三代之德”，指的是《孟子》七篇中反复陈说的尧、舜、禹、汤、文、武等圣王的德行。太史公的这段话，是将唐虞、三代合在一起说的。然而，赵岐《孟子序》云：“进不得佐兴唐虞雍熙之和，退不能信（读若伸）三代之余风”，却是将唐虞和三代分开来说的。[②] 从文学的角度说，这可以被视作互文，但是如果结合《孟子》七篇的文本，就会发现赵岐这一文法或许是意味深长的。试看：

> 孟子道性善，言必称尧舜。（《孟子·滕文公上》）
>
> 尧舜之道，孝弟而已矣。（《孟子·告子下》）
>
> 舜之居深山之中，与木石居，与鹿豕游，其所以异于深山之野人者几希。及其闻一善言，见一善行，若决江河，沛然莫之能御也。（《孟子·尽心上》）

以上是《孟子》中若干关于尧、舜的章节。在孟子心目中，尧、舜是以孝弟为代表的道德人伦的至高典范，且能无待于政教而顺成其德。

> 臣闻七十里为政于天下者，汤是也。（《孟子·梁惠王下》）
>
> 以力假仁者霸，霸必有大国，以德行仁者王，王不待大。汤以七十里，文王以百里。（《孟子·公孙丑上》）
>
> 诸侯有行文王之政者，七年之内，必为政于天下矣。（《孟子·离娄上》）

以上是若干关于汤、文王的章节。孟子向战国诸侯陈说王道，往往以汤、文王施行仁政，凭借小国取得天下作为典范。之所以选取这一些章节而不是其他，并不是因为只有它们体现了这一差别，而是因为它们最能一目了然地将之表现。

---

① （汉）司马迁：《史记》卷七十四，北京：中华书局，1982年，第2343页。

② （汉）赵岐注、（宋）孙奭疏：《孟子注疏》题辞解，北京：中华书局，1980年，第2662页。

可以发现，《孟子》以尧、舜作为范例时，谈论的大都是人伦问题，而以禹、汤、文、武作为范例时，谈论的大都是政教问题。[①] 这并不是一种独断：朱子在《孟子集注》中就曾引用范祖禹的话："孟子事齐梁之君，论道德则必称尧舜，论征伐则必称汤武"，隐约地道出了一点话头。[②] 其实孟子自己也时常提示读者这一分别，如"先圣后圣，其揆一也"（《离娄下》）一章，"先圣"指的是舜，"后圣"指的是文王，虽然二圣在道的层面上是"一"（这个"一"显然是一于仁义的），但毕竟有"先圣"和"后圣"的区别。在另一处，孟子更为直截地表达了这一历史观："尧舜，性之也；汤武，身之也；五霸，假之也"（《尽心上》），尽管后学往往从心性论的角度加以解读。

但是，孟子既然明确说过"先圣后圣，其揆一也"，又引用孔子的说法："道二，仁与不仁而已"（《离娄上》），那么唐虞之圣王与三代之圣王的差别又在何处呢？按照孟子"以不忍人之心，行不忍人之政"（《公孙丑上》）中仁心、仁政的思想，心性哲学应该能够直截地、顺承地开出政治哲学，人伦与政教只能是"一"，而不能是"二"。因此，如果将之实然地说成尧、舜偏向于人伦，汤、武偏向于政教，就将面临将人伦和政教打成两截的困境，总不能免于支离之讥。这个问题并不难于解决。孟子说："禹、稷、颜子易地则皆然"（《离娄下》），意思是禹、稷、颜回三人的圣贤之心一贯，如果调换他们的历史处境，那么其行迹也会随之调换。先圣、后圣也是如此，虽然他们的心性之于仁义是同一的，但他们所面临的历史处境不同，故在历史中显现出来的行迹也有所区别。因此，先圣和后圣的差别并不在于主观的道德性，而是在于客观的历史性所激发出来的主观的忧心。

唐虞与三代之间客观的历史性又有何出入？在孟子的历史观下，唐虞所面临的危机是水患［"当尧之时，水逆行，泛滥于中国。蛇龙居之，民无所定。"（《滕文公下》）］，尽管这是一次毁灭性的灾难，但尧、舜之间仍以禅让的形式传递权力，其政治秩序并没有被败坏。三代所面临的危机却是夏桀、商纣的荒淫无道［"尧舜既没，圣人之道衰。暴君代作。"（《滕文公下》）］，是政治秩序和统治机能的彻底败坏。因此，虞舜可以顺遂地展开他的德性生命（尽管他也难免忧心于洪水），而汤、文王则必须对治一层现实的、政治的沉渣。从这个意义上说，孟子"尧舜，性者也；汤武，反之也"（《尽心下》）的说法，并不来源于尧舜、汤武心性上的高

---

① 《公孙丑上》："我非尧舜之道，不敢以陈于王前。"《离娄上》："尧舜之道，不以仁政，不能平治天下。"《离娄上》："欲为君尽君道，欲为臣尽臣道，二者皆法尧舜而已矣。" 貌似都是尧舜之道用于政治的实例。但是比起"孟子道性善，言必称尧舜"而言，"尧舜之道"云云更像是个总名，也就是"先王之道"的意思。尧尽君道、舜尽臣道，也只是君臣这一伦的顺讲，并不表示政治意识的突出。

② （宋）朱熹：《四书章句集注》，北京：中华书局，2012 年，第 224 页。

下之分，而是来源于先圣、后圣所面临的历史性困境之分：尧舜可以顺着自己的德性生命走（即所谓“性之”），“闻一善言，见一善行，若决江河，沛然莫之能御”，而汤武则不得不逆过去、翻上来（即所谓“反之”），出于对黎民百姓的大悲之情，迫使自己的德性生命向政教的方向突出。

孟子对先圣、后圣所面临的历史性困境的高度敏感，其实来自他对自己所处时代的无限悲情。孟子如何看待他所处的时代？是“天下之人牧，未有不嗜杀人者也”的时代，是“民之憔悴于虐政，未有甚于此时者也”的时代，是“圣王不作，诸侯放恣，处士横议”的时代。有别于“无知的理想主义者”们，孟子清醒地意识到，在这样一个政治败坏的时代，以舜的个体修德的方式重塑政治秩序是无望的，甚至以“视弃天下，犹弃敝蹝也”（《尽心上》）来保全人伦的态度都是不可法的。孟子说：“徒善不足以为政”（《离娄上》），“惠而不知为政”（《离娄下》），表达的都是单纯的道德善是无法在这个时代直接转化为善政的。政治运作拥有着它自己的规则，因此，《孟子》一书在心性哲学之外，还大谈政治制度，如井田、税法等。在孟子的历史观中，这一意识是从唐虞时代到三代的第一重曲折，是从顺着德性生命滑落到逆着德性生命、从舜的政治意识之不明朗（指的是德行和政治的圆融混一）[①] 到三代的政治问题之歧出（即政治问题在全部的人生问题中最为突出）的滑转和曲折。

二、“师文王”与“称尧舜”：德行和权位的分裂

在孟子的历史观中，相对于唐虞到三代的第一重曲折，三代到衰周之后又经历了第二重曲折，并且更为致命。这一曲折来源于“德不配位”问题之出现，是德行、权位的分裂，从而导致政治主体分裂的曲折。孔子作为儒家历史观中第一个有德无位的圣人，标志着德、位之间的首次分离，这在孟子生活的战国时代更是成为常识。因此，孟子将政治主体划分为拥有政治权力的诸侯和不拥有政治权力的士，即有位诸侯和无位之士。不同政治主体的身份和职责之不同，表现在历史观上，就是他们所师法的对象之不同。试看：

① 须澄清的是，“政治意识之不明朗”并不是说尧舜时代没有政治，而是说政治问题尚未突出。孟子说，在遇到与人伦关系相冲突的问题时，舜会选择“窃负而逃，遵海滨而处，终身欣然，乐而忘天下”（《尽心上》），这在“思天下之民匹夫匹妇有不与被尧舜之泽者，若己推而内之沟中，其自任以天下之重也”（《万章下》）的三代几乎是不可想象的。虞舜“恭己而正南面”，其仁政是自然流淌出来的，并不需要为政治生活委曲他的德性生命。

如耻之，莫若师文王。师文王，大国五年，小国七年，必为政于天下矣。(《孟子·离娄上》)

诸侯有行文王之政者，七年之内，必为政于天下矣。(《孟子·离娄上》)

忧之如何？如舜而已矣。(《孟子·离娄下》)

有位诸侯所师法的对象（基本上）是文王，无位之士所师法的对象却是尧舜。这并不是说对士的道德要求比诸侯更高，而是在大贤大圣之外，大多数的中等材质之人毕竟只能师法圣王之“迹”，而不能师法圣王之“心”。由于历史性困境的区别，舜与文王的行迹并不一致：舜的生命可以全幅地、饱满地展开，而文王之“迹”则不得不向政教的方向突出，以此来对治败坏了的政治秩序，这与战国时代所面临的政治困境并没有实质上的不同（至少在孟子的历史观中是如此）。因此，拥有平治天下理想的有位诸侯也可以师法尧舜，但是比起师法文王从而担负除恶禁暴的使命来说，则显得轻缓许多。而对无位之士来说，虽然他所面临的首要困境仍然还是这个败坏了的时代，但他却不拥有政治权力，无权参与到“行文王之政”的政治实践中。更为致命的是，有位诸侯并不能（其实是不愿）师法文王，乃至将孟子反复陈说的“三代之德”视作“迂远而阔于事情”，这为孟子这样的无位之士再次增添了一个新的现实困境：即在政治败坏的现状之外，德行和权位也发生了分裂。作为无位之士，即使愿意迫使生命向政教的方向突出，也无力重建秩序。

那么，相比于三代的圣王，孟子即将面临一个全新的难题：如果向有位诸侯反复陈说“三代之德”的策略彻底失败，“我们”无位之士还能做些什么？孟子给出的方案就是“道性善，言必称尧舜”。这看上去像是回到了唐虞时代人伦与政教混一的状态，但它是通过两重曲折后重新转出来的，是无位之士所能采取的不得已之举，实际上来源于孟子强烈的现实感。因此，孟子说：“古之人，得志，泽加于民；不得志，修身见于世”(《孟子·尽心上》)，既然迫使生命向政教的方向突出也无济于事，那又何必委屈自己的德性生命呢？但是，尽管“天下之本在国，国之本在家，家之本在身”(《孟子·离娄上》)，孟子也并不期待能够像舜一样通过修身即可改造政治秩序，这在三代已经是种奢望，遑论战国。从这个意义上说，无位之士效法尧舜，并不是效法尧舜“垂拱而天下治”的德、政混一的至高境界，而是效法尧舜“明于庶物，察于人伦，由仁义行，非行仁义”(《孟子·离娄下》)的德性人格。须注意到，孟子对修身的要求是“见于世”。无位之士在下修身，必须成为时代的人格旗帜，从而起到改变时代风化的作用，而这正是无位之士即可做到的现实功效。

当孟子区别开有位诸侯和无位之士所师法的对象的时候，他实际上赋予了无位之士以政治主体的地位。士原本是不能逾越诸侯之治，直接参与到拨乱反正的实践中的，但在一个天子、诸侯、大夫等有位者都毫无指望的时代，如果有德行的无位之士还不主动承担责任，又该怎么办呢？因此，孟子放出豪言："如欲平治天下，当今之世，舍我其谁也？"（《孟子·公孙丑下》）这既是孟子无比光明的自信，也是孟子对有位者深刻的失望。另一句话则更为重要："待文王而后兴者，凡民也。若夫豪杰之士，虽无文王犹兴。"（《孟子·尽心上》）这是在三代政教已成泡影的现实境遇下的不得已之辞。豪杰之士不再被动地期待圣王的降临，而是主动地成为政治主体，承担起拨乱反正的历史使命。既然无位之士能够作为一个有别于有位者的政治主体，那么"君之视臣如手足，则臣视君如腹心；君之视臣如犬马，则臣视君如国人；君之视臣如土芥，则臣视君如寇雠"（《孟子·离娄下》）的君臣义合思想就呼之欲出了。

有别于荀子"道过三代谓之荡"的思想，孟子之所以"言必称尧舜"，就是为了给无位之士留下实践空间（这一实践是修身的），可以说，孟子更深刻地意识到了德、位分离的困境。这是因为荀子曾受春申君的赏识，担任兰陵令一职，虽说只是县令，但也算是一个能够尝试政治实践的有位者；孟子则不然，他只是齐国的客卿，一生从未担任过实际的政治职务。但是，荀子受到春申君的提携而有位，是偶然的，也是不究竟的。三代以后，德位合一的圣王就再也没有历史地出现过了。孟子放弃将重建秩序的指望放在圣王身上，而将尧舜的君子人格从圣王形象中抽离出来，作为无位之士所师法的对象，这在孟子的历史观中，是继唐虞到三代政治问题之凸显后的第二次滑转，是从全体意义上的"好的政治应该是什么样子"到主体意义上的"我们能为好的政治做些什么"的滑转。

三、愿学孔子：从政治意识到文化意识

在孟子的历史观中，从唐虞到三代和从三代到战国的这两次滑转，都是在现实性的政治难题的促成下，打破原本整全的"道"而向某一方向歧出或分裂的过程。第一次歧出是政治问题在全部人生问题中的歧出，第二次分裂是政治主体之于德位合一的圣王的分裂。讲到这里，孟子使有位诸侯师法文王、无位之士师法舜的双重政治主体结构已经较为清晰了，但须注意到，孟子对其自身的要求尚不止于此。孟子之志并不仅仅在于"修身见于世"（当然，他也要效法尧舜以修身），他所赋予自己的职责更为宏大和特殊，那就是"乃所愿，则学孔子也"（《孟子·公孙丑上》）的重大使命。

在"乃述唐、虞、三代之德"之后，《史记·孟子荀卿列传》又说道："退而与万章之徒序《诗》《书》，述仲尼之意，作《孟子》七篇"，讲的是孟子退而著书的

原委。[①] 这里的“述仲尼之意”，指的并不是《孟子》一书叙述了孔子的义理，而是说孟子效法孔子“我欲托之空言，不如载之行事之深切著明也”的精神，完成了《孟子》这一私家著述。关于这个问题，赵岐的《孟子序》有着更加显白的说法：

> 孔子自卫反鲁，然后乐正，雅、颂各得其所，乃删《诗》、定《书》、系《周易》、作《春秋》。孟子退自齐梁，述尧舜之道而著作焉，此大贤拟圣而作者也。七十子之畴，会集夫子所言以为《论语》。《论语》者，五经之錧鎋，六艺之喉衿也。《孟子》之书则而象之。[②]

这是说，孟子著书是绍述孔子“删《诗》、定《书》、系《周易》、作《春秋》”的精神，但又只敢效法《论语》的体裁，即所谓“大贤拟圣”是也。孔子五十岁之前，他的生命一直没有突出的政治意识，以致“孔子不仕，退而修诗书礼乐”（《史记·孔子世家》，下同）[③]，但在公山不狃叛乱之时，使人召孔子，孔子却说：“如用我，其为东周乎！”这是孔子政治意识开始突出的第一次滑转。其后，孔子为鲁大司寇，又受齐人的离间而出走，开始了他周游列国、遍说诸侯的漫长历程。而孔子第一次心生归意，是六十岁那年在陈，说：“归乎归乎！吾党之小子狂简，斐然成章，吾不知所以裁之”，这是孔子政治意识开始剥落、文化意识高度觉醒的第二次滑转。六十八岁那年，孔子终于如愿回到鲁国，开始整理古代经典，最重要的是作《春秋》。明代学者说：“真正仲尼，临终不免叹口气”，正是孔子的政治理想最终未能实现的一叹，但是其文化理想之实现，却足以告慰平生。

在这个意义上，孟子的“述仲尼之意”，师法的其实是孔子的文化意识。如果说尧舜的修身工夫之于政治理想是退一步的话，那么孔子的文化意识就是在修身工夫之上再进一步：“退一步”来源于无位之士所面临的政治困境的长存性，“进一步”则来源于豪杰之士开拓崭新道统的莫大勇气。在此，孟子终于认清了自己的文化使命：“由孔子而来至于今，百有余岁，去圣人之世，若此其未远也；近圣人之居，若此其甚也，然而无有乎尔，则亦无有乎尔。”（《孟子·尽心下》）如果他不接续孔子以上的文化统绪，那么未来的政治将永远没有希望。本章下，朱子注道：“所以明其传之有在，而又以俟后圣于无穷也”[④]，“以俟后圣”四字，说得多么宏大，又

① （汉）司马迁：《史记》卷七十四，北京：中华书局，1982年版，第2343页。
② （汉）赵岐注、（宋）孙奭疏：《孟子注疏》题辞解，北京：中华书局，1980年版，第2662页。
③ （汉）司马迁：《史记》卷四十七，北京：中华书局，1982年版，第1914页。
④ （宋）朱熹：《四书章句集注》，北京：中华书局，2012年版，第385页。

是多么沉痛，因为它意味着现实政治已经彻底无望了。孟子正是在这种绝望的心境下，仍能凭借“舍我其谁”的大气魄，从强烈的现实感中创出了他的文化意识。这当然与“无知的理想主义”无缘，而是在经过两次“不得已”的滑转之后，认清自己作为无位的豪杰之士，唯一能做的是什么，比这更进一步的历史使命又是什么。

同时，孟子的文化意识并不只有消极的保存。他深刻地意识到，接续孔子以上的文化统绪，对于现实政治也有积极的（虽然是间接的）功效。著名的“予岂好辩哉”一章，即是孟子自道其志的肺腑之语，在历数禹治洪水、周公伐纣的历史功绩之后，他又将距杨、墨之辩与孔子作《春秋》相提并论：

> 世衰道微，邪说暴行有作。臣弑其君者有之，子弑其父者有之。孔子惧，作《春秋》。《春秋》，天子之事也。是故孔子曰：“知我者，其惟《春秋》乎！罪我者，其惟《春秋》乎！”圣王不作，诸侯放恣，处士横议。杨朱、墨翟之言盈天下。……杨墨之道不息，孔子之道不著，是邪说诬民、充塞仁义也。仁义充塞，则率兽食人，人将相食。吾为此惧，闲先圣之道，距杨墨、放淫辞，邪说者不得作。作于其心，害于其事；作于其事，害于其政。圣人复起，不易吾言矣。……我亦欲正人心、息邪说、距诐行、放淫辞，以承三圣者。岂好辩哉？予不得已也。能言距杨墨者，圣人之徒也。（《孟子·滕文公下》）

孟子注意到，杨、墨之言横行的当世，其实与孔子所处的“世衰道微，邪说暴行有作”的春秋之世并没有什么差别，都是“邪说诬民、充塞仁义”，最终将导致“率兽食人，人将相食”的政治后果。他确信，“作于其心，害于其事；作于其事，害于其政”，心是本、政是末，思想文化上的淫邪必将导致政治上的败坏。因此，他将孔子作《春秋》的功绩与禹治洪水、周公伐纣等量齐观。他也确信，自己“正人心、息邪说、距诐行、放淫辞”的努力是本源性的，最终能在一定程度上对治世道的败坏。“天下之生久矣，一治一乱”，孟子的政治理想其实也是重建秩序，是《春秋》的“拨乱世反诸正”，但是这一理想并不依赖于政教意义上的“文王之政”，而是有待于人伦意义上的“尧舜之道”。在经历了政治问题之歧出与政治主体之分裂以后，孟子指点出了一条无位之士仍有资格走上的道路，而这条心性的、文化的道路，又恰好是最本源的、最光明的。这当然不是巧合，就像孟子卓越地完成了他的文化使命这一毋庸置疑的历史事实一样，也不是一种巧合。

“霸王道杂之”：“汉家制度”对孟荀王霸思想的吸收与更化

钮则圳*

【摘要】孟子与荀子对王霸问题多有讨论。孟子坚持王道高于霸道的价值判断，又主张教化国君将霸道上升转化为王道。荀子则从现实政治出发，认为王霸之间并不决然对立，并且赋予霸道以立义、养士、贵贤、重法、爱民等积极内容，在一定程度上肯认了霸道的价值。汉代儒者承认王道的纯粹性，也认可王道高于霸道的价值判断；但是受现实政治的功利性影响，汉儒多认为霸道亦有可取之处，从而形成了“霸王道杂之”的“汉家制度”。一方面，汉儒力求将霸术纳入仁义思想之中，体现出王道高于霸道的同时又以霸道充实王道，使王道更加接近汉代政治的现实；另一方面，汉儒又发展了王道思想，用以匡正霸道冷酷与功利性的现实弊病，引领霸道的前进。从孟荀分野的角度看，与其说汉代施行荀学所偏重的霸道礼法之政；毋宁说在现实层面荀学对汉代政治影响较大，而在理想层面体现为孟学理路的引领与纠偏更为周延。在王霸之辨问题上，孟荀既体现出一定差异性，又统合于汉代政治的价值观念之中。

【关键词】孟子；荀子；王道；霸道；汉家制度

一、孟荀论“王霸政治”

在传统儒家看来，“王道政治”一般指三代之王面向天下而展开的德性政治体系，这构成了儒家孜孜以求的政治典范。但是，时至孟子所处的时代，王道政治已然难以复睹，各诸侯国君眼中大多只有追求武力称霸的“霸道政治”，充斥着急功近利与争夺霸权的野心。针对现实情势，孟子选择高扬“王道”理想的旗帜，希冀能够引导诸侯施行仁政，匡正唯利是图与征伐嗜杀的政治风气。因此，孟子

---

* 作者系中共广东省委党校哲学教研部副教授。

不仅强调“汤武革命”的合法性，更推崇周文王的广施仁政、保民而王，并以之来评骘其时各诸侯王的政治德性与施政方略。

王道与霸道在孟子语境中具有对立性，也存在一定关联性。首先，就价值层面而论，王道高于霸道。王道理想是现实政治的标杆。孟子说：“以力假仁者霸，霸必有大国；以德行仁者王，王不待大。”（3·3）[①] 在孟子看来，王道与霸道在本质上具有差异：行王道的统治者具备仁爱的德性，并且能够以仁心开出仁政；在王道治理下的臣民享受仁政的恩泽，从而心悦诚服。行霸道的统治者则着眼于现实利益，在某些方面虽然也打着仁爱的旗号，但究其实质而言只是以仁爱为手段，用以掩饰强权政治或武力征伐的暴戾气息，真正意图在于实现霸道统治；被统治的臣民往往处于这种强权的笼罩之下，内心未必真正顺从。由此可见，现实政治中能够分化出王道或霸道这两种平治天下的模式，这与统治者的德性具有密切关联。推行仁政学说、主张“不嗜杀人者”（1·6）才能“一天下”的孟子，必然坚定地以王道作为最高的价值追求。

其次，孟子认为王道在价值层面高于霸道，但是二者也并非如隔天渊，王道并非不讲求事功与功利，而霸道亦可上升并转化为王道。一方面，孟子说：“当今之时，万乘之国行仁政，民之悦之，犹解倒悬也。故事半古之人，功必倍之，惟此时为然。”（3·1）孟子并未否认平治天下需要诸如广土众民等物质基础，因此他首先寄希望于势力较为强大的齐国，认为在齐国强盛国力基础上施行仁政能够达到事半功倍的理想效果。因此，王道并不完全排除事功与功利，而是坚持以仁义为出发点，以王道思想来统摄、规范现实的事功行为。另一方面，有见于诸侯王深陷于霸权争夺以及“好色”“好货”等个人私欲难以自拔，孟子深深感受到政治秩序已经崩坏到一定程度，就连“齐桓晋文之事”的霸道也已难以达到。因此，孟子深深喟叹：“五霸者，三王之罪人也；今之诸侯，五霸之罪人也。”（12·7）他认为，要想实现高远的王道理想，亦需经由霸道逐级上升。孟子说：“霸者之民驩虞如也，王者之民皞皞如也。”（13·13）王道治下的百姓固然欢欣鼓舞，但是霸道治下的百姓也可能部分地享受到仁政的恩惠，从而过得怡然自得。这说明孟子所期盼的霸道并不是纯粹地以力服人，而是须将仁义注入霸道之中。[②] 孟子还说：“尧舜，性之也；汤武，身之也；五霸，假之也。久假而不归，恶知其非有也。”

① 本文此种标号方式，以杨伯峻《孟子译注》（北京：中华书局，2016年版）为据，其中间隔号前的数字代表《孟子》的篇（卷）数，间隔号后的数字代表《孟子》的章数。

② 杨海文：《汤武放伐与王霸之辨——从〈荀子·议兵〉看孟荀思想的相似性》，《哲学研究》2014年第10期。

（13·30）霸者所施行的仁义虽然是假借而来的，并非发源自内心根本的善性，但是孟子相信仁义之道足以渐渐感化野心勃勃的诸侯们。换言之，孟子在一定程度上承认了霸道政治不仅仅是实力政治，也可以具备某些德性政治的因素，假借仁义的霸道有可能最终上升为纯粹的王道，而其中的关键取决于统治者能否实现自身德性的提升与转化。

荀子对于“王霸政治”也多有讨论。与孟子说“仲尼之徒无道桓文之事者，是以后世无传焉”（1·7），在价值层面高扬王道、贬抑霸道类似，《荀子·仲尼》篇也说：“仲尼之门人，五尺之竖子，言羞称乎五伯。”在荀子看来，齐桓公等作为霸道的典范，只能算是“诈心以胜矣，彼以让饰争，依乎仁而蹈利者也”的“小人之杰”，在德性方面仍然有亏，尚未达至王道的标准。可见，荀子也坚持王道高于霸道的价值判断，并且与孟子一样，认为霸道有着以仁义之名行逐利争霸之实的特质。

然而，正如陈来先生指出：荀子继承了孟子王霸论、义利论等思想，但是荀子的特色在于：“全部思想都是为礼义规范或礼法等级制度的必要性和合理性作论证。这显然是因为荀子生活的时代环境与孔、孟都不相同，旧的封建制度向新的集权制度的转型已近完成，新的统一的中央集权的官僚制和地主制国家即将出现……正如孟子的仁政说既是对症当时之病，同时又表达了儒家政治思想的一种原则；荀子对等级制度及其规范体系和形式的论证，既是适应和反映了当时的需要，也表达了早期儒家对社会组织原则和方式的一种理解。”[①] 就荀子所处的时代环境而言，王道已经显得遥不可及，迎合诸侯国君的需求而强调霸道、形塑礼法制度似乎更为现实。虽然受现实环境影响，孟子部分肯认了霸道的地位与意义，但是在孟子语境中王道与霸道的出发点毕竟是不同的，在性质与价值取向上具有绝对的差异。与孟子高扬王道理想不同，荀子则从现实出发，更为重视霸道的意义。荀子说：

> 故用国者，义立而王，信立而霸，权谋立而亡。（《荀子·王霸》）
>
> 与积礼义之君子为之则王，与端诚信全之士为之则霸，与权谋倾覆之人为之则亡。（《荀子·王霸》）
>
> 粹而王，驳而霸，无一焉而亡。（《荀子·王霸》）
>
> 具具而王，具具而霸，具具而存，具具而亡……王、霸、安存、危殆、灭

① 陈来：《孔子·孟子·荀子：先秦儒学讲稿》，北京：生活·读书·新知三联书店，2017年，第213页。

亡，制与在我亡乎人。(《荀子·王制》)

人君者，隆礼尊贤而王，重法爱民而霸，好利多诈而危，权谋倾覆幽险而亡。(《荀子·强国》)

与孟子的王霸对举不同，荀子在王道与霸道之下，还将政治模式分为安存、危殆、灭亡之政等方面。在荀子看来，尽管霸道弱于王道政治，却远远强于施行权谋诈术的灭亡之道，因此在现实政治中霸道也是值得推崇的。与孟子以道义为出发点界定王道类似，荀子也认为王道在道义上是纯粹的；但是与孟子对霸道的理解不同，荀子赋予霸道以立义、养士、贵贤、重法、爱民等积极内容。正如冯友兰先生所说，在荀子那里"王和霸的不同是程度上的不同，不是种类的不同……他的王霸之辨和孟轲是不同的。孟轲认为王霸的不同是种类的不同，是互相对立的"[①]。简言之，虽然孟子也对霸道予以部分肯定，但是他总体上是"尊王黜霸"的，由霸道进于王道才是最终目的。而在荀子看来，王霸之间不再具有对立性，而是重礼义与重法治、纯粹与驳杂等程度方面的区分。尽管王道与霸道在价值层级上可以分出高下，但是就现实政治而言，二者均是值得追求的良善政治。荀子何以持与孟子不同的王霸标准？韦政通先生说："在《王霸篇》中，荀子以'行一不义，杀一无罪，而得天下，仁者不为'为义立而王之王所当守者，此与前引'不战而胜，不攻而得，不劳而天下服'，明只是一理想的境界，在现实上为不可能者。荀子在他处屡次说：'用圣臣者王'(《臣道篇》)，'天下归之之谓王，非圣人莫之能王'(《正论篇》)，都只表示王只是一理想的境界。王业既只是悬一最高的理想，为现实的事功立型范，则不能不称美桓公管仲的霸业，比之孟子似不免降格以求，然亦正示荀子在政治思想上较孟子为切要典实。其实在荀子的心目中，有时候，霸者与王者是相去不远的。"[②] 可以说，与孟子高扬王道的理想性不同，荀子在肯定王道理想的同时，也在现实层面希望通过霸道实现国家的统一。而孟荀关于王霸的讨论，又对西汉产生了深远影响。

二、"霸王道杂之"

西汉初期，较早谈及王道问题的是贾谊。贾谊《新书·过秦下》有言："秦王怀贪鄙之心，行自奋之志，不信功臣，不亲士民，废王道而立私爱，焚文书而酷

① 冯友兰：《中国哲学史新编（第二册）》，长春：长春出版社，2017年，第246页。

② 韦政通：《荀子与古代哲学》，台北：台湾商务印书馆，1966年，第129页。

刑法，先诈力而后仁义，以暴虐为天下始。”[①] 在贾谊看来，秦朝二世而亡的原因即在于不行王道：以贪鄙之心施行严刑酷法的政策，以巧诈与强权替代了仁义之道。可见，贾谊的王道思想以仁义为中心，他抵制权谋诈术的倾向似乎受到了荀学“权谋立而亡”思想的影响。

不过，贾谊这种对于王道的追求在汉代并未成为主流思想。汉高祖刘邦宣称：“盖闻王者莫高于周文，伯者莫高于齐桓，皆待贤人而成名。”[②] 这体现出刘邦王霸并重、重视贤者的特点。及至汉武帝，王霸杂用的倾向更加明显。据《史记·龟策列传》载：“至今上即位，博开艺能之路，悉延百端之学，通一伎之士咸得自效，绝伦超奇者为右，无所阿私。”[③] 汉武帝虽然置立《五经》博士、推明儒学；但在治国方略上他却阳王道而阴霸术，杂用百家。汲黯曾嘲讽汉武帝“内多欲而外施仁义，奈何欲效唐虞之治乎”[④]，可见仁义王道在汉武帝这里是掩饰霸术的外衣，其政治思想立足于现实性与功利目的。[⑤] 虽然在百家之中，汉武帝对于儒家更为倚仗，但他最欣赏的儒者并非孔孟式的纯儒，而是带有功利色彩、善于操弄权术的儒者。据《汉书·循吏传》载，汉武帝时“能以化治称者，惟江都相董仲舒、内史公孙弘、兒宽，居官可纪。三人皆儒者，通于世务，明习文法，以经术润饰吏事，天子器之”[⑥]。可见，武帝器重三人的重点并不在于其儒者身份，而是希望他们能够缘经术以装饰政治，通过教化来治理百姓，从而勾勒出一幅万众归心的政治图景。换言之，汉武帝并不是将儒生学问素养的高低视作重用人才的最高标准，而是在乎学者是否“通于世务”，即产生良好的现实统治效果。《汉书》所列三人中，仕途最为通畅的也是善于逢迎皇帝意志、性格中带有曲学阿世色彩的公孙弘。[⑦] 公孙弘在与武帝的对策中说：

① （汉）贾谊撰，阎振益、钟夏校注:《新书校注》，北京：中华书局，2000 年，第 14 页。

② （汉）班固撰，（唐）颜师古注:《汉书》，北京：中华书局，1962 年，第 71 页。

③ （汉）司马迁撰:《史记》，北京：中华书局，1982 年，第 3224 页。

④ （汉）司马迁撰:《史记》，第 3106 页。

⑤ 丁四新辨析了汉武帝“罢黜百家”与“悉延百端之学”的关系。他认为汉武帝“罢黜百家”主要是从学官、教育制度立论，而不是禁止、禁绝百家之意。而对于“悉延百端之学”，他指出:“对于持‘主义’的百家和对于具备‘艺能’的‘百端’，汉武帝及汉帝国的态度是不同的。对于前者武帝采取罢黜的方法，对于后者则采取‘悉延’的方法。有人将‘悉延百端之学’用作‘罢黜百家’的反证，这显然是不对的。”氏著:《“罢黜百家，独尊儒术”辨与汉代儒家学术思想专制说驳论》，《孔子研究》2019 年第 3 期。尽管汉武帝在学术领域与意识形态方面青睐儒家，但是在治国方面，他杂用百家的霸术思想是十分明显的。

⑥ （汉）班固撰，（唐）颜师古注:《汉书》，第 3623—3624 页。

⑦ 据《史记·儒林列传》记载，辕固生曾批评公孙弘道:“公孙子，务正学以言，无曲学以阿世！”（汉）司马迁撰:《史记》，第 3124 页。据此，公孙弘的性格特征可见一斑。

> 夫厚赏重刑未足以劝善而禁非，必信而已矣。是故因能任官，则分职治；去无用之言，则事情得；不作无用之器，即赋敛省；不夺民时，不妨民力，则百姓富；有德者进，无德者退，则朝廷尊；有功者上，无功者下，则群臣逡；罚当罪，则奸邪止；赏当贤，则臣下劝：凡此八者，治民之本也……故法之所罚，义之所去也；和之所赏，礼之所取也。礼义者，民之所服也，而赏罚顺之，则民不犯禁矣。……臣闻之，仁者爱也，义者宜也，礼者所履也，智者术之原也。致利除害，兼爱无私，谓之仁；明是非，立可否，谓之义；进退有度，尊卑有分，谓之礼；擅杀生之柄，通壅塞之涂，权轻重之数，论得失之道，使远近情伪必见于上，谓之术：凡此四者，治之本，道之用也，皆当设施，不可废也。得其要，则天下安乐，法设而不用；不得其术，则主蔽于上，官乱于下。此事之情，属统垂业之本也。①

从公孙弘的对策可以明显看出，他化用了孟子“仁义礼智”的四德论框架。但与孟子明显不同的是，公孙弘并不是从道德性、人何以为人的角度来讨论“仁义礼智”问题，而是立足现实的政治事功角度加以剖析。他虽然继承了先秦时期儒家的仁爱思想，但又加入了墨家“兼爱”“无私”等因素；义不再指向羞恶，而是以“是非”替换，但是这种是非并不是孟子语境中作为“智之端”的“是非之心”，而是指向一种政治层面的价值取向；礼不再是一种恭敬的德性，而是特指外在的尊卑上下等级礼法；智也不再是面对道德问题的择取，而成为操行权术的源头以及权衡现实政治得失的手段。可以说，公孙弘将“仁义礼智”视为统治者的治国术，这是对孟子“四心”思想进行现实化、功利化改造的结果，作为孟子王道思想核心的善性被公孙弘的霸道功利性思维替换了。从公孙弘所列的八条“治民之本”来看，他重视的是任贤、重农、赏罚二柄等方面，并且认为这些方面可以在礼义的统摄下稳固施行，其思想似乎更近于荀子对于霸道的描述。武帝非常欣赏公孙弘的一系列主张，并且“擢弘对为第一”②，从中不难窥见武帝以霸术统治天下的野心。

武帝之后，统治者进一步延续其治国方略，甚至还将王霸杂用总结为“汉家制度”。据《汉书·元帝纪》载，汉宣帝“所用多文法吏，以刑名绳下……曰：‘汉家自有制度，本以霸王道杂之，奈何纯任德教，用周政乎！且俗儒不达时宜，好

---

① （汉）班固撰，（唐）颜师古注：《汉书》，第 2615—2616 页。

② （汉）班固撰，（唐）颜师古注：《汉书》，第 2617 页。

是古非今，使人眩目名实，不知所守，何足委任？’”[①] 在宣帝看来，象征着王道的德教与周政距离汉帝国过于遥远，又造成了儒生喜好以古非今、多发不合时宜论调等问题，故而仅仅依靠王道治国是行不通的。因此，宣帝选择重用文法之吏，以刑名思想来约束臣下，实际是以霸道为主、王道为辅，其思想与武帝以儒术“润饰”吏事可谓如出一辙，并最终将武帝王霸杂用的思想推向了另一个高潮。丁四新先生指出：“‘汉家自有制度，本以霸王道杂之’，这应当是汉家皇帝治理天下的家法和秘诀……其实就是主张王道和霸道、德教和刑名、周政和秦政杂用。从汉高祖夺取天下以来即是如此，不过因为历史情势的变化，所用霸王之道或有强弱、多少之不同。纯任德教，纯任王道，或者纯任周政，都是不合汉家制度的。”[②] 宣帝所言“自有”二字说明其实王霸杂用的政治模式由来已久，并在西汉中期基本定型。这既是对于汉兴以来治理方式的总结，又打上了汉帝国独有的政治烙印。

“霸王道杂之”不只是简单的王道与霸道调和并用，在汉代往往还展现为儒法之争、德教与刑名兼用、周政与秦政并行等向度。正如学者所论：统一后的汉王朝就这样在理想与现实中找寻着自己的政治定位，而此时的“霸王道杂之”则由取天下转为治天下的手段，同一名词下的内容在发生着转换。以“力服”与驳杂为特点的“霸道”理念，隐性地发挥了法家的若干精神，与“周政”“纯儒”的政治理想一起，相反相成地构筑起“汉家制度”的两极。[③] 而这“两极”对应于儒门内部而言，便体现为孟荀关于王霸的差异化理解所带来的张力。孟子王道思想无疑可以为汉代“周政”与“纯儒”的政治理想提供重要的思想资源；但是汉帝国王霸杂用的现实政治模式体现出一种驳杂不纯的特点，这种特点并不符合孟子对于王道的企盼，而是更接近于荀学的霸道礼法路径。正如干春松所论：相比于孟子的思想，荀子的观点有许多客观主义和效能主义的态度，这样的态度一方面与法家的思想产生了互动，同样也影响到汉代儒学与统治者的合作态度。儒家并不只想成为一个现实秩序的道德批判者，他们更希望在实际的政治活动中发挥作用，这一点荀子的思想显然更适合与现实结合。[④] 就孟荀对比而言，如果说孟学参与构筑了汉代政治中理想性的方面，荀学则更多引导了汉代政治中现实走向的

---

① （汉）班固撰，（唐）颜师古注：《汉书》，第 277 页。

② 丁四新：《“罢黜百家，独尊儒术”辨与汉代儒家学术思想专制说驳论》，《孔子研究》2019 年第 3 期。

③ 王刚：《学与政：汉代知识与政治互动关系之考察》，哈尔滨：黑龙江人民出版社，2012 年，第 127 页。

④ 干春松：《儒学小史》，上海：上海人民出版社，2019 年，第 103 页。

方面。

鉴于三代已不可复，在现实层面又有见于霸道的功用，汉代学者在肯定王道作用的同时，往往更为注重阐扬霸道的现实意义。例如刘向《说苑·政理》有言："政有三品：王者之政化之，霸者之政威之，强者之政胁之。夫此三者，各有所施，而化之为贵矣。夫化之不变，而后威之；威之不变，而后胁之；胁之不变，而后刑之……修近理内，政橛机制礼，壹妃匹之际，则莫不慕义礼之荣，而恶贪乱之耻。"[①] 刘向将政治模式由高到低分为王道、霸道与强道三个阶次。与孟子重视王道"存神过化"的道德感化作用一样，刘向也将"王者之政"作为最高的政治理想。但是，与孟子不同，刘向又指出王霸之道有各自的施用领域及现实意义，在王道难以有效施行时就需要以霸道作为弥补。刘向最重视的是通过礼义建立良好的政治秩序。这种对于王霸的比较方式以及对于礼义的追求，明显更接近荀子的思想。

刘向之后，两汉之际的儒者桓谭《新论·王霸》也专门探讨了王霸问题。桓谭说：

> 夫上古称三皇五帝，而次有三王五伯，此皆天下之君之冠首也。故言三皇以道治，而五帝用德化，三王由仁义，五伯用权智……五帝以上久远，经传无事。唯王霸二盛之义，以定古今之理焉。夫王道之治，先除人害而足其衣食，然后教以礼义，使知好恶去就。是故大化四凑，天下安乐：此王者之术。霸功之大者，尊君卑臣，权统由一，政不二门，赏罚必信，法令著名，百官修理，威令必行：此霸者之术。王者纯粹，其德如彼；霸道驳杂，其功如此。俱有天下，而君万民，垂统子孙，其实一也。夫王道之主，其德能载包含，以统乾元也。儒者或曰："图王不成，其弊亦可以霸。"此言未是也。传曰："孔氏门人，五尺童子不言五伯事者，恶其违仁义而尚权诈也。"[②]

桓谭认为，王道是纯粹的，以仁义为本而反对权谋诈术，并且王道在价值序列上高于霸道，这些都是孟子可以接受的观点。不过与孟子极为不同的是，桓谭认为王道固然可以通过道德仁义达至天下归心，而以中央集权、君尊臣卑、赏罚与威令等为特征的霸道在现实政治中同样具备平治天下的功效。就实际政治经验而言，王道与霸道都可以建构良好的统治秩序，只是在行为方式上存在着纯粹与驳杂的区分。可见，桓谭根本上还是建基于荀子"粹而王，驳而霸"的王霸定位，

① （汉）刘向撰，向宗鲁校证：《说苑校证》，北京：中华书局，1987 年，第 143 页。

② （汉）桓谭著，白兆麟校注：《桓谭新论校注》，合肥：黄山书社，2017 年，第 4 页。

凸显了霸道的现实意义。

与桓谭类似，东汉的王充也有王霸兼综的思想倾向。王充《论衡·气寿》有言：“霸者，王之弊也。霸本当至于王……不能成王，退而为霸……王霸同一业，优劣异名。”① 在王充看来，霸道虽然相比于王道略次一等，但是却可以与王道实现同样的功业。在王道难以实现的情况下，退而求其次争取实现霸道也是可行的选择。在《论衡·非韩》中，王充还从养德与养力的角度进行论证。王充说：“治国之道，所养有二：一曰养德，二曰养力。养德者，养名高之人，以示能敬贤；养力者，养气力之士，以明能用兵。此所谓文武张设，德力具足者也。事或可以德怀，或可以力摧……夫德不可独任以治国，力不可直任以御敌也……二者偏驳，各有不足。”② 养德与养力可以对应于政治中的王道与霸道，王充认为仅仅依靠其中一面都不足以担负治国的重担，这体现出王充文武并重，在道德方面以王道引领霸道，而在事功层面又以霸道充实王道的特点。

此外，汉末崔寔在《政论》中也认为：“图王不成，弊犹足霸……今既不能纯法八世，故宜参以霸政，则宜重赏深罚以御之，明著法术以检之。自非上德，严之则理，宽之则乱。”③ 汉儒普遍肯定王道的理想性，但是又深感王道的高远难行，因此转而钟情于霸道。崔寔关于霸道赏罚、宽严、礼法等方面的总结可谓恰当反映了汉代政治的特质。唐代令狐德棻在总结王霸的历史演进时指出：“王道任德，霸道任刑。自三王以上皆行王道，唯秦任霸术，汉则杂而行之。”④ 王道既然是纯粹的，“霸王道杂之”就意味着霸道占据着政治模式的主流。这种模式是汉代统治者立足于政治局势所做出的现实选择。与孟子注重王道的纯粹性相比，它更为重视霸道的现实功用，甚至追求以事功与功利思维来充实王道，使王道“下落”并作用于政治生活。这不仅于孟子王道思想而言是一大更化，也对后世产生了深远影响。正如杨海文先生所说：“王霸并用，文武兼治，乃至儒表法里、孟皮荀骨，成为汉代以降传统中国两千多年来最基本的国家—社会治理方式。”⑤

三、以王道统摄霸道

汉家极力推崇的是“霸王道杂之”政治模式，在现实政治中荀学相较孟学确

① 黄晖：《论衡校释（附刘盼遂集解）》，北京：中华书局 1990 年，第 30 页。

② 黄晖：《论衡校释（附刘盼遂集解）》，第 438 页。

③ 孙启治译注：《政论·昌言》，北京：中华书局，2014 年，第 30 页。

④ 转引自王利器校注：《盐铁论校注·前言》，北京：中华书局，2017 年，第 21 页。

⑤ 杨海文：《汤武放伐与王霸之辨——从〈荀子·议兵〉看孟荀思想的相似性》，《哲学研究》2014 年第 10 期。

实占据了更为重要的位置。但是，我们不能简单地认为孟学变得销声匿迹，对于汉代政治毫无影响。随着汉武帝时期儒学地位的提升，孟子所重视的王道思想也被相当一批儒者接受与弘扬。正如杨泽波所说："汉武帝开始罢黜百家，独尊儒术，儒家政治思想开始受到重视。于是，人们重新祭起儒家王道政治的大旗，孟子的政治思想重新回到了历史的舞台。"① 宋代王应麟《困学纪闻·考史》有言："'王者莫高于周文，伯者莫高于齐桓，皆待贤人而成名。'此高帝之诏也。宣帝曰：'汉家自有制度，本以霸、王道杂之。'盖已见于此诏矣……林少颖论之曰：'王、霸之无辩，汉世为尤甚。拟人之非伦，汉儒为尤甚。尊王绌霸，言道义不言功利，一董仲舒而已。'"② 可以说，董仲舒就是汉代弘扬王道的代表性人物之一，经由董仲舒等儒者的努力，王道的理想性意义再度得以彰显，而之后的儒者又继承了这种精神，从而以王道统摄霸道、纠正霸道的现实弊端，并在一定程度上改变了汉代政治的走向。

在坚持王道价值高于霸道的方面，董仲舒与孟荀是相似的。董仲舒在《春秋繁露·对胶西王越大夫不得为仁》中有言："仁人者正其道不谋其利，修其理不急其功，致无为而习俗大化，可谓仁圣矣。三王是也。《春秋》之义，贵信而贱诈。诈人而胜之，虽有功，君子弗为也。是以仲尼之门，五尺童子，言羞称五伯。为其诈以成功，苟为而已也，故不足称于大君子之门。"③ 在董仲舒看来，王道的特征就在于追求以道义为本，摒弃急功近利的短视思维。《春秋》的价值立场也是尊王黜霸的，因此对权谋诈术的行为予以贬斥。董仲舒所说的孔门"言羞称五伯"等思想明显继承了《荀子·仲尼》篇的相关讨论。

董仲舒最近于孟子的还是他对于"仁"的重视。在王道思想方面，董仲舒重点提出了"仁为治首"的观点。董子有言："仁为治首：夫尧舜三王之业，皆由仁义为本，仁者所以理人伦也，故圣王以为治首。或曰：发号出令，利天下之民者，谓之仁政；疾天下之害于人者，谓之仁心。二者备矣，然后海内应以诚，惟君侯深观往古，思本仁义至诚而已。"④ 孟子强调王道的特征是"以德行仁"，以仁心仁政作为王道之根本。与孟子类似，董仲舒强调王道的根本在于仁义，"仁为治首"即意在强调国君发政施仁都要本于仁心与仁义，以"疾天下之害于人者"的不忍人之心施发"利天下之民"的仁政。从这一角度看，董仲舒的王道思想可以被视

① 杨泽波：《孟子与中国文化（修订版）》，上海：上海人民出版社，2017 年，第 78 页。

② （宋）王应麟著，[清] 翁元圻等注，乐保群、田松青、吕宗力校点：《困学纪闻》，上海：上海古籍出版社，2012 年，第 1407 页。

③ （清）苏舆撰，钟哲点校：《春秋繁露义证》，北京：中华书局，2019 年，第 236—237 页。

④ （清）严可均辑：《全汉文》，北京：商务印书馆，1999 年，第 242 页。

为孟子思想在汉代的延续。不过与孟子将仁视作仁政的内在心性基础不同，董仲舒还建基于其信念本体——天，以天释仁，将仁超拔为"天心"，从而提出了"仁为天心"的思想。董仲舒在《春秋繁露·俞序》中说："《春秋》之道，大得之则以王，小得之则以霸……霸王之道，皆本于仁。仁，天心，故次之以天心。"①董仲舒将仁作为"天心"，这就表明仁不再局限于人内心世界的德性，而是因天的神圣性获得了一种绝对性与超越意义，并以此来限定王权的滥用。②在此前提下，董仲舒认为王道与霸道都要统摄于仁，以仁义之道为指引。董仲舒这一理论的实质是在来源上缩小了王道与霸道的差异，尤其将霸道也统摄于以仁爱为核心的天道之下，这无疑有助于抑制霸道的强权逻辑与功利思维。

在现实政治中，董仲舒也注重规劝统治者端正君心，施行王道。《春秋繁露·王道》有言："五帝三王之治天下，不敢有君民之心。什一而税。教以爱，使以忠，敬长老，亲亲而尊尊，不夺民时，使民不过岁三日。民家给人足，无怨望忿怒之患，强弱之难，无谗贼妒疾之人。民修德而美好，被发衔哺而游，不慕富贵，耻恶不犯。父不哭子，兄不哭弟。毒虫不螫，猛兽不搏，抵虫不触……立明堂，宗祀先帝，以祖配天，天下诸侯各以其职来祭。贡土地所有，先以入宗庙，端冕盛服而后见先。德恩之报，奉先之应也。"③董仲舒勾勒了古代圣王施行王道时的美好政治图景。其中，减轻赋税、不夺农时、实行教化等内容颇有与《孟子》的仁政论述相通者。董仲舒以一种复古的论调赞扬王道，并不是为了发思古之幽情，而是具有强烈的现实政治关切，希望汉帝亦能实现王道政治。《汉书·董仲舒传》记载董子之言："陛下有明德嘉道，愍世俗之靡薄，悼王道之不昭，故举贤良方正之士，论议考问，将欲兴仁谊之修德，明帝王之法制，建太平之道也……夫古之天下亦今之天下，今之天下亦古之天下，共是天下，古以大治，上下和睦，习俗美盛，不令而行，不禁而止，吏亡奸邪，民亡盗贼，囹圄空虚，德润草木，泽被四海，凤皇来集，麒麟来游，以古准今，壹何不相逮之远也……试迹之于古，返之于天，党可得见乎。"④董仲舒的对策寄寓了他强烈的申明仁义、重建王道的愿景。在董仲舒看来，既然三代之时统治者可以依靠王道实现美好的太平政治，在"天

① （清）苏舆撰，钟哲点校：《春秋繁露义证》，第142页。陈来先生指出："以仁为天心，也就是以仁为宇宙之心，这个说法是仁体在宇宙论形态发展的重大一步，也反映了儒家面对汉代统一帝国的出现所采取的理论回应，即重新努力把普世伦理作为宇宙原理，以从道德上制约、范导皇权。"氏著：《仁学本体论》，北京：生活·读书·新知三联书店，2014年，第138—139页。

② 余治平：《唯天为大——建基于信念本体的董仲舒哲学研究》，北京：商务印书馆，2003年，第291页。

③ （清）苏舆撰，钟哲点校：《春秋繁露义证》，第89—92页。

④ （汉）班固撰，（唐）颜师古注：《汉书》，第2519—2520页。

不变，道亦不变”的情况下，汉代也理所应当追寻王道政治。

因此，董仲舒对于统治者在德行方面提出了一系列要求，要求统治者端正内心，以仁义仁心为根本，实现以王道来统摄霸道。董仲舒说：“为人君者，正心以正朝廷，正朝廷以正百官，正百官以正万民，正万民以正四方。”[①] 这是认为统治者先追求自正，再追求正人。在治国理政方面，董仲舒要求统治者“任德教而不任刑”[②]，施行以德为本的德化政治。在此基础上，董仲舒较为全面地阐发了他的王道政治模式：“古之王者……南面而治天下，莫不以教化为大务。立大学以教于国，设庠序以化于邑，渐民以仁，摩民以谊，节民以礼，故其刑罚甚轻而禁不犯者，教化行而习俗美也。”[③] 可以看出，董仲舒的王道理想不仅强调仁义之道，还重视教化、礼制、刑罚等方面，吸取了过往儒家关于霸道的一些论述，体现出董仲舒以霸道思想来丰富王道的一面，是对孟子王道思想的进一步延伸，使其王道思想能更好地作用于现实政治。董仲舒说：“夫仁谊礼知信五常之道，王者所当修饬也……德施于方外，延及群生也。”[④] 董仲舒最终将其思想主张总结为王者应修五常之德，进一步阐发了他的德化理想。

王道和德政思想在汉武一朝的政策中并未得到很好的采纳与实行。武帝务于四处征伐，政策重心主要在对外战争上，致使民力困竭，天下虚耗；对内则实行“霸王道杂之”的统治政策，对于儒学的扶持也并非着眼于学术，而是意在缘饰吏治，最终导致“汉人通经致用、治学盖利禄之阶，故士人与日俱增”[⑤] 的结果。面对这些情况，董仲舒重倡王道的根本目的在于端正君心，并且树立一种超越现实的价值观念来匡正霸道，使君王寻求王道政治的重建。董仲舒的这些思想虽然并未实现，但是其却形成了一股与现实政治对抗、对霸道政治进行纠偏的力量。这种力量不仅是政治理念上的，在现实的礼乐问题中也有所体现。正如阎步克先生指出：“针对汉政的‘霸王道杂之’，汉儒有一种强烈的矫之以‘王道’的意向，而且他们相信‘王道’必须寄托于具象的礼制之中；尽管儒生在此也有分歧的说法，

① （汉）班固撰，（唐）颜师古注：《汉书》，第 2502—2503 页。

② （汉）班固撰，（唐）颜师古注：《汉书》，第 2502 页。

③ （汉）班固撰，（唐）颜师古注：《汉书》，第 2503—2504 页。

④ （汉）班固撰，（唐）颜师古注：《汉书》，第 2505 页。

⑤ 余英时：《士与中国文化》，上海：上海人民出版社，1987 年，第 287 页。李宗桂先生也指出：“董仲舒这个尊王贱霸的仁政观，在他所处的那个时代，对于匡正统治策略方面的失误，拨乱反正，稳定社会，曾经起了积极的作用。但是，正如鲁迅先生所说：‘在中国，其实是彻底的未曾有过王道。’……这点，是我们在评价董仲舒思想的历史作用的时候，需要特别注意。”李宗桂：《传统与现代之间：中国文化现代化的哲学省思》，北京：北京师范大学出版社，2010 年，第 298 页。

或曰应先用先王礼乐以化民，或当下就要制定合于汉家之'德'的汉家礼乐。"[①]关于汉代的礼乐问题，本文在此不做深究。但是笔者意在指出的是，部分儒生这股针对现实政治进行矫治的力量，确实构成了汉代政治中不可忽略的一部分。

汉儒关于王霸的讨论与取舍涉及的是汉帝国政治文化模式选择的根本性问题。汉儒承认王道的纯粹性，也认可王道高于霸道的价值判断，在这些方面皆有取于孟子。但是受现实政治的功利性影响，汉儒多认为霸道亦有可取之处，从而形成了"霸王道杂之"的"汉家制度"。可以说，汉儒所谓"王道"往往并不似孟子"无道齐桓晋文之事"、注重彰显政治上的道德崇高性，而是力求将各式各样的霸术也纳入仁义思想中去，体现出王道高于霸道的同时又以霸道来充实王道，使王道更加接近汉代政治的现实。最终，王霸变成理想性与现实操作、纯粹与驳杂的差别，即二者不再是性质有别，而只是施行仁义程度上的不同。汉儒这种思想趋向的落脚点是偏向于现实主义的，这明显受到了荀子影响，也是对于孟子王道思想的一大更化之处。

应当承认，诚如杨泽波先生所论，在孟子之后两千多年的历史中，王道主义事实上从未真正实现过。但是，我们并不能简单地依此认为孟子王道思想只是一种空想。王道思想的历史意义，"就是在'现实政治'之外，另立一种'理想政治'与其抗衡，使现实政治受到一种无形力量的制约和限制，使其不至于向恶的方向无限度地发展"[②]。由此可见，孟子开创了以道统与政统相抗衡的伟大传统，这种抗衡从本质上说就是"理想政治"与"现实政治"的对立，而理想政治的载体主要是儒生群体。正是由于这部分儒生群体的存在，在汉家"霸王道杂之"的制度背后，存在着王道与霸道动态的互动关系。一方面，汉儒试图以霸道的事功特色丰富充实王道理想性的一面；另一方面，王道又高于现实，匡正霸道冷酷与功利性的现实弊病，引领着霸道的前进。[③]如果从孟荀分野的角度看，与其说汉代是行荀学所偏重的霸道礼法之政，毋宁说在现实层面荀学对汉代政治影响较大，而在理想层面则体现为孟学理路的引领与纠偏更为周延。在王霸之辨问题上，孟荀既体现出一定差异性，又统合于汉代政治的价值观之中。汉代部分儒生高扬孟学旗帜，

① 阎步克：《士大夫政治演生史稿》，北京：北京大学出版社，2015 年，第 343 页。

② 杨泽波：《孟子评传》，南京：南京大学出版社，1998 年，第 417 页。马一浮《泰和会语·横渠四句教》中的评价也切中肯綮："从来辨王、霸莫如此言之深切着明。学者须知孔孟之言政治，其要只在贵德而不贵力。然孔孟有德无位，其道不行于当时，而其言则可垂法于万世。"马一浮：《泰和宜山会语》，沈阳：辽宁教育出版社，1998 年，第 5 页。任剑涛也指出："王道政治与霸道政治相对应而存在、相补充而发展。"孟子王道思想"以德性规范约束政治生活的意图是显而易见的。"任剑涛：《天道、王道与王权——王道政治的基本结构及其文明矫正功能》，《中国人民大学学报》2012 年第 2 期。

③ 邵秋艳：《早期儒家王霸之辨理论研究》，北京：中华书局，2018 年，第 319 页。

这种以王道统摄霸道、对霸道所产生的现实问题予以纠正的努力，在西汉昭帝时期的盐铁会议中仍然余波荡漾。

儒学研究

孟子“良知说”之圆成

郭继民 *

【摘要】孟子以其“仁义内在”的良知说开辟了心学传统，对后世儒学乃至中国文化产生深刻而广泛的影响。然而，若以现代哲学视野观之，孟子的“良知说”亦非尽善尽美，至少缺乏严密逻辑之论证。这当然与孟子“良知说”重视内在体悟性之特质有关，亦与现代学者逻辑的解读方式有关。孟子的良知说乃一伟大的“共命慧”，后人应客观把握其真义，从继承、发扬的角度圆成之。

【关键词】孟子；良知；逻辑；通理；圆成；

黑格尔谓人性善乃一伟大命题，同时又认定“恶”是更伟大的命题——黑格尔当然是站在西方哲学立场并从社会动力学的视角观察之，自有其理。站在东方文化立场，我们亦可言，发轫于孔子而大成于孟子的性善论[①]（即“良知本有说”）同样是一伟大的命题。“性恶论”为西方现代制度建设提供了理论基础；孟子的“良知论”则在传承东方礼乐文化、强调个人道德修养的同时，亦为人之世间修为提供了坚实的基础。道理很简单，倘若人性本恶，那么世人成圣成贤的可能性大大减煞，甚至成为不可能——因为靠外在的礼乐教化也难以改变本性之恶，更何况并非每个人都能碰到良师并接受其“教化”？

也许，今天重新谈论性善或性恶的问题未免显得迂阔，甚至不合时宜。世人眼里，无论性善还是性恶大抵为“公说公有理，婆说婆有理”的预设，并无确证。人们宁愿把此问题交给社会学家——依据统计数字来表明立场；或者交给遗传学家，根据基因的性质来说明问题——譬如，颇为流行的《自私的基因》即为其中一例；甚至直接交给法学家，以行为的结果来判断善恶。因为上述“立场”更具

* 郭继民，山东郓城人，四川思想家研究中心副研究员，哲学博士，研究方向为哲学文化。

① 说明：本文所论孟子的性善论与良知说，乃取其同义。性善或良知在孟子那里并无明确区别，因为良知内在，故可推论出性善之说。亦因此，文中性善与良知大多可以互换。

实证色彩和说服力，也更符合当代人的认知。相比之下，哲学家的关于性善性恶的理论探讨则显得玄虚且空想了。

话说回来，“性善性恶”的问题本来就是人文（性理）学科的命题，尤其属形上哲学（伦理学）的问题——至少今天仍然如此。笔者赞同牟宗三先生的看法，哲学的问题当然需要哲学的解答，即便科学家能提供思路，但就目前看，尚未完全达到越俎代庖的地步。我们承认，科学的发展且日益蚕食着哲学的地盘，以至于今天的哲学地盘几已丧失殆尽。但幸运的是，哲学至今仍能把“不可言说”（即不能按实证主义的言说方式来消解之）的伦理学握在手中。其根本原因就在于作为主体之人尚不能完全被量化、不能完全归约于“量”，故而关于人性的问题也不可能完全用科学的方式解决。关于这一点，即便逻辑实证主义的奠基人维特根斯坦也不否认：“伦理学是出自想要谈论生命的终极意义、绝对的善、绝对的价值，这种伦理学不可能是科学。它所说的东西对我们在任何意义上的知识都没有增加任何新的内容。但这是记载人类心灵的一种倾向，我个人对此无比崇敬，我的一生绝不会嘲弄他。”①

回到孟子的性善说或良知说，我们自然亦不必完全依照古人的方式（譬如依靠文献训诂）绍述之，“否则我们永远只是引经据典，搬弄古董，而忽视了中国哲学的新发展，新创造的现代化意义”。对于孟子的“良知说”，无论从道德建设还是文化认同、文化传承的角度，都需要我们新的视野去审视之、理解之，进而圆成之，至少要知晓该学说之伟大，要知晓其恒久价值及现实意义。

“圆成”的含义，在于将孟子的“良知”之真实义呈现出来，将孟子“说而未尽”或“不周延”的地方进行合理的“逻辑推演”，在于将其置于人类的“共命慧”中以审视之，进而让人们体悟“良知说”的伟大之处。

良知呈现之圆成

关于孟子的“性善论”或“良知说”的主要内容（即“良知内在”），历史上已有公论，似无须争辩。然而鉴于历史的因缘际会，历代对其认知常有反复，故该问题屡屡被辩及。甚至在儒家内部——譬如在现代新儒家内部，人们对“良知”的认知亦有差异。我们姑且从冯友兰与熊十力先生的对话谈起。

据牟宗三先生记载，冯友兰曾访熊十力先生于二道桥：“那时冯氏《中国哲学史》已出版。熊先生和他谈这谈那，并随时指点说；‘这当然是你所不赞同的。’最

① 江怡主编：《理性与启蒙：后现代经典文存》，北京：东方出版社，2004年，第148页。

后又提到‘你说良知是个假定。这怎么可以说是假定，良知是真真实实的，而且是个呈现，这须要直下自觉，直下肯定。’”[①] 很明显，冯先生的思想带有西方实在论的影子，故而认为“良知”是个假定；而熊先生的学问大抵是“自家体贴出来的”，故而认为“良知”是个呈现。然而，问题没有完，假设我们继续追问，良知何以能“呈现”得出呢？或者说“良知呈现说”蕴含了哪些要义？

以余拙见，“良知呈现说”要义有三层。其一是“本有义”。良知之所以能呈现，是因为它“在”、它“有”；假若压根没有良知，它又如何能呈现呢？其实，孟子说得极清楚，他认为良知或曰本心乃为人所固有：“人之不学而能者，其良能也；所不虑而知者，其良知也。”[②]（《孟子·尽心上》）良知所包含的内容即“四心”亦是固有的：“恻隐之心，人皆有之；羞恶之心，人皆有之；恭敬之心，人皆有之；是非之心，人皆有之。恻隐之心，仁也；羞恶之心，义也；恭敬之心，礼也；是非之心，智也。”（《孟子·告子上》）孟子又言，“(本心或良知)非独贤者有是心也，人皆有之，贤者能勿丧耳！”即便贼人，亦存有之。明儒王阳明曾言：“良知在人，随你如何不能泯灭，虽盗贼亦自知不当为盗，唤他作贼，他还忸怩。”[③] 一个贼人也并非完全丧失掉羞耻之心，故而“良知说”并非是一简单说辞，在心学家看来，乃是实在之“存有”。

自然，此“本有”即蕴含内在义。换言之，良知为人“内在之固有”或“固有之内在”，故而人们的道德判断标准内在于心(良知)，而“不假外求”。

其二，良知的本觉义。良知既内在，同时也必然要显现出来，这个显现就是本觉——因为人们能本觉之，故而方证明其“有”。可见，“本觉”与“内在”可互证。然而，问题又来了：良知为人所固有，且应当显现，缘何人们不能觉悟之呢？其实战国时的公都子曾有此问：“钧是人也，或为大人，或为小人，何也？”孟子曰：“从其大体为大人，从其小体为小人。”曰：“钧是人也，或从其大体，或从其小体，何也？”曰“耳目之官不思，而蔽于物，物交物，则引之已矣。”（《孟子·告子上》）孟子的解答是，虽然每个人都有潜在之良知，但是人们常常为外物所迷进而遮蔽掉本心。所谓“天下熙熙，皆为利来；天下攘攘，皆为利往”，人们的良知极有可能沉溺于外在的“物欲”之中而将“良知”遮蔽掉，使其不能显现。

然而，良知毕竟能“本觉”的。倘若棒喝一声，指出其错误之所在，其良知将洞然显现。这个显现就是“觉”，如同揭去面纱后的“真相”，此显现只能自知

① 牟宗三:《生命的学问》，桂林：广西师范大学出版社，2005 年，第 108 页。
② 说明：本文所引用《孟子》皆出自朱熹《孟子集注》，文中仅表明篇名，不另行注释。
③ 王阳明:《传习录》，南京：江苏古籍出版社，第 238 页。

或曰独知。换言之，此呈现就是“逆觉”（不是向外，而是向内）或“本觉”。且它一定是直观的，而非逻辑的；一定是当下自知的，而非推理的、他知的。此“良知自觉”的过程颇似胡塞尔的本质直观：“一个天生的聋子知道，有声音存在，并且声音形成和谐，并且在这种和谐中建立了一门神圣的艺术；但他不能够理解，声音如何做这件事，声音的艺术作品如何可能。”① 对于良知的认识，亦作如是观。只有亲身体验过的人方知“良知”为何事！——此亦为良知存在之明证。

良知是本觉的，但它并不神秘。几乎每个现实之人都可以有过类似的体验。譬如，当做了错事，感到心不安时，大抵即为“良知”之呈现（本觉）。只是对于普罗大众而言，“良知”呈现大多是“灵光一闪”，不能时时主宰人的行为而已。

关于良知之“觉”，亦有争议。争议的焦点在于，“觉”的是“情”还是良知本体？以笔者拙见，即便人们将“恻隐、羞恶、是非、辞让”等活动归于“情”，但情背后起作用的本体仍是“良知”。若无良知，情又如何显现呢？ 二者大致为“体用”关系。

其三，“良知呈现说”的核心处在于心性实践。即便人们承认良知为“本有”，良知亦能呈现，但是倘若良知只是偶尔呈现或压根就没有呈现，那么又如何能证成“良知本有”之命题呢？甚至退一步，即便良知偶尔呈现，那么这样的命题又有何意义呢？此为孟子心学问题的根子。按孟子的思路，若让良知时时起作用（或时时呈现），非做“保任”的工夫不可！这个“保任”的工夫主要与个人道德实践相关联。

孟子意义上的道德实践主要在心体上持久地下功夫，所谓“反身而诚，乐莫大焉”；所谓“尽心、知性、知天”。后儒基本上继承孟子的“修心”之工夫义，尤其强调心性实践的重要性。大程子持此观念自不待言，有“关学”之称的张横渠亦始终围绕一个重要观念做文章，继其后的湖湘学派的胡五峰亦是终生在消化此观念，此观念就是“尽心成性”。

“‘尽心成性’这个观念牵涉到对于‘心’的看法，对于‘性’的看法，乃至于‘道体’‘工夫’的看法。在‘尽心成性’中，‘尽’和‘成’代表着工夫。”② 在陆王那里，此注重心性体悟的观念更是得到加固。陆九渊曰：“千虚不博一实，吾平生学问无他，只是一实。”③ 据《王阳明年谱》载，其在龙场石棺中，“……因念圣人此处，更有何道？忽中夜大悟格物致知之旨。……始知圣人之道，吾性自足，

① （德）胡塞尔：《现象学的观念》，上海：上海译文出版社，1986 年，第 36—37 页。

② 牟宗三：《中国哲学十九讲》，长春：吉林出版集团有限公司，2010 年，第 335 页。

③ 陆九渊：《陆九渊集》，北京：中华书局，2016 年，第 400 页。

向之求理于事物者误也”。“尽心成性”的核心要旨即在于道德实践，包括“事上磨”与“理上磨”，甚至包括一些静坐反省之法，等等。

在心性践行与体悟中，“良知”就是活泼泼的，体悟到了它，它就在那发生作用。正可谓:本觉处即是活动处。“盖良知只是一个天理自然明觉发见处”[①],“良知只是一个天理自然明觉发见处，只是一个真诚恻怛，便是它本体。故致良知之真诚恻怛以事亲便是孝，致良知之真诚恻怛以从兄便是悌，致良知之真诚恻怛以事君便是忠。只是一个良知，一个真诚恻怛”[②]。按牟先生的说法，是“即活动即存有”。工夫下到，所谓的存有之良知便活动起来，便能时时做主，时时呈现。

以余拙见，了知上述三义，人们对“良知说”的看法至少要圆满些。

逻辑之圆成

《孟子》七篇中，涉及不少辩论：既涉及与帝王如梁惠王的“辩论”（讽劝），亦涉及与辩友（主要是告子）的辩论。以语言逻辑角度，孟子之论并非尽善尽美，其中亦带有“诡辩”的色彩。譬如孟子的人性之辨，其中由羽之白、雪之白到牛之性、人之性之推理，未免有“偷换概念”之嫌。不过，即便如此，我们亦不能仅从逻辑语言的维度去否定孟子，而应跳出普通逻辑之束缚，以别样思维去审视孟子的苦衷，并予以“圆成”之。因为，孟子辩论之目的无非在于通过辩论引起人的悱恻之情，进而让良知澄明起来，而非为辩论而辩论，亦非为知识而辩论；更何况，作为内在“体认”之良知很难用外在逻辑来证明。故而，所谓的圆成，亦无非作为助缘而已。

其一，超逻辑的形上维度之说明与“以心证心”之圆成。之所以言超逻辑，是因为从良知本觉或直观的维度观之，良知不在逻辑推论的链条之中。按普通逻辑推理，每一层推理必建基于某一前提基础之上，如此持续溯源下去，就势必逼问出：第一个前提怎么来的？显然，作为逻辑终点，孟子的“良知之呈现”绝非推论的产物，故而，需从“形上”之先验的维度进行说明:“本有的良知”不是经验的产物，而是人生而固有的特质或本质属性，且能被人们直观、体验——此为孟子“性善说”（良知说）的形上维度之说明。

孟子“良知说”之所以能被体验、被传承，在于它基于一种“别样的”逻辑——即“（体验性的）以心证心”的逻辑。孟子虽言私淑于孔子，但“良知”二

① 王阳明:《传习录》，南京：江苏古籍出版社，第219页。

② 王阳明:《传习录》，南京：江苏古籍出版社，第219页。

字则是其从心体处领悟而来，此即“以心证心”。关于这一点，《孟子》一书中多有体现，难怪明代高僧（紫柏）真可大师慨叹：“孔子没，发挥孔子者，孟子一人而已。夫何故？盖孟子得孔子之心也。孔子之心当如何求？求诸孟子而已。欲求孟子之心者，求诸己而已。自心既得，孔孟之心得矣。自心如何求？当于日用中求。”①

孟子如是，后世的陆王心学亦如是。陆王心学，不拿孟子之言为圭臬，同样是“以心证心”。陆九渊认为，孟子所做无非是把话挑明，不留任何晦暗而已，“夫子以仁发明斯道，其言浑然无隙缝。孟子十字打开，更无隐遁，盖时不同也”②。在自悟方面，陆九渊深得孟子真传：“吾之学问与诸处异者，只是在我全无杜撰，虽千言万语，只是觉得他底在我不曾添一些。近有议者云‘除了“先立乎其大者”一句，全无伎俩’。吾闻之曰，诚然。”③又言：“汝耳自聪，目自明，事父自能孝，事兄自能弟，本无欠缺，不必他求，在自理而已。”④王阳明同样深刻体悟到“以心证心”之主旨。弟子陈九川问曰：“此工夫却于心上体验明白，只解书不通。”先生曰：“只要解心。心明白，书自然融会。若心上不通，只要书上文义通，却自生意见。”⑤

“以心证心”的逻辑是体验的逻辑，是“情感的逻辑”，带有“独悟之实证色彩”的特征。若转换为逻辑语言则大致为陆九渊所言的“人同此心，心同此理”。以现代逻辑立场观之，该命题既缺乏必然之关联，亦带有独断乃至神秘之色彩。然而，作为先验的说明，它仍具有合理性，因为该“逻辑”是由生命体认而来，“源于伟大心灵的体验的有生命的语言，其意义永远不会被某一逻辑阐释体系详尽无遗地阐述清楚，只能通过个别生活的经历不断予以说明并在各自新的发现中增加它们的神秘”（泰戈尔语）⑥。孟子及其后学所坚守的“良知说”，亦应由此理解之。

其二，从真理分判及语言分层之维度圆成之。关于良知，我们亦可从真理分判之维度申明之。现代意义的真理多具知识论色彩，强调其客观属性——大抵为张载的“见闻之知”。而孟子的良知颇具主观性，为张载所谓的德性之知。既然“德性之知”（良知）分属不同的真理，故今人大可不必以见闻之知（知识性的真理）的逻辑去要求、裁决“德性之知”。其实，牟宗三先生亦有类似分判，他尝将真理分为外延真理和内容真理。在他看来，发轫于西方的知识论大抵属于外延真

---

① 任继愈等主编：《中国文化精华全集》（宗教卷二），北京：中国国际广播出版社，1992年，第501页。

② 陆九渊：《陆九渊集》，北京：中华书局，2016年，第398页。

③ 陆九渊：《陆九渊集》，北京：中华书局，2016年，第400页。

④ 陆九渊：《陆九渊集》，北京：中华书局，2016年，第399页。

⑤ 王阳明：《传习录》，南京：江苏古籍出版社，第244页。

⑥ [印度]泰戈尔：《人生的亲证》，北京：商务印书馆，2010年，第1页。

理，而与生命息息相关的体悟性的真理则属于内容真理。外延真理遵循普通逻辑，而内容真理则带有强烈的个体实践之特征。自然，内容真理的提法容易造成误解，因其多具主观实践特征似乎弱化了真理的意义。不过，牟先生给出合理的回应，他认为作为内容的真理必然具有独特性，因为生命必然由不同特质的人去表现，自然打上了个体的烙印。譬如，孔子提出的“仁”之观念，自当具有普遍性，然而就其表现而言，孔子、孟子及荀子对“仁”的表现肯定不同，汉人同宋人对仁的表现亦不相同。牟氏之辩，笔者深以为是！道理很简单，人不是机械之物，而是血肉性情之躯，故而即便践行“普遍性”之真理，亦必然打上时代背景及自我个性之烙印。因此之故，无论是见闻之知\德性之知之分判，还是内容真理\形式真理之分判，皆表明今人不可简单地将孟子“良知说”纳入见闻之知（形式真理）的范畴并予以不当的评判。

既然真理可以划分为内容真理和外延真理，与此相对应，表现或描述真理的语言亦应有所不同。如果说描述外延真理的语言为逻辑语言，那么描述内容真理的语言则是“启发式语言、情感式语言”（唐君毅先生尝言及此）。故而，今人质疑孟子论辩之时，应明晓其表面带有“独断式的语言”实则是一种启发，通过它来启动人们的悱恻之情，进而让（本有之）良知呈现出来。傅伟勋先生亦有此言，“孟告之间有关人性的辩论，乍看之下好像是逻辑辩论，但就深层结构言，孟子其实是借用类比想要唤醒人人道德自觉的价值感；这种价值感既然只能发自内心看，孟子在哲理上自然标榜人性本善之说”[①]，傅先生之论颇有见地。

其三，“逆转”惯常逻辑推理，从终极关怀的维度向下透视，去圆成和发掘孟子的良知说。按现代逻辑推理，孟子的良知说面临诸多诘责，傅伟勋先生曾撰文“证立孟子性善论的十大论辩”对孟子的“人性善”“道德平等”“德性自足”等十大命题在逻辑层面及现实层面进行剖析。譬如，孟子的人性善与西人的人性恶在逻辑上并行不悖，皆能成立；孟子谓“德性上尧舜与常人才有真正的平等”（人皆可以为尧舜），西人谓“人迟早会死”才真正显示人类的绝对平等；孟子谓“有德君子可以心安理得（德性自足）”，西人谓：在现实层面，道德实践与自足自乐并无关系，与性善论无关系，接受原罪说（人性恶）的犹太教徒及耶教徒一样快乐，甚至无德之人亦能心安快活……诸多诘责，在经验层确实难以解答。假如我们不采取此平面对比，而是采用由上到下的“非常规逻辑”，即从生命终极意义的角度去看待孟子良知说，也许能更好地理解“良知论”之内涵。

① 傅伟勋:《从西方哲学到禅、佛教》，上海：上海三联书店，1989 年，第 252 页。

某种程度上，孟子的心学传统亦可理解为由上到下而设的。譬如，孟子的“天降大任于斯人”即拈出一个“天”，并使之下贯于人，实带有终极性；王阳明三十七岁的龙场石棺生死之悟亦大略如此，由死向生，亦如此。这种在生死之交或极限境况所呈现出来的道德心性之醒悟，“已逾越了一般科学（如社会学、心理学等）所能应付的自然经验领域，而是属于万物之灵的终极关怀之事。人因终极关怀而去探索生命终极意义与终结存在，或依宗教信仰获得救济或解脱，或依哲学道理层层挖深，建立生死智慧，据此打开道德实践的向下门”[①]。因为在终极意义上透悟出生命的真谛，觉醒到道德（良知）之重要。须知，觉醒的“一刹那”就带有顿悟与本质直观的色彩，同时带有超越的品质[②]，作为介质的语言只能对终极意义进行描述，但难以有严格的论证。孟子在终极意义上体悟到良知的必要性，于是用种种方式、种种言说甚至种种辩论来点醒世人、教化世人。

从终极体悟意义上，佛教或耶教则可能重视“性空”或“原罪”，但无论佛教或耶教根底上仍旧预设了“善”，佛教自不待言。至于耶教，虽然倡导原罪，但他同时承认“选择神或罪恶的根本自由”，选择神即选择道德的善。诚如付伟勋先生所言：“耶教的自由概念稍稍类似孟子的性善。但儒家无需先假定或肯定纯属宗教信仰领域的上帝创世与启示之说。”[③]显然，“孟子一系的心性论显然殊胜得多”[④]。

孟子“悟得天心”后试图以人文的路子开启人们的道德之心，此乃由中国的独特文化历史背景所决定，限于篇幅，兹不赘述。但是，无论如何，从终极关怀的维度向下透视，有助于人们更加深刻地理解孟子的良知说。

上述所论，大抵谓之“逻辑之圆成”。

“通理”之“助成”

从人类哲学发展史、思想发展史来看，孟子的心学（良知说）并非“孤掌难鸣”。相反，其“万物皆备于我”的心学思想构成了人类思想宝库中的“共命慧”，深具普遍性之特征。

我们可通过孟子与古今中外主要哲学流派之比较、会通的角度，来“助成”其心学的合理性。之所以言“助成”，在于“会通”并不能确证孟子理论之完满，

① 傅伟勋：《从西方哲学到禅、佛教》，上海：上海三联书店，1989 年，第 252 页。

② 说明：顿悟超出经验，故为超，且此超越为内在超越。关于内在超越，现代新儒家论述较多，笔者认同之。

③ 傅伟勋：《从西方哲学到禅、佛教》，上海：上海三联书店，1989 年，第 261 页。

④ 同上。

但它能让人们确信孟子的心学极具普遍性及深度的影响。

庄、孟之会通。庄、孟处于同一时期，且距离不远，思想各异，且皆具辩论之大才，然历史上从未留下二者的辩论。笔者曾就此进行考察，其主要原因在于二者在思想的根源处是“通”的。通在何处呢？答曰，在于“心”。庄子谈逍遥、论齐物，根底上都是“心性”的工夫，重在修“心”，此与孟子有何差别？难怪章太炎先生认为庄子之学源于颜回！章氏之言虽无证据，但义理上却有几分相似，而颜回为孔子之徒，孟子亦私淑于孔子，外在地看，二者亦有同源性。当然，关键在于二者对“心性”的把握上，庄子要“去执”，孟子要“本心”，皆重视“心”。不同处在于修心的途径和目的各异，儒家毕竟是“入世”的，故倾向于群体之治的大同世界，道家则“忘世”，倾向于个体洒脱与逍遥。尤其要强调的是，庄子之“虚其心”虚掉的是妄念，目的在于回归本真之心，此同孟子的“本心”或良知并无二致；或曰，二者的根源——本心——是同或通的。

孟、禅（佛）之会通。学术界历来有“庄禅相通”之定论，其实若知晓“孟庄相通”，则可推出“孟禅之相通”，此论证颇似逻辑中的“因为A‘相似于’B，B‘相似于’C，所以，A‘相似于’C”，自有其合理性，此为第一层。

其二，甚至，我们压根不考虑庄孟之同或通，亦能从陆王心学与禅宗的关联上得出孟子与禅宗的密切关系。陆王乃孟子之传人，然其文风乃至内容皆似禅（追求简单）。当然，心学毕竟不是禅，因其心学之内容本来就如此。心学本为简易之学，强调在自体上下工夫，是扪心自问之学，自不必啰唆。心学自孟子已定下简易的基调：“求则得之，舍则失之，是求有益于得也，求在我者也”，自己的道德生命求之在我；“求之有道，得之有命，是求无益于得也，求在外者也”。“求之在我”一定是简单的，牟宗三先生讲道：“什么地方讲简易呢？从自律道德那个地方讲，那就是简单容易。假若你讲他律道德，道德法则不是自己的自由意志所自立、自律，而由其他条件替你建立，那么这个道德一定很麻烦，因为你要知道很多外在条件嘛！”[①]这个自立、自律与禅宗的主旨是一致的，只不过，禅宗称之为“自觉”或“自悟”而已。六祖慧能倡导的“菩提只向心觅，何劳向外求玄”的“自性佛”（吾性自足）观念同孟子“心学”（良知内在）观念如出一辙：其为第二层。

甚至，我们越过禅宗，直接返回到释迦，当知孟子的“心学”与释迦的佛学亦有会通处。佛学又称内明之学，内明者，了知本心之义也。佛教哲学认为，宇宙万物皆为心的外现，所谓“山河大地皆由心造”“一切唯心所现”等等，法相宗

① 牟宗三：《周易哲学讲演录》，上海：华东师范大学出版社，2004年，第34页。

更是提出“三界唯心万法唯识”的主张。此同孟子“万物皆备于我矣”之哲学理念确乎存在通约之处，难怪后世佛教学者多以孔孟解释迦：这当然有策略上的考量（唯有靠近儒，佛学方可立，概世人以儒立世也），但亦不可否认二者在根源处（“心”）可贯通之。由此可知，孟子既同佛学有贯通处，而禅宗不过其中一个方便法门，故孟禅相通，自不必多言。此为第三层。

孟、西之会通。孟子的“良知说”与西方哲学亦有会通之处，譬如与亚里士多德、休谟、康德、列维纳斯、亚当·斯密、胡塞尔、海德格尔[①]等皆有对话、会通之契机。限于篇幅，这里仅以康德、胡塞尔为例，以表明孟子良知说具有“共通性”。

孟子与康德的道德哲学的会通。关于孟、康之会通的研究，今人多有涉及，其中深入、通透者莫过于牟宗三先生。谈及儒家道德哲学尤其孟子所开创的心学传统，牟先生常以康德的道德哲学贯通之，他在《中国哲学十九讲》《从陆象山到刘蕺山》《圆善论》等诸多著作中皆有宏论：“我们为什么赞成康德？因为从康德能够真正了解这个主体性。康德讲道德自律就是讲意志自律，了解康德的自律道德也不是很容易的事，西方的道德哲学除康德外统统是他律哲学。中国以前没有“自律道德”“自由意志”这些名词，但有一些名言，表达同样的意思。[②]孟子的“求放心”或曰“让心做主”体现了主体意志之自由，此自由完全来自主体的“自律”，是“求之于内”，故而与康德的意志自由、道德自律似如出一辙。而孟子意谓的“良知良能”，在牟先生看来，亦不可简单理解为自然之习性或自然之本能，“此定如康德所说，乃是超越的道德本心”[③]。

又则，康德虽未挑明“人性善”，但其理性的律令本身却大致预设了这个思路——顺便提及，康德的道德律令受卢梭的良知说影响颇深。卢梭明确认为人性善，他曾这样描述良知：“道德啊！你是心灵淳朴的人所探讨的最崇高的科学，难道非要花许多力气并经过许多过程才能寻找到你吗？你的原则不是铭刻在每一个人心里吗？不是只需要反躬自问，并在欲望沉静的时候倾听良心的声音，就能知道你的法则吗？”[④]康德的心中的“道德律”实则是卢梭良知内在的翻版。亦因为康德大抵持良知内在（理性为道德立法，某种程度上也可视性善论。当然康德与中国古典哲学的人性论又有所不同），难怪康德被西方学者称为“东方的格尼斯堡

① 说明：若从“即存有即活动”的角度看待孟子的良知，其与海德格尔的方向伦理亦可会通之。

② 牟宗三：《周易哲学讲演录》，上海：华东师范大学出版社，2004年，第36页。

③ 牟宗三：《从陆象山到刘蕺善》，上海：上海古籍出版社，2007年，第155页。

④ 卢梭著，李平沤译：《论科学与艺术的复兴是否有助于使风俗日趋淳朴》，北京：商务印书馆，2007年，第41页。

的圣人”！

孟子与胡塞尔的会通。孟子与胡塞尔至少有两个层面可进行会通。其一，“心”包万物。胡塞尔同样把“事情”还原到先验自我（心）。作为现象学的祖师，胡塞尔提出“回到事情本身”的主张。所谓的“回到事情本身”实质上回到意识（胡塞尔的“意识”在孟子那里无非是心体之用而已），回到“先验自我”。胡塞尔将知识的终极根源归于先验自我（其实类似于“心”），他试图以现象学的途径通过本质直观、意识构造等方法给自然科学奠基。虽然其目的不同于孟子，然而，其“将事情还原到先验自我的”思路可会通孟子“万物皆备于我”之思。

其二，“心”为价值之源。在伦理学层面，胡塞尔把价值的决定权给予了先验主体，类似于孟子的“心为价值之源”。在胡塞尔看来，道德的评价标准同样是先验自我通过意向性的作用而赋予的，而作为价值赋予者的“先验自我”大抵就是康德所讲的“超越的道德本心”，或者说就是孟子的“良知”或“本心”。只是胡塞尔毕竟是西方思辨型的哲学家，并没那么直接，但我们可从其思路中发现其端倪。譬如，以孟子的“孺子将入于井的故事为例”，孟子认为“人见孺子将入井”则怀有怵惕恻隐之心，是因为良知发动故也。胡塞尔则认为人们之所以有怜悯之心实则为“情景的当下化”所导致，“怜悯并不意味着与他者遭受同样之苦，而是（意味着）怜悯他，为他受苦而苦，因他在受苦而苦”[①]。胡塞尔似以“当下化的移情作用”来解释人们的恻隐之心，然而，假若人们继续追问下去，人何以能有此“移情”作用？人何以因为移情而有此“恻隐之心”？或者说谁赋予了“恻隐之心”？这其实已触及良知本体。在这里，胡塞尔表现出了犹豫。以至于瑞士哲学家耿宁先生在《孟子、亚当·斯密与胡塞尔论同情与良知》一文中写道：“当胡塞尔在其同感现象学中谈到对他者立场的当下化理解时，他并未把这种理解本身赋予任何道德特征。跟他者保持良善的伦理关系的正当动力，依然是孟子同情参与他者处境意义上的‘德性之萌芽’……”[②]就此言，胡塞尔虽未明确承认良知本体存在，但却也把问题的解决指向了良知。

除了上述哲学层面的会通外，当代西方伦理学亦有从进化生物学、认知心理学和脑科学的维度对孟子的恻隐之心尽行探讨。例如，著名的灵长类动物学家和心理学家弗朗茨·德·瓦尔 (Frans de Waal) 在论证“移情”在人类道德演化过程中的重要性时，以经验的证据明确支持孟子有关恻隐之心的观点；又如哲学家史蒂

① 胡塞尔：《胡塞尔全集》，第三十七卷。转引自［瑞士］耿宁《心的现象》，北京：商务印书馆，2012年，第423页。

② ［瑞士］耿宁：《心的现象》，北京：商务印书馆，2012年，第429页。

芬·达沃尔 (Stephen Darwall) 在讨论移情与同情之于道德的相关性时，也援引了孟子对孺子入井的讨论。当然此“(生理)心理实验派”亦非铁板一块，也有不同的声音。例如，实验哲学家杰西·普林茨 (Jesse Prinz) 对以移情为基础的道德理论提出了批评，他认为移情缺乏驱动性力量，而且容易受到偏见的影响，等等[①]。虽然目前人们尚不能对“从生物学的角度研究良知(恻隐)”的结论予以恰适的评判，但它毕竟正视了“良知”这个古老话题，至少有助于西方人更好地了解孟子的良知说，亦为后学圆成孟子良知说开阔了思路。

以上的种种“会通”表明，孟子的心学确实带有“共命慧”的性质，带有形而上的普遍性，故而孟子的价值绝非局限于邹鲁之域，而是通往普遍的人性！

结　语

关于孟子的良知(性善)说，以现代哲学观点观之，似有其局限处；其言说方式，亦不尽周至。然而，后人亦不应放大其“瑕疵”，更非因其瑕疵而否定其伟大学说。后学应充分认识其价值、意义，“就其伟大来彰显、弘扬其伟大”。关于孟子的“性善论”之价值、意义，钱穆先生有过客观的论述：“盖孟子道性善，其实不外二义：启迪吾人向上之自信，一也；鞭促吾人向上之努力，二也。故凡无吾人向上之自信与向上之努力者，皆不足以与知孟子性善论之真意。”[②]钱先生之言，实则揭示了“良知说”(“性善论”)的动力学特征，因为人性本善，故应当有向善的动力与可能；倘若“性恶”，则失去了这种可能。关于这一点，牟宗三先生亦有类似看法，他认为，若以“性恶”理论为基点，则导致人们成圣的资本不足、动力不足，譬如，虽然荀子提出了“涂之人可以为禹”[③]的设想，但性恶类的预设，很大程度上否定了这种可能。除此以外，钱穆先生认为“良知说”还彰显了人间的平等与自由，“若从另一端论之，则孟子性善论，为人类最高之平等义，亦人类最高之自由义也。人人同有此向善之性，此为平等义，人人能到达此善之标的，此为自由义”[④]。钱氏之言，颇有启人之处，值得后学深思之。

又则，任何一种伟大的理论提出之初并非尽善尽美，皆有其局限，它需要后人不断地来发展之、圆成之。佛教之所以如此完满圆融(相对其他宗教)，绝非释

① 参阅蔡蓁、赵研妍:《从当代道德心理学的视角看孟子的恻隐之心》，人大资料复印报刊资料《伦理学》，2017年第2期。

② 钱穆:《四书释义》，北京：九州出版社，2020年，第192页。

③ 荀子:《荀子》，北京：中华书局，2011年，第279页。

④ 钱穆:《四书释义》，北京：九州出版社，2020年，第193页。

迦牟尼一人之功，而在于后世学者将之作为一种“补丁”哲学，历代一流学者将其出现及可能出现的“漏洞”及时补住，故而成就其圆融之体系。对于孟子的“良知说”，虽有陆、王弘扬之，圆成之，但其中依然有潜存的“漏洞”（笔者不否认有些“漏洞”亦可能因后人误读造成），这就需要后世学者借鉴“他山之石”，譬如借助西方哲学的诠释、分析等方法，去攻孟子良知之玉（但根底上不能丢掉“心性体悟”之本根），把孟学理论发掘之、弘扬之、彰显之、圆成之，践行之，如此方能使伟大的思想在当代仍然成就其伟大。就此而言，牟宗三先生的“分析法”可谓功莫大焉！牟先生颇具分析哲学家的头脑，他将“性”之概念进行了清晰的区分。牟氏认为，孟子之性非生物学之自然属性，而是人文属性，是内在价值属性，告子之性、荀子之性讲的皆是自然之性，可以用三个系列把它总结起来：一个是生理系列，一个是心理系列，一个是生物系列，“照中国传统说，这三系列都属于气，只有人的内在道德性属于理。”[①] 然而，“孟子说性善的性是 inner morality 说的，这样才能显出人的特点，显出人与动物性的不同”[②]。即是说，孟子所言性善之性，“不是分类概念的不同，是价值的不同”[③]。牟先生通过对“性”之概念的分判，厘清了性善、性恶乃至告子“中性观”之分际，较好地圆成了孟子的良知说，使得孟子的“良知说”更为圆融。

最后，亦须说明，本文所谓“圆成”孟子学说，亦非意味着后人完全不加选择地拜服其下，更非持原教旨“护教”立场；而是在继承、弘扬的基础上应有所拓展，有所补充（包括有所扬弃）——退一步言，即便孟子心学有某种限制和不足，然而作为一种深刻影响华夏心智结构已逾两千余年的学说，难道不值得继承与发扬？

---

① 牟宗三:《四因说演讲录》，上海：上海古籍出版社，1998 年，第 12 页。

② 牟宗三:《四因说演讲录》，上海：上海古籍出版社，1998 年，第 10 页。

③ 牟宗三:《四因说演讲录》，上海：上海古籍出版社，1998 年，第 10 页。

论儒家义命观的二重批判性

王 楷*

【摘要】在义利之间，儒家要求挺立道德主体性，坚持义在价值上的优先性，而将一己之利害祸福付之于命，不因外在的穷达遭际而失却内在的精神自足，此之谓儒家义命观的第一重批判性。然而，这种依靠抑制感性生命的精神自足虽则证成了道德的价值优先性，但毕竟只是不得已情形之下的选择，而不足以成为常态的价值取向。就后者而言，儒家，特别是荀子能够正视人的感性生命，肯定感性欲望的合理性，要求道德引导社会资源的合理配置，恰当地安顿每一个体的感性生命，使人的自我实现朝向一种感性生命与理性生命融贯为一的真正的完满。为此，荀子重视道德作为社会资源配置的价值基础的维度，将义命观的讨论延伸到了以制度正义为基本内容的社会批判理论，此之谓儒家义命观的第二重批判性。总之，儒家义命观通过荀子实可发展出一种更加平衡、健全和刚健的批判理论。

【关键词】儒家；荀子；义；利；命；批判性

义利之辨，乃儒者第一义。就义利之际，基于义务论的基本立场，儒家高扬价值优先性，以内外二分的视角分别处理价值与功利之于存在自身的关系。由此，儒家重义轻利，必不得已，甚至不惜为义绝利，而在义利二者不相接榫之处，则又引出“命”的观念以求圆融。如此，也就从义利之辨延伸到了义命之辨。儒家严于义命分立，挺立道德主体性，肯定道德之于存在实现的根本意义。然而，如果跳脱狭窄的道德形上学语境，在一种以社会性道德为基点的理论视角之下，则传统儒家义命观的道德意涵就会折射出多重维度，而值得重新进行深刻的理论反思。在儒家内部，相对而言，荀子能够以一种更加平衡的眼光看待“义利”/“义命”。当然，这仍然是以价值优先立场为前提的。然而，这种平衡却往往被视为原

* 王楷，北京大学哲学博士，北京师范大学哲学学院教授、博士生导师。

儒精神的退却。这种偏见非但不能深入荀子，亦且不能深入作为整体的儒家自身。在规范性领域，荀子拒绝浪漫化残缺的精神自足，寻求更为整全的生命完满，而表现出某种早期现代性的理论特质。为此，在坚持以自我为对象的道德批判的同时，荀子也同样重视以社会为对象的道德批判，从而提供了某种理论空间，使得以制度正义为导向的儒家社会批判理论的发展成了可能。

一、士君子不以贫穷怠乎道

同是做道德上正确的事情，不同的人可能是出于不同的动机，无论在理论上，还是在经验上，这一点当不难理解。明乎此，则知“同功异情”之说所言非虚：“仁有三，与仁同功而异情。与仁同功，其仁未可知也；与仁同过，然后其仁可知也。仁者安仁，知者利仁，畏罪者强仁。”（《礼记·表记》）仅就外在表现而言，基于不同动机（“异情”）的行为之间似乎无甚差异（“同功”）；然而，如就行动者自身的性质而言，则有“仁者”“知者”“畏罪者”之分，实不可一例视之。进而言之，“与仁同功，其仁未可知也；与仁同过，然后其仁可知也。”行动者的真实道德人格如何，或许在风和日丽、花团锦簇之时不太显得出来，而一旦遭遇苦厄则将暴露无遗，俗语“烈火炼真金”说的就是这个道理。曩昔子贡尝问于孔子：“仁人廉士穷，改节乎？”夫子云：“改节即何称于仁廉哉？”（《孔子家语·在厄》）在孔子，“君子去仁，恶乎成名？君子无终食之间违仁，造次必于是，颠沛必于是”（《论语·里仁》）。质言之，道德正因其纯粹而崇高，道德之所以为道德，在于为其所当为，既非出自利害的功利考量，亦不为变动莫测的境遇顺逆所移易。也因此，儒家特别看重在艰难困苦之中对道义的持守。当日，孔子周游列国，“在陈绝粮，从者病，莫能兴。子路愠而见曰：‘君子亦有穷乎？’子曰：‘君子固穷，小人穷斯滥矣’”（《论语·卫灵公》）。此一故事散闻于多种典籍，而尤以《史记·孔子世家》的记述最见波澜，而义理之详尽则当推《荀子·宥坐》：

> 孔子南适楚，厄于陈蔡之间，七日不火食，藜羹不糁，弟子皆有饥色。子路进而问之曰：“由闻之：‘为善者天报之以福，为不善天报之以祸。’今夫子累德积义怀美，行之日久矣，奚居之隐也？”孔子曰：“由不识，吾语女。女以知者为必用邪？王子比干不见剖心乎！女以忠者为必用邪？关龙逢不见刑乎！女以谏者为必用邪？吴子胥不磔姑苏东门外乎！夫遇不遇者，时也；贤不肖者，材也；君子博学深谋，不遇时者多矣！由是观之，不遇世者众矣，何独丘也哉！且夫芷兰生于深林，非以无人而不芳。君子之学，非为通也，为穷而不困，忧

而意不衰也，知祸福终始而心不惑也。夫贤不肖者，材也；为不为，人也；遇不遇者，时也；死生者，命也。今有其人，不遇其时，虽贤，其能行乎？苟遇其时，何难之有！故君子博学深谋，修身端行，以俟其时。”

在早期中国思想中，“天道福善祸淫”（《尚书·汤诰》）的观念由来已久。明乎此，则知子路所闻亦非无据。“为善者天报之以福，为不善者天报之以祸”，这虽是一种世俗的劝善话语，然亦非全无道理。且不说自然正义（“天道无亲，常与善人”）的信念具有相当的普遍性，德福之间也确实存在着密切的关联，否则，也就很难理解“人之生也直，枉之生也幸而免”（《论语·雍也》）的信心从何而来。[①]然而，说到底，德福之间的关联并非因果关系，不具有必然性，任何一方都不从属于另一方。儒家劝善，也并不以对世俗幸福的承诺作为理论有效性的保证：“君子博学深谋，不遇时者多矣！”儒者修身原本就不是以世俗生活的通达为目标的，在终极的意义上乃是为了自我的人格完善和精神自足：“君子之学，非为通也，为穷而不困，忧而意不衰也，知祸福终始而心不惑也。”及其至也，“志士仁人，无求生以害仁，有杀身以成仁”（《论语·卫灵公》），“生亦我所欲也，义亦我所欲也；二者不可得兼，舍生而取义者也”（《孟子·告子上》）。“杀身成仁”“舍生取义”，这不意味着儒家将自然生命本身视为价值上负面的物件。儒家当然珍惜自然生命，只是说，“避患而不避义死”（《荀子·不苟》），在难以兼顾的极端情形之下以道德作为优先的选择。在这里，儒家表现出一种鲜明的义务论立场。而所谓义务论，一言以蔽之，为道德而道德者也，照康德的经典表述：

善的意志并不因它造成或者达成的东西而善，并不因它适宜于达到任何一个预定的目的而善，而是仅仅因意欲而善，也就是说，它就自身而言是善的；而且独自来看，其评价必须无可比拟地远远高于通过它为了任何一种偏好，甚至人们愿意的话为了所有偏好的总和所能实现的一切。即使由于命运的一种特殊的不利，或者由于继母般的自然贫乏的配备，这种意志完全缺乏贯彻自己意图的能力，如果它在尽了最大努力之后依然一事无成，所剩下的只是善的意志，它也像一颗宝石那样，作为在自身就具有其全部价值的东西，独自就闪耀光芒。

① 子张学干禄。子曰：“多闻阙疑，慎言其余，则寡尤；多见阙殆，慎行其余，则寡悔。言寡尤，行寡悔，禄在其中矣。”（《论语·为政》）这也同样显示出，道德上的修身寡过有助于社会生活上的通达，尽管这一传导关系并不具有必然性。

有用还是无效果，既不能给这价值增添什么，也不能对它有所减损。[①]

在康德，道德义务仅以自身为目的，任何道德义务之外的功利考量都将是对道德价值的解构。由是，康德将德福判然二分，不越雷池一步。[②] 此一层意思，照儒家的讲法，即为“义命分立”：其一，德具有相对于福的独立性；其二，相对于福，德始终具有价值上的优先性。[③] 准此，道德人格独立且优先于现实生活中的利害遭遇，“故良农不为水旱不耕，良贾不为折阅不市，士君子不为贫穷殆乎道”(《荀子·修身》)。而所以如此者，究竟言之，乃是由于儒家以道德作为“人之所以为人者”(《荀子·非相》)。如此，行动者的道德成长正意味着自我的存在实现。舍却道德，人将无别于禽兽。不消讲，这是一种超越性的道德观念。在这样一种道德形上学背景之下，儒家重价值轻功利的伦理精神也就完全是情理之中的了：“求仁得仁，又何怨？”“朝闻道，夕死可矣！”(《论语·述而》) 不如此，反倒匪夷所思。

二、福莫大于无过

当吾人说儒家重价值轻功利的时候，不仅仅在于儒家以如此的眼光看待他人，更在于儒家以如此的眼光看待自我。表现在生命观上，较之“拥有什么”，“成为什么”始终是儒家优先且终极的关切，这也构成了儒家“好生活”(good life) 的基本意涵。窃度所谓“好生活”的“好”，其意涵不外两层：非道德意义上的“好”与道德意义上的“好”。前者关注的是现实生活，举凡生死、寿夭、贫富、贵贱、穷达、顺逆，凡此种种境遇都无不可避免地影响着生活的品质；而后者关注的则是自我内在的精神层面，着意于德行的培壅和人格的完美。在儒家，肯定前者的价值，其重心则在后者。明乎此，则知荀子的“福莫大于无过”观念正典型地折

① [德]康德：《道德形而上学的奠基》，李秋零译注，北京：中国人民大学出版社，2013年，第9页。

② 康德认为：“德性的唯一原则就在于它对于法则的一切质料（亦即欲求的客体）的独立性，同时还在于通过一个准则必定具有的普遍立法形式来决定意愿。……道德法则无非表达了纯粹实践理性的自律，亦即自由的自律，而这种自律本身就是一切准则的形式条件，唯有在这个条件下，一切准则才能与最高实践法则符合一致。因此，愿望的质料只能是与法则联结在一起的欲求的客体，它如果进入实践法则，作为实践法则的可能性条件，那么从中就产生出依从某种冲动和禀好的意愿的他律，意即对自然法则的依赖……”([德]康德：《实践理性批判》，韩水法译，北京：商务印书馆，2007年，第34—35页。)

③ 当然，也只有对士而非民来说才是如此，孟子有云：“无恒产而有恒心者，惟士为能。若民，则无恒产，因无恒心。苟无恒心，放僻，邪侈，无不为矣！”(《孟子·梁惠王上》) 西方心理学家马斯洛亦作如是观，照其需要理论，普通人大多是低阶需要得到满足之后进而追求更高阶的需要，只有极少数精英会为了高阶需要而牺牲低阶需要。

射出儒家重价值轻功利生命观之精义，如其所云：

> 君子曰："学不可以已。"……故木受绳则直，金就砺则利，君子博学而日参省乎己，则智明而行无过矣。……《诗》曰："嗟尔君子，无恒安息。靖共尔位，好是正直。神之听之，介尔景福。"神莫大于化道，福莫长于无过。（《荀子·劝学》）

此处，"福莫长于无过"的"过"字，今本《荀子》作"祸"，当系后世浅人臆测所改。委实，日人塚田虎曾引《文子·符言》"福莫大于无祸，利莫大于不丧"的讲法力证今本不误。[①] 然此说实属以己昏昏使人昭昭，良不足为训也。须知，今本《文子》向称"驳书"（柳宗元语），成书年代迄无定说，以之校《荀子》，实险事也。此其一；更何况，《文子》其书在于阐发老子之言，无非因任趋利避害的自然情性而导引之，与儒家价值优先的理论主旨自然大异其趣，不足讶也！退一步说，即便《文子》的讲法在先，也并不意味着《荀子》如此这般。否则，荀子则将不成为荀子了。此其二。今从公而论，"福"这一观念既为美好生活之表征，则人之愿福，莫不然也，至于究竟以何为"福"则取决于个体的价值认同，而不能不有所异同。以"无祸"为"福"，乃一种素朴的人生观，本身并无不妥，只是与这里的文脉不合。荀子引《诗》以说理，所引诗句"嗟尔君子，无恒安息。靖共尔位，好是正直"，皆是教人勤勉自立、恭敬修德，乃至以"无过"为"福"，而非委身天命，祈神邀福。这无疑是对世俗观念的改造和提升，正彰显出儒家一贯的价值优先的精神。特别地，儒家劝善，要在为其所当为，并不以承诺世俗意义上的好作为诱导和保证，是为义命分立，至如荀子所言：

> 楚王后车千乘，非知也；君子啜菽饮水，非愚也；是节然也。若夫志意修，德行厚，知虑明，生于今而志乎古，则是其在我者也。故君子敬其在己者，而不慕其在天者；小人错其在己者，而慕其在天者。君子苟其在己者[②]，而不慕其在天者，是以日进也；小人错其在己者，而慕其在天者，是以日退也。故君子之所以日进，与小人之所以日退，一也。君子小人之所以相县者，在此耳。（《荀子·天论》）

---

① 参王天海《荀子校释》，上海：上海古籍出版社，2005年，第8页。

② "君子苟其在己者"之"苟"，今本《荀子》误作"敬"，依王念孙《读书杂志》校改。——笔者按。

在荀子，“君子苟其在己者，而不慕其在天者”，吾人自当孜孜不倦于“在己”之修身进德，“为仁由己，而由乎人哉？”（《论语·颜渊》）至于“在天”之“节遇”遭际则非自我主体性努力所能移易，正所谓“死生有命，富贵在天”（《论语·颜渊》），达观就好。准此，于君子而言，“无过”之为“在己者”，“无祸”则为“在天者”。且，“神莫大于化道，福莫长于无过”，“无过”与“化道”正相对文，皆主体性活动之内的“在己者”，而“无祸”则属于主体性活动之外的“在天者”，以“无祸”与“化道”相对，大不类矣！况《劝学》通篇一体，上文申言“君子博学而日参省乎己，则知明而行无过矣”，下文结之以“福莫长于无过”，两个“无过”前后呼应，首尾相顾，适见荀子文脉一气贯注。若以“无祸”为福，不特意味索然，亦复文脉跳脱，余度荀卿必不出此。再者说，荀卿善《易》，稍有儒学史常识者莫不与闻。殊不知，“福莫大于无过”正是对《易》义的发明。《易》云：“知周乎万物，而道济天下，故不过。旁行而不流，乐天知命，故不忧。”（《易·系辞上》）荀文“无过”之说正本乎此，只是通过“再脉络化”（re-contextualization）自成一体而已，幸留意焉！

三、大德者必受命

如前，儒家严于义命之分，修身进德，是为人之本分，“朝闻道，夕死可矣”；至于利害成败、穷达寿夭，则非人力可与，必也，唯“乐天知命”而已矣！然而，话固然如此说，毕竟既得其义又得其命方为最理想的“好生活”，此亦人情之常。[①]是故，儒家又有“大德者必受命”一说：

子曰：“舜其大孝也与！德为圣人，尊为天子，富有四海之内。宗庙飨之，子孙保之。故大德必得其位，必得其禄，必得其名，必得其寿。故天之生物，必因其材而笃焉。故栽者培之，倾者覆之。《诗》曰：‘嘉乐君子，宪宪令德！宜民宜人，受禄于天。保佑命之，自天申之！’故大德者必受命。”（《礼记·中庸》）

初看之下，“大德者必受命”的讲法又回到了“天道福善祸淫”，实则，亦不尽然。此一观念原可以上下其讲，一则，与其说它是一种基于因果关系的德福观，毋宁说只是一种善良的愿望和信念。考虑到“天”在儒家话语中的人文化，企图对这样一种信念性的观念进行严格意义上的理论论证，殊不足取。无它焉，这种

① 其实，即使在康德那里，亦复如是。只不过，康德是依靠预设灵魂不朽和上帝存在来保证德福一致的，从而将德福一致从道德领域推到了宗教领域。

论证本身恰恰正是对儒家义命分立的解构。二则，这样一种据德以求福的观念亦非没有积极意义，它至少暴露了有义无命其实是一种基本的残缺。在残缺中坚守价值无疑是高尚的，但这不意味着吾人要转而浪漫化残缺本身。照儒家义命观，义独立且优先于命。然而，无论如何，仅仅道德并不足以构成理想的“好生活”。在这里，亚里士多德关于善的讨论可引以为借镜。在亚氏，善事物有内在之分，作为灵魂整体性质的体现，德性才是真正内在的善。① 相对于外在的善，“灵魂的善是最恰当的意义上的、最真实的善”②。转换成为儒家的话语，亚氏在这里所强调也正是义相对于命在价值上的优先性。然而，亚氏又明确指出，德性“既因自身又因它物而值得欲求”③，还不是最完善的事物。“我们把那些始终因其自身而从不因它物而值得欲求的东西成为最完善的。与所有其他事物相比，幸福似乎最会被视为这样一种事物。”④ 显然，德性还不是完全的自足，幸福才是，而“幸福也显然需要外在的善，因为，没有那些外在的手段就不可能或很难做高尚的事”⑤。如此，一方面，德性是主体配当幸福的前提和根据：“造成幸福的是合德性的活动，相反的活动则造成相反的结果。”⑥ 另方面，“微小的好运或不幸当然不足以改变生活。但是重大的有利事件会使生活更加幸福，而重大而频繁的厄运则可能由于所带来的痛苦和对于生活造成的障碍而毁灭幸福”⑦。说到底，德性之于幸福只是必要条件，而非充分条件。反观儒家，观“仁者以财发身”（《礼记·大学》），“居移气，养移体”（《孟子·尽心上》）诸说可知，儒家对外在善之于内在善的意义亦非无见。其实，儒家重义而不废利，孔子不有云乎：“富而可求也，虽执鞭之士，吾亦为之。”（《论语·述而》）及至不幸厄于陈蔡之间，七日不火食，夫子竟丝毫不以之为意，乃能弦歌不辍，乐其所乐，固非圣人不能到此，亦适见德性之自足如此。在这里，

① 在亚里士多德那里，善的事物已被分为三类：一类被称为外在的善，另外的被称为灵魂的善和身体的善。在与（内在的）“灵魂的善”相对的意义上，本文将“身体的善”亦归为“外在的善”，以求与儒家义命观念形成较好的对照和会通。如此，叙述更为简明，这也大抵无悖于亚氏原意。

② [古希腊]亚里士多德：《尼各马可伦理学》，廖申白 译注，北京：商务印书馆，2017年，第21页。

③ 这里的“它物”指的是幸福，它不同于与德相对的“福”，后者在亚氏那里大致对应于“外在的善”。

④ [古希腊]亚里士多德：《尼各马可伦理学》，廖申白 译注，北京：商务印书馆，2017年，第17页。

⑤ [古希腊]亚里士多德：《尼各马可伦理学》，廖申白 译注，北京：商务印书馆，2017年，第24页。

⑥ [古希腊]亚里士多德：《尼各马可伦理学》，廖申白 译注，北京：商务印书馆，2017年，第28—29页。

⑦ [古希腊]亚里士多德：《尼各马可伦理学》，廖申白 译注，北京：商务印书馆，2017年，第29页。

夫子之乐乃是那种只有拥有德性的人才会经验到的受用性，或者说精神自足。[①]然而，无论如何，这毕竟只是不得已境况之下的残缺的自足，而非一种常态的价值取向。后世鄙儒昧于此理，造作生事，以为儒者必不言利，非如此不足以占据道德制高点。此风所及，其下者徒滋游惰习气，其上者亦不免闺怨气息，皆非健全人格所当有者。

或问："以义求利，岂非"不受命"者乎？"应之曰："是不然，若夫绝利始可言义云者，非唯不知义，亦且不知命也。"子曰："君子谋道不谋食。耕也，馁在其中矣；学也，禄在其中矣。君子忧道不忧贫。"（《论语·卫灵公》）一方面，相对于利，义无疑具有价值上的优先性。另方面，义而后利，或者说据义以谋利，亦不失为其中蕴而不发的一个重要向度。至于"国不以利为利，以义为利"（《礼记·大学》）云者，又当别论。在儒家，民为邦本，"百姓足，君孰与不足？百姓不足，君孰与足？"（《论语·颜渊》）上位者已经在资源配置结构中居于优势地位，就应当自觉地对自己的私欲有所节制，且不可公器私用，夺民之利，全然断了小民的生计，此之谓"不以利为利"：

> 故天子不言多少，诸侯不言利害，大夫不言得丧，士不通货财。有国之君不息牛羊，错质之臣不息鸡豚，冢卿不修币，大夫不为场园，从士以上皆羞利而不与民争业，乐分施而耻积藏；然故民不困财，贫窭者有所窜其手。（《荀子·大略》）

在这里，"不以利"的"利"，特指特权阶层的私利、贪欲。同时，在上位者负有建构良序社会的政治责任（"义"），使其中的每一个体都自得其所，安居乐业，此之谓"以义为利"。在这里，"以义"之"义"，指的是社会治理的公正和清明，而这一良序社会最终又是为了百姓的安居乐业。质言之，"以义"之"义"恰恰落实为民生之"利"，"是故明君制民之产，必使仰足以事父母，俯足以畜妻子，乐岁终身饱，凶年免于死亡"（《孟子·梁惠王上》）。合而观之，"国不以利为利，以义为利"，这显然是在抑制权贵的贪欲以维护下层民众的生存空间，而非一概否定民众追求好生活的合理性。在这个意义上，"王何必曰利，亦有仁义而已矣！"（《孟子·梁惠王上》）明乎此，则所谓绝利而后言义云者固可以休矣！

---

① 斯宾诺莎说："幸福不是德性的报酬，而是德性自身。"其所谓的"幸福"亦应作如是观。

四、义与利者，人之所两有也

与那种将灵魂与肉体的结合视之为堕落的生命观不同，儒家所关注的始终是鲜活而具体的生命，灵（神）与肉（形）不可或分。[①]相应地，儒家所寻求的超越也是整体生命形态的“变”和“化”，而非所谓灵魂摆脱肉体的桎梏朝向理念界的回归。明乎此，则知“义与利者，人之所两有也”（《荀子·大略》）的“有”字兼具实然与应然两层意涵。它既是实然意义上的描述，也表达了价值上的应然。质言之，既然肉身性与精神性是互为表里的两个生命层面，那么，这也就决定了，对利的需要和对义的需要同样有着内在的存在论基础。此一层意思亦见于孟子的性命之辨。[②]不过，在孟子那里，“命”被赋予一种消极的价值色彩，只是自我不得不对治的一个物件。相应地，体现在工夫论上，孟子提出“养心莫善于寡欲”（《孟子·尽心下》），荀子则甚不以为然：“凡语治而待去欲者，无以道欲而困于有欲者也。凡语治而待寡欲者，无以节欲而困于多欲也。”（《荀子·正名》）不特如此，对感性生命的合理安顿原本就是道德的题中应有之义，如其所言：

> 礼起于何也？曰：人生而有欲，欲而不得，则不能无求。求而无度量分界，则不能不争；争则乱，乱则穷。先王恶其乱也，故制礼义以分之，以养人之欲，给人之求。使欲必不穷乎物，物必不屈于欲。两者相持而长，是礼之所起也。故礼者养也。（《荀子·礼论》）

大凡伦理学家讨论道德的价值，不过两种基本的理论进路：或者道德之于自我的关系，或者道德之于社会的关系。[③]前者关注的是自我的存在实现，亦即道德的形上价值；后者关注的是社会的秩序与和谐，亦即道德的社会价值。当然，分析开来固然如此讲，道德实则兼具此内外两种功能，至少对儒家而言是如此（诸如仁义，既是表主体德性的德目，又是社会性的道德原则），任何偏执一端的界定

① 我如果不存在，又如何可能是道德的呢？

② 孟子曰：“口之于味也，目之于色也，耳之于声也，鼻之于臭也，四肢之于安佚也，性也，有命焉，君子不谓性也。仁之于父子也，义之于君臣也，礼之于宾主也，智之于贤者也，圣人之于天道也，命也，有性焉，君子不谓命也。”（《孟子·尽心下》）

③ 参王楷：《当代儒家伦理研究的方法论省思》，载《道德与文明》2019年第2期，第51—58页。

都是对儒家道德的片面化和狭隘化。[①] 内在于儒家，“人之所以为人者”说的就是前者，“群居和一之道”说的就是后者。仅就后者而言，正是以道德为价值基础的规范和秩序引导人类走出丛林法则，合理地配置社会资源，从而保障和增进共同体中每一个体的福祉：“养人之欲，给人之求。”这表明，儒家能够正视人的感性生命，积极地寻求感性生命的安顿，明确地将感性生命的成长也作为一种基本的伦理价值。[②] 自此而下，则有戴东原所谓“圣人治天下，体民之情，遂人之欲”[③]。在这里，荀子寻求的是那种理性生命与感性生命融贯为一的整体意义上的完满，而不是那种依靠抑制感性生命而刻意营造的残缺的自足。职此之故，荀子能够以一种平常心反思自我以及自我所处的这个世界。反思自我，故不惮批判自我，以免罪戾，不可使之为小人之归；[④] 反思世界，故不惮批判社会，以使现实的社会秩序不至于偏离道德理想太远，德与福尽可能地一致。[⑤] 以自我为对象的道德批判乃儒家之通义，不同的儒家学者在细节上或有个体性差异，若其义则不容二致。这里且就后者而言，其实，以社会为对象的道德批判亦为儒家之通义。[⑥] 只不过，自来儒家往往将此一节收摄在对人主个体道德的批判，且如孟子所云：“人不足与适也，政不足间也。惟大人为能格君心之非。君仁莫不仁，君义莫不义，君正莫不正。一正君而国定矣。”（《孟子·离娄上》）到了荀子这里，儒家的社会批判理论发生了意义深刻的拓展。一则，荀子也同样强调人主的个体道德之于社会治理的深刻意义：“虽尧舜不能去民之欲利；然而能使其欲利不克其好义也。虽桀纣不能去民之好义；然而能使其好义不胜其欲利也。故义胜利者为治世，利克义者为乱世。上重义则义克利，上重利则利克义。”（《荀子·大略》）二则，更重要地，荀子已开始给予制度建构更多的理论关注，如其所言：

---

① 李泽厚先生曾提出“两种道德论”：“宗教性道德”和“社会性道德”（李泽厚：《哲学纲要》，北京：北京大学出版社，2011 年），在某种意义上就对应于这里所讲的道德的两种功能。当然，这并不意味着笔者完全同意李泽厚先生基于“两种道德论”对儒家伦理思想的界定和分析。关于学界对李泽厚“两种道德论”的批评和回应，可参看陈来：《儒学美德论》，北京：生活·读书·新知三联书店，2019 年，第 189—220 页。

② 当然，不消讲，这一切都是以道义优先的价值取向为前提的，如荀子所云：“义之所在，不倾于权，不顾其利，举国而与之不为改视，重死持义而不挠，是士君子之勇也。”（《荀子·荣辱》）。

③ （清）戴震：《孟子字义疏证》，北京：中华书局，1982 年，第 29 页。

④ “学恶乎始，恶乎终？曰：其数则始乎诵《诗》，终乎读《礼》；其义则始乎为士，终乎为圣人。……故学数有终，若其义则须臾不可舍也。为之，人也；舍之，禽兽也。”（《荀子·荣辱》）。

⑤ “群道当，则万物皆得其宜，六畜皆得其长，群生皆得其命。”（《荀子·王制》）

⑥ 孔子有云：“天下有道，丘不与易也。”（《论语·微子》）孟子亦云：“夫天，未欲平治天下也。如欲平治天下，当今之世，舍我其谁也？”（《孟子·公孙丑下》）更遑论《大学》的“三纲领”“八条目”。

请问为政？曰：贤能不待次而举，罢不能不待须而废，元恶不待教而诛，中庸杂民不待政而化。分未定也，则有昭缪也。虽王公士大夫之子孙也，不能属于礼义，则归之庶人。虽庶人之子孙也，积文学，正身行，能属于礼义，则归之卿相士大夫。(《荀子·正名》)

在这里，“王公士大夫之子孙”可“归之庶人”，“庶人之子孙”可“归之卿相士大夫”。基于儒家一贯的尚贤精神，荀子尽管不否定政治等级本身的合理性，但明确要求政治等级的开放性和流动性，要求根据个体可以通过后天努力而获得的德才而不是先天的血统来确定其所属的政治等级。而吾人知道，在前现代社会，政治等级中的“位”又是一切社会资源配置的基础和支配性因素。因此，这既是对理想良治（“王者之政”）的构思，究其实，也是晚周士阶层参与社会资源分配的正当要求的表达[“我欲贱而贵，愚而智，贫而富，可乎？”(《荀子·大略》)]，虽谓之据义求利，可也！及其至也，则“德必称位，位必称禄，禄必称用”(《荀子·富国》)，“朝无幸位，民无幸生”(《荀子·王制》)。荀子不仅关注道德之于存在的形上意蕴，而且重视道德之于社会的现实功能。就后者而言，道德的意义在于，共同体中的每一个体自觉地以道德规范约束自己，形成合理的共同体秩序，从而使每一个体的基本利益得以保障。这就要求道德价值体现在制度层面，引导社会资源的合理配置，“使欲必不穷乎物，物必不屈于欲。两者相持而长，是礼之所起也”。此一层意思，荀子又称之为“群居和一之道”：

夫贵为天子，富有天下，是人情之所同欲也；然则从人之欲，则埶不能容，物不能赡也。故先王案为之制礼义以分之，使有贵贱之等，长幼之差，知愚能不能之分，皆使人载其事，而各得其宜。然后使谷禄多少厚薄之称，是夫群居和一之道也。故仁人在上，则农以力尽田，贾以察尽财，百工以巧尽械器，士大夫以上至于公侯，莫不以仁厚知能尽官职。夫是之谓至平。故或禄天下，而不自以为多，或监门御旅，抱关击柝，而不自以为寡。故曰：

“斩而齐，枉而顺，不同而一。”夫是之谓人伦。《诗》曰：“受小共大共，为下国骏蒙。”此之谓也。(《荀子·荣辱》)

在这里，“礼义”虽为“先王”所“制”，然而，当荀子聚焦在分配正义讨论礼义的时候，这已经是一个完全理性化的政治伦理议题了，而所谓“先王”云云只是一种远背景罢了。在荀子，“从道不从君，从义不从父，人之大行也”(《荀子·子道》)，这意味着，荀子不再仅仅寄希望于人主的个体道德，而是自觉地将以合理配置社会资源为基本内容的制度正义作为社会良序的基本议题，这其中已经蕴含了某种具有早期现代性的社会批判理论的成长空间。[①]“从道不从君”，一方面，其间蕴含着一种通向现代性政治伦理的理论空间，使得以制度正义为基本价值取向的正义理论在儒家内部的成长成为可能；另方面，儒家义命观在结构上更加平衡和健全，在理论性格上也更加刚健。

五、知命者不怨天

如前所述，儒家道德追求双重目标：个体层面的存在实现与共同体层面的理想社会，此二者交互贯通的枢纽则是儒者的政治实践。儒者入世，要在得君行道，至少就传统社会的历史情形而言是如此。如此一来，儒家的出处之道就尤其耐人寻味。一方面，儒者以道自任，对人主及现实政治的批判乃是儒家分内之事，“不如此，则道不尊”；另方面，儒者又必须接受人主及现实政治的既定存在并寻求合作的可能性——无论其是否合乎儒家的价值标准——“不如此，则道不行”。有鉴于前者，则知对现实政治的批判乃是儒家主体性的根本之所系。有鉴于后者，则知政治语境下的儒家主体性注定只是一种残缺的主体性。

在儒家，“君子之仕也，行其义也”(《论语·微子》)。一个人在进退出处之际既要勇于担当，又要洁身自好，“有道则见，无道则隐”(《论语·泰伯》)，“用之则行，舍之则藏”(《论语·述而》)。无论得失成败，儒者皆能不失其乐：“人知之，亦嚣嚣；人不知，亦嚣嚣”(《孟子·尽心上》)。至不济，则不惜忍受莫大的困苦屈辱以保持品行的高洁：“君子固穷，小人穷斯滥矣。”设身处地，还能对一个人的道德修养做更高的期望吗？对此，无论如何赞美都不为过。然而，任何事物都经不起过分浪漫化。若从公而论，一个人敢于坚持、捍卫和争取自身的正当利益，又何尝不是一种道德——正义？又何必乃尔方为品高？具体到分配正义，每个人得其所应得即为正义。否则，即为不义。委实，按照康德的义务概念，只有“自己的完善”和“他人的幸福”才是作为义务的目的，而不可调换为“自己的幸福”和“他人的完善”。[②]然而，若好事者以此粉饰乃至歌颂那种残缺的精神自足，则陋矣！一则，如前所述，儒家寻求的是那种整体意义上的生命完满（human

① 委实，即使在现代政治中，从政者的个体道德对于政治治理仍然有着深刻的影响。然而，制度正义毕竟具有独立的理论意义而成为现代政治伦理的基本论题。

② [德]康德:《道德形而上学》，张荣、李秋零译注，北京：中国人民大学出版社，2013年，第171—172页。

flourishing），而不是将德福一致置诸彼岸，必不得已情形之下残缺的精神自足固然可贵，然其本身却非常态的价值取向。在这个意义上，那种企图通过将儒家生命观狭隘化的方式为之辩护，事实上，反而是对儒家精神的解构。二则，特别地，儒家寻求在改进自我所处的世界的过程中改进自我（to improve oneself through improving the world），个体层面的存在实现与共同体层面的理想社会实为一体两面，不可或分。就此而言，如果不纠缠于某些特殊情形之下的技术性细节，个体反抗加诸己身的不义，争取自身的正当利益，同时也就是在维护整个社会的正义。进而言之，在一个社会中，试想什么样的人才有机会和可能做出最大的不义，不消说，自然是那些掌握政治权力的人，“君子犯义，小人犯刑”[①]，此之谓也。然而，正是在这一层，照儒家的义命观，人主加于己身的不义最终却在一种宗教式的情感之中得以消解：“知我者，其天乎！”（《论语·子罕》）“不容何病，不容然后见君子！”（《史记·孔子世家》）《礼记·子道》载：“子曰：‘事君可贵可贱，可富可贫，可生可杀，而不可为乱。’”在这里，夫子原意是说，君子出仕当始终坚守道义原则，不可为利害境遇而有所改易，宋儒则着重于君臣关系发挥：

> 贵贱、贫富、生杀，君所操以御臣之具也。故臣之事君，无所逃乎天地之间，东西南北，唯命之从。及违于理义，则臣得以争于君。故君以我为贤，则可处之以富贵；以我为不肖，则可处之以贫贱；以我为无罪，则可生；以我为有罪，则可杀。其不可夺者，理义而已。故凡违乎理义者，皆乱也。[②]

如此一来，人主的意志也就成了不可触碰的物件，这不啻为人主意志的天命

① 大凡底层的坏人作恶，无非是破坏社会的规范和秩序以自利，此易治耳，而所赖以为治者，大抵在道德与法律二端。而在上位的坏人则会将一己之私伪装成天下之大公，进而制定恶法、鼓吹恶的道德以愚民自神。如此，最丑恶龌龊的物件反倒以最庄严神圣的面目出现，反价值的价值、反道德的道德、反教化的教化，也就成了一种荒诞而残酷的真实。相形之下，前者即为小人犯刑，后者则为君子犯义。“是以惟仁者宜在高位，不仁而在高位，是播其恶于众也。”（《孟子·离娄上》）

② （清）朱彬：《礼记训纂》，饶钦农校点，北京：中华书局，1996年，第797页。

化。在儒家义理架构中，天命观念原属超越层。[①] 然而，原本形上的观念却在朝着形下的世俗政治蜕变。对于儒家主体性而言，这一世俗化蜕变无疑是致命的。委实，“莫之为而为者，天也；莫之致而至者，命也”（《孟子·万章上》），就其作为吾人不得不面对的存在而言，人主的确可谓一种命定的物件，就连庄子都说：“无适而非君也，无所逃于天地之间。”（《庄子·人间世》）然而，不同于超越层的天命，这一意义的“命”仍属规范性领域。明乎此，则知“命”字不可一概论。荀子所言“知命者不怨天”（《荀子·荣辱》），良不诬也，当然这里已将荀文转了义。譬如，自古及今，任何一个人的血统出身都由不得自己选择，在这个意义上，此亦属之于命。周代的宗法政治正是以此命定之物为基础来确定一个人在政治秩序中的名分和地位，而自周文而出的儒家则认为个体的自我实现不应也不必以命定的血统出身为限定，所谓“春秋讥世卿”固然有维护王室权威的现实考量在其中，但也是新兴士阶层对政治正义的新理解使之然也。其在孔子，一则曰：“有教无类”（《论语·卫灵公》）；再则曰：“先进于礼乐，野人也；后进于礼乐，君子也。如用之，吾从先进。”（《论语·先进》）这显然是对“学而优则仕”的否定。然而，除却血统出身，人主的智愚、政治的清明或黑暗……凡此皆由不得自己选择，亦属之于命的物件。于此，则儒者往往自伤不逢其时而无可奈何，一切有待人主对自己的发现和在意，这既削弱了政治伦理的批判性，也无可避免地意味着对自我主体性的某种弱化和消解。如此，在人主之前，儒者更多的只是作为道德主体而非权利主体而存在的，更遑论这一语境下的道德已然承受着狭隘化所造成的残缺。委实，吾人不否定这一世俗政治的天命化或许具有某种历史合理性。在前现代的社会结构中，也很难要求儒家更多。专制体制之下，君臣关系说到底就是主奴关系，

① “子罕言利，与命与仁”（《论语·子罕》），“命”与“仁”相提并论，同为最受关注的物件，显示出“命”在孔子精神世界中的位置。“仁”无疑表征着儒者的道德成就，“与命与仁”这一提法表明，“命”既不同于道德，又与道德有着密切的关联。进而言之，道德属自我主体性活动中事，“为仁由己，而由乎人哉？”（《论语·颜渊》）“命”则不然，已非人力可与，故每与天连言，曰：“天命”。儒家承认人的主体性的有限性，承认人力有所不得与，所以提出“畏天命”（《论语·颜渊》）。对于“天命”，不但要敬畏，而且要“知”，“不知命，无以为君子也”（《论语·尧曰》）。敬畏天命故，不过分执着于世俗生活中的得失成败，“君子居易以俟命”（《礼记·中庸》），“进以礼，退以义，得之不得曰‘有命’”（《孟子·万章上》）。这也就在根本上解释了儒者的超脱与达观：“死生有命，富贵在天。”（《论语·颜渊》）知天命故，对自我在天人关系中的角色和责任才可能发生深刻的自觉和体悟。“知天命”之“知”，不是通常认识论意义上的“知”，“知天命”不是将“天”作为一个对象性的物件加以认知，“唯圣人不求知天”（《荀子·天论》）即以此言；而是基于对天人关系的觉解，在大化流行之中对生命和价值的安顿，“乐天知命”（《周易·系辞上》）即以此言。如此，承认命的存在，不是对规范性活动意义的消解，反而赋予了它一种形上的意蕴：“尽其道而死者，正命也。桎梏死者，非正命也”，“存其心，养其性，所以事天也。夭寿不贰，修身以俟之，所以立命也”（《孟子·尽心上》）。基于这一天命观念，命既非一实体性物件，亦非一既成的宿命，而是对规范性价值的终极证成。

无论如何粉饰和浪漫化都改变不了这一基本事实，而主奴关系之下的以德抗位终不免劝百讽一，曲终奏雅。如此一来，专制社会的政治黑暗与儒家的精神自恋之间出现了一种诡异的结合。不消讲，这是历史造成的儒家的不幸，不必苛责。然而，如果转而粉饰乃至浪漫化儒家隐忍中的残缺则又是另一回事，此等自作多情以顺为正的妾妇之道，论之孟子前，自宜杖死。委实，“困，德之辨也”（《周易·系辞》），“岁寒，然后知松柏之后凋也”（《论语·子罕》），恶劣境遇更能证成和反衬出个体修行的高冷和悲情，一如亚里士多德所言：

> 当一个人不是由于感觉迟钝，而是由于灵魂的宽宏和大度而平静地承受重大的厄运时就是这样。如果一个人的生命如说过的决定于他的活动，一个享得福祉的人就永远不会痛苦。因为，他永远不会去做他憎恨的、鄙贱的事。我们说，一个真正的好人和有智慧的人将以恰当的方式，以在他境遇中最高尚（高贵）的方式对待运气上的各种变故。①

在厄运的黑暗中，高尚的道德人格尤其显得熠熠生辉。然而，社会的黑暗可因此而有哪怕一点点的改变？进而言之，如果个人的厄运恰恰就来自社会的黑暗，那么对厄运的宗教式消解在是否也就意味着对社会黑暗的接受和顺从？尽管这或许并非行动者的本意。因此，随着从宗教性道德到社会性道德的视角转换，儒家义命观的道德意蕴也会折射出多重维度，而值得重新进行深刻的理论反思。在这里，美人香草般的缠绵悱恻、凄怆幽怨一时黯然，魅力不再。委实，吾人固不可如陈独秀《敬告青年》那般援引尼采的两种道德观念苛责儒家，以之为“奴隶”人格之所滋。究竟言之，孔子的义命观不是对世俗权力的屈从，而是对世俗权力的超越。② 若以尼采所谓贵族道德（morality of noble）论之儒门，则君子之德非不及之之谓也，过之之谓也。人虽欲自绝，其何伤于日月乎？然而，立足现代社会，吾人确有必要反思所谓得君行道是否真的是儒者最理想的人生方式？无论如何，儒家有必要走出对《猗兰操》情结的迷恋，而寻求一种更为健全的发展。

---

① ［古希腊］亚里士多德：《尼各马可伦理学》，廖申白 译注，北京：商务印书馆，2017 年，第 29 页。

② 更何况，在前现代社会，面对权力，知识分子天然地处于弱势的地位，所谓以德抗位从来都只是一种价值理想，难不成要求儒家为着正义转而寻求一种“武器的批判”？事实上，在早期儒学内部还真的不是没有这样一种理论向度：“贼仁者谓之贼，贼义者谓之残，残贼之人谓之一夫。闻诛一夫纣矣，未闻弑君也。”（《孟子·梁惠王下》）只不过，在后世的发展中，儒家的政治批判精神逐渐式微，未能成为主流而已。

良知如何呈现：经验知识的解释进路及其反思

——以体知与动力之知为例

王顺然 *

【摘要】从“四端之心”开始，以经验知识的解释进路来叩问良知之存在、表述良知之呈现，存在着一条值得被注意的哲学史发展脉络。本文通过简要梳理这一哲学史源流，以说明杜维明、黄勇在面对现代西方哲学、心理学的冲击下所分别提出的体知（Embodied Knowing）与动力之知（Knowing to）理论，并认为在经验知识层面解释良知如何呈现，要以良知不学而能的先天性与其呈现于经验中的差异性这两个特征为基础，给予“经验知识如何触发良知”和“良知如何运用经验知识”两个核心问题有效解释。本文同时认为，认知能力的提高与经验知识的积累都影响了主体对当下道德场景的把握，从而也参与到良知直下的判断中。

【关键词】良知呈现；体知（Embodied Knowing）；动力之知（Knowing to）

从孟子用“乍见孺子将入于井”来显现人皆有“怵惕恻隐之心”开始，儒家便以特定的主体内在经验来指示良知之呈现，亦即指示“主体先天禀赋或先验意识在实践行为中发挥何种作用”。但对于儒家道德哲学的建立而言，特征性的内在经验如何构成普遍性解释，又如何给予良知之呈现一个系统的说明，也是不能回避的理论诉求。回顾儒家哲学的发展，以经验知识进路透视良知成为一种理论解释的重要方式。这一进路，既能确立清晰的实践工夫，又能借经验知识的客观性建立良知理论的普遍性。同样，在世界哲学对话的大背景下，这一问题也得到了新的发展，值得进一步反思。

* 作者系清华大学人文学院哲学系教授。

一、透过经验知识看良知呈现

仅从工夫指点的角度看，如果是通过对良知呈现的介说来启示主体“向内觉察其先天禀赋的作用”，那么这种介说就需要寻求一种共通的内在体悟。而孟子讲“乍见”，一个“乍”字便将主体拉入“孺子将入于井”的特定思想意识中，并由此开显一种共通的“恻隐之心”。可以说，通过构建具有普适性的经验场域，孟子将一种个体的、稍纵即逝的意识现象普遍化，也是将良知的具体呈现转出为一种普遍性的经验知识。

有宋以降，儒者对良知呈现的解释更具结构性，更注重对先天后天、形上形下、体用等范畴的区分。张载的“见闻之知”“德性之知”之辨，首先落在“知”上，使“知”具有一种层次感：“见闻之知”是一层，它形成于耳目感知，是为“对象物的表现而负责”；“德性之知”是另一层，它是“穷神知化”的先天禀赋下贯，是为“自在物的朗现而负责”。[①]“诚明所知乃天德良知”，一方面“不萌于见闻”，有着“非闻见小知”的独特性；另一方面又与耳目见闻“不离”，受见闻而“启之”。可以说，“两知”之辨将良知之呈现转接到“知”的层次结构上进行处理。

朱熹虽不接受横渠“德性之知”的讲法，却也以经验知识进路解释良知。一方面，朱子讲“格物，只是就事上理会；知至，便是此心透彻”，“格物”而得“物之理”能使“心”更加通透，“心”能向着“义理”通透就表现为“道心”[②]。另一方面，高悬、静态的良知作为一种形上学的“知”，“静摄”或“照见”在本心之中，[③]这种“静摄”或“照见”的讲法显然又落入经验知识的窠臼。

与朱子的理解不同，阳明上接“德性之知”的讲法，谓“良知不由见闻而有，而见闻莫非良知之用”，以“格物”成就良知发用。阳明强化了良知和“知”的体用关系：一方面要依凭“知”来讲良知，“良知只是个是非之心，是非只是个好恶”，“是非判断”与“好恶意志”是良知能且仅能的“呈现”；另一方面，良知具有“纠正人心的不正，以恢复本体的正”[④]的力量，是超越经验知识外的、具有方向性的指引。

“见在良知”与“现成良知”之争，代表阳明后学对良知之呈现的进一步探讨与展开。王龙溪讲“见在良知”，是在承认工夫的必要性的前提下，突出了良知之

---

① 杨儒宾，《理学工夫论的“德性之知”》，《中国文化》2018 年第 1 期，第 40—57 页。

② 《答郑子上》，《朱文公文集》卷五十六。

③ 牟宗三，《心体与性体》下册，上海：上海古籍出版社，1999 年，第 222 页。

④ 陈来，《有无之境：王阳明的哲学精神》，北京：北京大学出版社，2015 年，第 123 页。

“不学不虑”的先验性及“与圣人未尝不同”普遍性；而王心斋讲“现成良知”，则强调良知自身的完满性，以及由此带来之主体道德实践的“自觉”“自然”。从经验知识的进路看，“见在良知”认为良知受限于个体差异而有“呈现”程度之别，这是有见于良知与经验知识的分别；“现成良知”则强调“不着安排”“不须妨检”，过于依赖良知在实践过程中给予主体的行动力量，注重良知对“知识”的统摄却掩盖了两者之间的差异。

综上以经验知识的解释进路看，从孟子到横渠、朱子，再到阳明及其后学，良知之呈现问题渐次从对良知存有的实证性解析，渗透到对良知之于主体道德行为经验性作用的探讨。尤其在阳明“知行合一”说提出之后，良知与经验知识、行为动力的关系愈发被重视，这使得以经验知识进路透视良知成为一种理论解释的重要方式。而随着西方哲学近世的影响，学者对此问题有了更进一步的思考，形成如体知（embodied Knowing）、动力之知（knowing to）等创新性解释，将良知与现代道德知识论做更紧密的沟通。

二、“体知”：“具身”与“发展”的“知”

仅从其“Embodied Knowing”的字面上看，杜维明的“体知”概念有明显的知识论倾向。但“体知”概念的建立，却是从回应横渠的“德性之知”论与阳明的“知行合一”论开始的。在《论“体知”》等一组文章中，杜维明对“体知”做过两个基本界定：

1. 闻见之知是经验知识，而德性之知是一种体验，一种体知，不能离开经验知识，但也不能等同于经验知识。[①]

2. 严格地说，体知既是知，又是行，既有认识的意义，又有实践的意义。……体知之知是一种创造转化之知，知而不行是不能想象的。[②]

根据命题 1 可知，“体知”在概念上与“德性之知”相近，又通过“体”字强化了经验的维度，这和阳明“不由见闻而有、莫非见闻之用”的讲法相近，注意到良知呈现在经验中的差异性。[③] 命题 2 可一分为二，一方面同样讲到“知行合一”中实践经验的价值，但另一方面则将良知的先天性作用收摄在“体知”的“创造转化”过程之中。对这种“创造转化”，杜维明在“体知”的概念中有着更深层地诠释，如：

① 郭齐勇、郑文龙主编，《杜维明文集》第 5 卷，武汉：武汉大学出版社，2002 年，第 344 页。

② 同上，第 358 页。

③ 同上，第 342 页。

3. 我们并不拥有自己的身体，我们发现、创造而成为自己的身体，是各方面各层次磨炼的结果。此中艰苦是不足为外人道的。[①]

4. 体知是帮助我们认识、了解和领会我们身体全副内涵必经的途径。这个途径的具体内容，就是主体意识的建立。

命题 3 将“身体”悬置，这看似天生、自然地为“我”所用之身体，却要依赖“具身认知”（Embodied Cognition）而建立，是真正需要“发现、创造而成为”的存在。换言之，“我们”不能以一种主客二分的态度来认识自己的“身体”，“身体”也从来不只是一种静态的工具，它要通过内在经验的展开而被认识。所以在命题 3、4 中，“过程”“磨砺”“途径”等概念被反复强化，体现着“体知”的工夫论意味。尤其是“体知的具体内容，是主体意识的建立”一句，特别强调了“体知”要将身体的“认知”与“运用”融为一体，而“主体意识”作为先天禀赋则是在其运作中不断自我发现、自我领会的。另一方面，个体的经验知识不断地融入“体知”，并以“具身”的方式在实践当下表现出来，这就成为良知与实践结合的节点，所以“体知”的丰富性亦相应于良知呈现的圆熟。

对“体知”形成的过程与层次，杜维明有过四重区分，即对应于身体、心知、灵觉和神明而生发的感性、理性、智性和神性。[②]感性层面的“体知”是身体的感性觉情，到了理性层面其表现为心的统摄和综合作用，进到智性层面则是智慧灵觉，而神性层面的“体知”朗显出超拔的神明。这四重区分既可以当作体知的四个面向，也可以看作主体意识本具的四重境界。前者的“四个面向”是指感性、理性、智性和神性在“体知”中的综合状态，比如“父母”对“我的孩子”的“体知”，是从无到有、不断深化，此中“感性觉情”“统摄综合”“智慧灵光”“神明意识”等是一体俱现的。而后者的“四重境界”，是将“体知”落在工夫境界中看。比如“神性”，杜维明举例说：“真正成熟的音乐家不仅用钢琴来表现他的体知，而且把自己整个融化到表现体知的钢琴之中。此时钢琴不再是身外之物，而是凝结自己感情和灵性的神器。我们甚至可以说钢琴已成为表现自我而不可或缺的身体了。”[③]“钢琴”成为“身体”就是命题 3 所说的“我们发现、创造而成为自己的身

---

① 郭齐勇、郑文龙主编，《杜维明文集》第 5 卷，武汉：武汉大学出版社，第 358 页。

② 杜先生在此处回应了现代知识论中的“默会知识”问题，他说：“古典的物理学家作为观察者和认知者不必也不应介入观察或认知的对象；新物理学迫使观察者和认知者同时也成为实验者、诠释者和构建者。作为实验者、诠释者和构建者，科学家的体知势必成为观察和认识对象的组成部分。”同上，第 376 页。“四重区分”亦参见：郭齐勇，《杜维明、刘述先、成中英合论》，收郭齐勇著，《现当代新儒学思潮研究》，北京：人民出版社，2017 年，第 346 页。

③ 关于“身、心、灵、神”的阐释，可参见：《杜维明文集》第 5 卷，第 336、337、343 页。

体”。可以说，实践中“成为身体的”不仅仅是通常意义的躯体，也指那些能充分表达主体意向的媒介、工具，如钢琴、笔墨等。

单就“体知”而言，良知之呈现是一种动态的“创造转化”，主体的先天禀赋当下对经验知识进行动态的超越与重塑，“把外在世界内化”[①]。在这个“创造转化”的过程中，一方面是主体先天的感性、理性、智性和神性等禀赋，显现为“（人之）同情心、理性思维、灵觉和沟通神明”[②]等“知”的能力，共同促发着“体知”的深化；另一方面是主体通过历经身体、心知、灵觉、神明等不同境界，将“个体内在、个体与他者、个体与社群、个体与自然世界”[③]等经验世界不断内化而形成“体（知）”的扩充，也相应于良知呈现之圆熟。

总之，累层凝结的“体知”与“即展现、即建立”的主体意识互为表里，体现着良知对主体道德实践持续、贯穿的作用。可以说，杜维明通过“知”的不同面向与“体”的不断扩充，在经验知识层面建立起“体知”的超越性，即收摄了良知之动态、创发的特性，也解释了内在经验中良知呈现的差异性。但是，凝结得来的“体知”本质上还是一种厚重的、经验的“知”。这种“知”固然丰富了道德知识论的理论，却与良知不设条件、不学而知之意有一定距离。

三、“信念 / 欲望”：“兼动静、单一状态”的“知”

“体知”的讲法还将良知呈现中存在的一种动 / 静张力进行了巧妙的融合：作为动词的“体知”（Embodied Knowing）表现着动态的、创生性的认知过程，而作为名词的“体知”（Embodied Knowledge）累层凝结为静态的、主体自有的经验知识。这种动 / 静情态的关系，在黄勇以“良知”辩护“信念 / 欲望（besire）”概念时更为明显，且较“体知”而言，“信念 / 欲望（besire）”强化了良知呈现应机而发的一面。

“信念 / 欲望”概念的解析也是从横渠的“德性之知”开始，这与“体知”的理论起点相同。而在解析“德性之知”时，黄勇却选择从“内在道德知识”讲起，他认为：

> 由于其（德性之知）是内在的知识，不是一种可以言传的知识，它就不是

① 杜维明，《体知儒学——儒家当代价值的九次对话》，杭州：浙江大学出版社，2012 年，第 198 页。

② 顾红亮，《对德性之知的再阐释——论杜维明的体知概念》，《孔子研究》2005 年第 5 期，第 106 页。

③ 参见：郭齐勇，《杜维明先生精神人文主义的新贡献》，收录于陈来主编，《儒学第三期的人文精神》，北京：人民出版社，2019 年，第 4 页。

一个人可以光靠其老师的教导或者通过埋头读书而能获得的知识。相反它是需要一个人自己内心的努力体会才能获得的。①

此处说“德性之知”是“内在的知识”②，是说“德性之知”具有“内在”与“知识”两大特点：前者突出“特殊性”，即“知”难以获得整全的表述；后者突出“客观性”，即“我”可以提炼出相对普遍的、启示性的言辞。事实上，用“知识”讲“德性之知”并缀以“获得”一词，不但有将“德性之知”经验化、静态化之虞，还要面对“他律判断”的批评。对此，黄勇回应认为，针对某一具体的“道德知识 a”（比如“爱父母”），如果将“道德知识 a”当作“静态”的陈述，则“道德知识 a”势必成为经验中“获得”的内容，此时陈述的真假当然需要依赖外在的判断能力完成；而如果我们将“道德知识 a”放在“动态”的实践中看，则“道德知识 a”是在主体接触“经验对象”（如“父母”）时，当下即发用、即判断的意志，而动态的判断也就内在于发用之中。这就是说，“获得”一词在“动态”实践中代表着“知”之经验与判断的统一，反映出良知在实践中“动 / 静”一体的呈现状态。

同时，黄勇以“内在道德知识”讲良知呈现，一方面是试图在“内在道德知识”的概念中兼顾良知之先天性与其呈现于经验中的差异性。他讲，“虽然人人生而具有道德知识，但除了圣人之外，人们并没有意识到道德知识……这是因为良知即内在的道德知识为私欲所蔽”③，这里整全的“道德知识”内容是“人”先天具有、却不自知的，而实践的差异则源自个体的遮蔽。另一方面也将开掘道德知识的过程，转化为获得道德行为动力的过程。在“内在道德知识”的发用与判断之间，既有“自得”的愉悦，又有“自证”的笃信。“自得”带来的愉悦，如颜回“箪食瓢饮之乐”、孟子“理义之悦我心”，“道德知识”显现的当下即得到自我判断的一种反身（反馈）奖赏；而“自证”的笃信对应“知”之“由浅至深”的过程，如“程颐承认存在知而不行的可能性，但在他看来，这里的知是一种浅知，且信而不笃”④。“自证”的笃信和“自得”的愉悦使“知”更为深切，也“要求一

① 黄勇：《在事实知识（Knowing-that）与技艺知识（Knowing how）之外：信念—欲望（besire）何以不是怪物？》，《哲学与文化》2012 年 2 月，第 106 页。

② 郁振华曾批评黄勇说：“在黄勇那里，道德知识、良知、德性之知、体知等概念都是同义词。”参见：郁振华，《再论道德的能力之知》，《学术月刊》2016 年第 12 期，第 15 页。

③ 黄勇：《知：意志软弱何以不可能》，收黄勇著，《为什么要有道德：二程道德哲学的当代启示》，上海：东方出版中心，2021 年，第 168 页。

④ 同上，第 172 页。

个人内心体验的积极努力”[①]，这为相应的道德践行增加动力。

黄勇对“内在道德知识”的诠解容纳了程颐对“知”之深浅的区分，范畴上已经超过了横渠“德性之知”的讲法。这代表着黄勇已经从“良知是什么样的知”的问题入手，来解释作为“知”的良知在实践中如何呈现“(能)动”的特质。如果良知是一种“能动”的“知”，那么良知就似乎成为辩护“信念 / 欲望”(besire)概念合理性的不二选择。[②]

“信念 / 欲望”概念的问题背景比较清晰。按照休谟(David Hume)的讲法，作为理性活动的知性或推理不能直接产生实践行动，而实践必须是信念(belief)借由欲望(desire)的推动而产生。这样一来，信念与欲望处于分离的，甚至被支配的关系，“信念—欲望”也就不能成为“单一内心状态”。

既然前文已经通过“内在道德知识”说明“良知”是“知”、是一种“信念(belief)”，那么只要说明良知中的“知”与“行之欲”是“单一内心状态”便可为“信念—欲望”概念做出辩护。这里，黄勇讲道：

> 知和行之欲并不是两个不同的内心状态。这里只存在一个内心状态。……良知这种单一的内心状态已经能够促使人行动，但这种内心状态既是认知的(信念)又是情感的(欲望)。[③]

这段论述包含两个关键问题：其一，“知”与“行之欲”在良知呈现中是一种什么样的关系；其二，作为“单一内心状态”的良知，如何能够为具有时间跨度实践行动提供力量。若以上两个问题得到预期的结论，那么为“信念—欲望”概念的辩护便可以达成。

对前一问题，黄勇先以“爱父母”的“自得”为例，认为“自得”既是情感体验中的“愉悦”，又是理性对“爱父母”的肯认，这种“自得”便是“信念”与

---

① 同上，第 174 页。

② 由此亦可见，黄勇这时对良知的诠解旨在以中国传统资源回应西方哲学问题。为回应休谟主义者的问题，奥森创造了“besire”一词用来指称一种复合了“信念(belief)”和“欲望(desire)”的单一心理状态，“besire”常被译为“信愿”，黄勇则多采用直译即“信念 - 欲望”。See: J.E.L Altham, “The Legacy of Emotivism.” In *Fact, Science, and Morality: Essays on A.J. Ayer's language, Truth, and Logic*. Ed. by Graham Macdonald and Crispin Wright (Oxford: Basil Blackwell, 1986), pp.275-288。

③ 黄勇，《王阳明在休谟主义与反休谟主义之间——良知作为体知 = 信念 / 欲望(besire)≠怪物(Bizzare)》，收录于：陈少明主编，《体知与人文学》，北京：华夏出版社，2008 年，第 161—164 页；相关讨论又见于：黄勇，《在事实知识(Knowing-that)与技艺知识(Knowing how)之外：信念—欲望(besire)何以不是怪物？》，第 111 页。

"欲望"交织并行的"单一的内心状态"。再化用"知行合一"的理论，"信念"如有了"欲望"的促发，便不止于"内心状态"的范围，而必然要扩充到实际行动中去。

对后一问题，良知呈现的行为动力也能够具有持续性和贯穿力：一者，如将良知学中的"念念致良知"理解为每一个道德行动有很多"信念—欲望"在其中发挥作用，那么每一个"信念—欲望"都有对行动的推动（或阻碍）力量；再者，良知对于一项完整的实践行为亦可作为一种根基的"信念—欲望"，此时"知"经过"自证"而"由浅至深"，内在经验中的（时间）先后感受也并不妨碍"信念""欲望"的统一性[①]；又或说"在整全（holistic）的求知活动或过程（knowing activity or process）中，知与行不是不离（bound together）而是相互穿透（interpenetrating）"[②]，良知作为一个大的"信念—欲望"相互促发而贯穿实践行为的始终。

出于对"信念—欲望"概念的辩护，黄勇将良知解释为复合了信念与欲望的"知"，这在经验知识层面更为直观，也方便了对西方知识论问题的回应。但以"信念—欲望"解释良知依然不能避免主体在道德实践中对"欲望"的不断掘发和对"信念"的反身塑造，这与"体知"所讲的经验积累面临相似的问题。同时，良知能否为"信念—欲望"提供辩护的关键，在于其是否确证为"单一内心状态"，但在传统儒学的讨论中，良知一词却并不必是"单一内心状态"。

四、"动力之知"：具有"范导性动力"的"知"

出于为"信念—欲望"辩护的目的，黄勇强调良知是"单一状态"。但如前所述，良知是否是"单一内心状态"值得探讨，即便用"信念—欲望"解释良知更为直观、鲜明，但这种解释依然有削足适履之嫌。与此相比，黄勇之后发展出的"动力之知（knowing-to）"概念，虽然依旧试图构建"第三种知"，但已将解释良知摆到了更优先的地位，且对"信念—欲望"讲法的缺陷亦有所修正。值得注意的是，对"动力之知"的检讨，能为进一步在经验知识层面探索良知之呈现打开新思路。

"动力之知"概念的运用，依旧体现出黄勇对在经验知识层面解释良知之"动"的注重，这与"信念—欲望"一脉相承。首先，以"信念—欲望"的结构为基础，

① 陈立胜，《何种"合一"如何"合一"——王阳明知行合一说新论》，《贵阳学院学报》2015 年 6 月，第 2 页。

② 郑宗义，《再论王阳明的知行合一》，《学术月刊》2018 年 8 月，第 6 页。

黄勇修正了作为第三种知识的良知兼摄命题性知识和能力之知的讲法，良知只包含命题性知识，而“没有命题性知识，动力之知就无法成为一种知识形态，而仅仅是一种欲望”[①]。其次，所谓行动的“欲望”指的是良知在实践经验中对是非的“好恶之欲”,是一种“范导性”(normative)[②]的动力。何谓“范导性”？黄勇认为：

1.“命题性知识的首要形式是理智命题，能力之知的首要形式是实践能力，动力之知的首要形式是心理动机。”[③]

2.“引发行动的(active)”(动力之知)意味着……“在适当的情境下，他会以我们正在讨论的方式去做事情，至少在绝大多数情况下是如此。”[④]

命题1讲“情感驱动”“心理动机”，是说良知的“范导性”主要呈现于心智状态、内心倾向的范畴中。这里值得注意的是，作为行动主体当下的众多情感之一，良知产生的“心理动机”是否能够成为最终行动的指引，不能离开主体最后的选择与决策，哪怕这个决策只是一闪念或潜意识。而当我们讲良知、讲“在最后一刻良知战胜了欲望”，这一选择和决策的刹那要受到拷问。同时，良知的决策不仅需要有普遍性，宋明儒者更将良知与“天理”相连，从而树立了良知决断的强制性，这也和命题2所讲“动力之知”的普遍价值相应。可见所谓“范导性”，代表着良知除去“命题性知识”之知识形态外的两种重要特质：一、提供情感驱动的“内心倾向”，即所谓“导”(推动、引导)；二、具有普遍性和强制性的“决策”，即近于“范”(规范、律令)。

除对“欲望”内涵的修正外，“动力之知”对“单一内心状态”的讲法亦有调整。同样在《论王阳明的良知概念》一文中，黄勇改用“一种既具认知功能又具情感驱动功能的心智状态”[⑤]来解释良知的一致状态。这里的一致，与其用“单一”不如用阳明本来所说的“合一”，因为它内涵了工夫进境：从道德实践的角度看，“麻木不仁”的人具有道德知识，不见得会产生情感倾向；“唯利是图”的人具有情感倾向，不见得最终会选择这个倾向。良知各层面的不可分割是一种“所致”的追求，这种通过修养工夫达致的“合一”不能用“单一”替代。即使在阳明所

① 黄勇，《论王阳明的良知概念：命题性知识，能力之知，抑或动力之知？》，《学术月刊》2016年第1期，第62页。

② 同上，第55页。

③ 黄勇，《作为动力之知的儒家“体知”论》，第106页。

④ 同上，第106页。

⑤ 黄勇，《论王阳明的良知概念》，第50页。

讲“知行合一”的境界中，“命题性知识”触动“情感倾向”，“情感倾向”又激发“选择决策”，如此发生的“动力之知”，其认知与情感驱动在实践中似成为必然的随附。但细究起来，无论是在时间上、还是逻辑上，两种功能间都有明显的界限，而此界限也使得良知的“合一”事实上只是一种并发状态。

比较来看，黄勇在以经验知识层面的“动力之知”解释良知时，一方面给“欲望”加了范导性的限定，也就是在“行为动力”上增加了道德属性；另一方面以并发的“合一”状态解释良知在经验中所表现出的认知和情感驱动两种功能，而两种功能的讲法突出了良知呈现的基本特质和其过程性。另外，从问题意识的角度看，以“动力之知”将良知解释为具有范导性动力的知，这和以良知为“欲望—信念”辩护的初衷有明显转变，前者将解释良知放在首位，也使得其概念范畴比后者要小。

另外，黄勇以“动力之知”建立道德知识论中“第三种知”的尝试，也受到了来自郁振华等学者的质疑。后者认为，是“能力之知”的道德属性使行为产生“愿不愿”的动力。这一论争虽是在知识论的范畴中展开，但也打开了进一步在经验知识层面探讨良知之呈现的思路。

五、经验知识与先天“良能”之关系的再反思

郁振华的批评，在涉及“行为动力”与“道德属性（领域）”的关系上，至少包括两个方面：其一，是否存在“非道德属性”（unmoral）的“动力之知”；其二，“道德属性”是否能够对行为施加“动力”。黄勇对前者有明确的申述，他说：

> 从理论上讲，我们甚至能将体知或动力之知的观念拓展到不道德的领域，虽然这里可能是有争议的。……体知或动力之知能包括三个领域：道德的、非道德的、不道德的。[①]

黄勇认为“动力之知”在非道德领域也对称存在。如果以“饿了吃饭”之类的、人的本能作为“非道德属性”的“动力之知”，大多情况下这种“君子不谓性也”的“良能”确也不涉及道德。本能固然有原始欲望的驱动，但是否能因为这类“动力之知”存在，“君子谓性不谓命”的良知所产生的“范导性动力”便不由道德场域、道德属性来提供？这就涉及前述“动力”来源问题。

---

① 黄勇，《再论动力之知：回应郁振华教授》，《学术月刊》2019年第12期，第24页。

我们先从经验知识层面做一分析。假设命题性知识 A 是“吃某药物 I 可以退烧、止痛”，显然 A 自身不带有行为“动力”；扩展 A 得到的动力之知 B“当别人发烧头痛，‘我’有多余的某药物 I 想分享给别人”，这里就出现了行为“动力”。当我们变化 B 中的场景，“动力”则表现出程度的变化，如下：

a. 当“我”持续发烧头痛，“我”分享的动力会减退；

b. 当“我”并没有多余的某药物 I，“我”兴不起分享的念头，也不需要承担不分享的道德责任；

c. 当“别人”置换为“父母”，即便“我”在发烧头痛且没有多余药物的情况下，按照儒家道德的“亲亲”原则，“我”也（应该）有分享的动力。

可以说，不具有“动力”的命题性知识 A，在形成类似动力之知 B 时，“动力”由附加的条件（比如“我”的状态、“某药物”的持有数量、“别人”是谁等）带来。这些“附加条件”独立来看，如“‘我’在发烧头痛”“‘我’有两盒某药物”“他们是‘我’的父母”等，也属于不具备“动力”的命题性知识，但他们复合所构成的道德场景，却能给予主体“我”不同程度的、做道德行为的力量。如此讲，“道德属性”对“范导性动力”显然有直接作用。

回到孟子的经典讲法，“四端之心”同样强调其道德场景的因素。孟子论恻隐之心，谓“今人乍见孺子将入于井，皆有怵惕恻隐之心；非所以内交于孺子之父母也，非所以要誉于乡党朋友也，非恶其声而然也”。既然后面的“三非”表明了恻隐之心的产生不依赖外在功利性目的，那么前面“今人”“孺子”“井”所构成的道德场景便成为触发恻隐之心——亦即救孺子行为的范导性动力——的唯一变量条件。

通过以上检讨不难发现，良知对道德行为带来的“范导性动力”有赖于主体对当下所处道德场景的认知判断，而这种当下判断又引出以下两个问题：其一，“认知判断”怎样触发良知，这与良知呈现在经验中的差异性相关；其二，良知如何再次融摄“认知判断”，这与良知呈现的先天性相关。

对前一问题，随机出现的场景是否是道德场景，一方面取决于对基本事实认知的完整程度，比如孺子若不知落入井的危险，它在井边玩耍不会升起怵惕之心，看到其他孺子将入于井也不会引发恻隐之感；另一方面也受到道德判断发动之圆熟程度的影响，比如所谓“麻木不仁”便是对任何场景都无法触动其道德反应，冷漠地对待所有场景。概言之，面对当下出现的场景，主体首先要形成基本的事实认知，依事实认知而触动良知的判定；由于对事实认知的程度存在主体间的差异，良知展现的圆熟程度人人亦不同，最终良知产生的动力也不同。

对后一问题，牟宗三曾用“坎陷”“副套”等概念做出过解释，他讲：“致良知而成就‘事亲’这件‘行为物’中，必有一套致良知而成就‘知亲’这件事为其一副套。……在良知天理决定去成就‘知亲’这件行为中，良知天心即须同时决定坎陷其自己而为了别心以从事去了别‘亲’这个‘知识物’。”[①] 照此说来，良知为自身提供了坎陷而从事认知活动的动力，或者说良知为自身提供去择取恰当客观知识的“范导性动力”。然而，“坎陷”的讲法又将良知与经验认知打做两段，理智认知活动似是被良知抛出而独立于良知之外，这与我们的道德经验感受有出入。例如在前述动力之知 B 的场景 C 中，事亲的良知让“我”选择用退烧药 I 治疗双亲；这里我们增加条件，如果“我”同时拥有的药物 P 价格虽高于药物 I 但退烧效果更好，那么当“我”用药物 I 治疗双亲时，良知会升起对当下行为的否定判断与厌恶情绪；但如果“我”不知药物 P 与 I 的差别时，良知并不会谴责“我”的行为。这里增加的条件都可算作事实认知，或者说“知识物”的补充，每一种补充都触发了良知当下的判断。良知不断地进行是非判断，是将理智认知的过程收摄于道德行动中，而并不只是将认知抛出。更为托底的是，我们一旦意识到“知识积累有助于处理相应事件”时，这一认知就成为我们处理大多事件的隐藏前提，也是一种“体知”。作为一种隐藏前提，良知在我们判断处理当下事件时，都会对相关理智认知行为形成促进的动力，产生这种“范导性动力”其实是良知作用在了相应的隐藏前提上。同样，随着此类隐藏前提的增加，良知展开判断的认知情境也在不断复杂，也就产生了经验知识影响道德判断，或者说道德判断来自后天塑造的假象。

综合说来，由“范导性动力”引出的两个问题就是在经验知识层面叩问良知呈现，也就是在回应“作为先天的能力‘良知’如何与经验对象挂搭”。从良知的先天性看，一如孟子所谓“不学而知”的先天自足，良知并不通过经验积累、道德驯化增加，日常的积累所形成的一些经验标准，实则是在偶发的事件中潜在地触发良知而反馈出特定的“范导性动力”，这种类似“前见”（pre-understanding）的认知不断增长、复合与升华，在“体知”中已得到充分的论证；而从良知对经验对象的作用上看，可以说阳明点出良知与“是非”“好恶”的全称关系，这其中“是非”偏重良知去判定对象事物、经验知识一面，而“好恶”则偏重对象事物、

① 牟宗三,《从陆象山到刘蕺山》，长春：吉林出版集团，2010 年，第 160 页。

经验知识触发良知形成选择的一面，这种正、反作用在实践展开的过程中不断交织也就是良知在经验世界里的呈现。由此再检讨“动力之知”概念，或可以说良知提供驱动“知识”的“动力”，而这个“动力”却不是来自“知识”，良知经由命题性知识来判定是非，但并不包含命题性知识的内容。

结　语

从“四端之心”到“德性之知”，再到“体知”“动力之知”，以经验知识的解释进路来叩问良知之存在、表述良知之呈现，存在着一条值得被注意的哲学史发展脉络。在这个脉络中，孟子的“不学而知”、横渠的“不萌、不离见闻”、阳明的“只是个是非（好恶）”等讲法已成为解释良知如何呈现的经典和关窍，获得儒家最广泛的认同。如果说横渠、阳明的讲法是在儒佛交涉的背景下，儒家面对佛教理论冲击的回应，那么本文所讨论的“体知”“动力之知”概念也可以说是在西方哲学、心理学冲击下，儒家学者深化良知解释力的又一次推进。

“体知”与“动力之知”概念有着密切的内在联系。相较而言，“体知”注重良知呈现有圆熟程度的差异，强调了主体生命实践、道德实践带来的“知”的具身性与发展性，却弱化了良知不学而能的先天性，使创造转化、千锤百炼出的“体知”有了从“德性之知”滑向“世故之知”的危险。“动力之知”概念注重良知具有的先天性，甚至强制性，并依此认为良知能给予主体道德行为的“范导性动力”，但将具体的命题性知识收摄于良知之中，也并未全幅照顾到“不学而知”“只是个是非（好恶）”的讲法。

在笔者看来，在经验知识层面解释良知如何呈现，就要不违背良知先天的不学而能和良知对行为的“范导性动力”两个特征的基础上回应“经验知识如何触发良知”和“良知如何运用经验知识”两个核心问题。而经验知识的叠加，固然能使主体“体知”变得厚重而形成对主体的塑造，但这种塑造还是在经验世界中，无改于良知的先天状态。

易世·融世·出世

——儒家处世观新探

常　樯*

【摘要】对于儒家处世观，以往我们多描述为“入世”，或视之为以“入世”为主，以“出世”为辅。事实上，回溯到孔孟便会意识到，我们既不能将其描述为单纯的“入世”，也不宜以“二分”法思维将其笼统概括为“入世”和“出世”，儒家处世观应分“易世”“融世”“出世”三个不同面向。以“三分”法来认识儒家处世观，较为客观公允。儒家处世观是贯通“道”与“时”的行动哲学，是兼顾原则性与灵活性的实用智慧。儒家处世观是既入世又出世、既易世又融世又出世的。孔子“集大成”之称的由来，与处世观话题密切关联，孔子首先在处世态度问题上做到了“集大成”，这对后世影响深远。由此一点，亦可窥见儒家思想、儒学在整个中国思想文化史上的独特地位。

【关键词】钱穆；处世观；易世；融世；出世；集大成

从古今中外文化比较的视角看，按照固有印象，我们总把儒家看成“入世”的文化流派，把儒学看成“入世”的思想学说。儒家及儒学以其典型的入世风格，展现出自强不息、刚健有为、积极进取、建功立业的理论品格和道德主张。“入世”简直就是儒家的特色标签。这个说法，虽然属于对儒家及儒学所做出的全局式观察和总括式评论，但显得过于笼统，过于草率粗陋。更深一步讲，一些对儒家思想有情感、有认同、有研究的学人在接受“入世”说的大前提下，又通过分析研讨，还能得出儒家为“入世”与“出世”兼顾之学说的结论。是非对错先搁置到一边，就本质而言，这其实便涉及了儒家处世观的问题。

---

* 常樯，本名常强，男，1983年生，山东临清人，山东大学儒学高等研究院在读博士，就职于尼山世界儒学中心（中国孔子基金会秘书处）。研究方向为儒家哲学、儒学普及应用。

人到底该如何处世、应世，是任何一门人文科学都需要积极面对、认真思考并拿出解决方案的重大课题，关涉到如何理解与处理人与自然、人与社会、人与人、身与心等各种关系，不仅具有重大的思想文化史意义，更具有重大的政治意义和社会现实意义。儒家思想作为传统中国人的主流价值观，在历史上，不可以也没有回避处世问题。只是在今日，我们依然很有必要在前贤重要理论成就的基础之上，对儒家处世观话题再行探讨，从而进一步加深对儒学及其在整个中国思想文化史上之地位的认识和了解。

一、从钱穆先生的论述说起

钱穆先生在《中国历史精神》附录一《中国文化与中国人》一文中，曾谈到儒家"圣人"与处世的话题，并专门引用了《孟子》和《论语》中的相关论述。他先引孟子语来指出三种大不相同却都值得高度肯定的人生态度：

> 在《孟子》书中，又曾举出三个圣人来，说："伊尹圣之任者也，伯夷圣之清者也，柳下惠圣之和者也。"人处社会，总不外此三态度。一是积极向前，负责，领导奋斗，这就如伊尹。一是什么事都不管，躲在一旁，与人不相闻问，只求一身干净，这就如伯夷。还有一种态度，在人群中，既不像伯夷般躲避在一旁，也不像伊尹般积极尽向前，只是一味随和，但在随和中也不失却他自己，这就如柳下惠。以上所举"任""清""和"三项，乃是每一人处世处群所离不开的三态度。在此三种态度中，能达到一理想境界的，则都得称圣人。①

钱穆先生所提到的孟子眼中之"三圣"，分别是伊尹、伯夷、柳下惠。三人在历史上的形象，并非是单一面向的，但钱先生在这里是有意按照孟子的思想倾向，把他们脸谱化、固定化了。可见他对孟子的评价，是完全认同的。为进一步强化对三圣的单一印象，钱先生又接着用最为简短的文字，对他们的事迹做出概括。对于伊尹，他概括道："他所处时代并不理想，那时正是夏、商交替的时代，传说伊尹曾五就桀，五就汤，他一心要尧舜其君，使天下人民共享治平之乐，而他也终于成功了。"对于伯夷，他概括道："伯夷当周武王得了天下，天下正庆重得太平之际，但他却不赞成周武王之所为，饿死首阳山，一尘不染，独成其清。"对于柳

① 钱穆:《中国文化与中国人》，载《中国历史精神》，北京：九州出版社，2016年，第157、158页。

下惠，他概括道:“柳下惠则在鲁国当一小官，还曾三度受黜，但他满不在乎。他虽随和处群,但也完成了他独特的人格。”[①] 以上关于“三圣”之人生经历的高度凝练概括，其实就是为了继续强化其“任”“清”“和”的特征。为了和以上“三圣”形成呼应，钱穆先生接下来又通过转述孔子语，引出了孔子曾给予高度肯定的殷之“三仁”。他说:

> 在《论语》里，孔子也曾举了三个人。孔子说:“殷有三仁焉，微子去之，箕子为之奴，比干谏而死。”孟子云:“仁者，人也。”此所谓“三仁”，也即是处群得其道之人，也可说是“三完人”，即三个人格完整的人。当商、周之际，商纣亡国了，但在朝却有三个完人，也可说他们都是理想的人，也可说他们都是圣人。此三人性格不同，遭遇也不同。[②]

不得不说，钱穆先生这种先提孟子关于“三圣”之语、再述孔子关于“三仁”之语的安排，具有明显的逻辑性，“三仁”说显然是在为“三圣”说寻求思想根源和支撑。他把“三圣”称作“完人”“圣人”，显然是在支撑孟子的“三圣”说。接下来的“合并同类项”，便说明了钱先生这种一脉相承思想。他接着说:

> 我以为比干较近伊尹，大约他是一个负责向前的，不管怎样也要谏，乃至谏而死。微子则有些像伯夷，看来没办法，自己脱身跑了。后来周武王得天下，封他在宋国，他也就在宋国安住了。箕子则有些像柳下惠，他还是留在那里，忍受屈辱，近于像当一奴隶。[③]

依照钱穆先生的意见，以上三类圣人，表现出三种不同的处世观:

第一种：伊尹、比干是同一类型的圣人，他们身在逆境，全力以赴，积极作为，抱定自己的理想信念不动摇，哪怕付出牺牲代价也在所不惜，他们身上呈现出一股强烈的历史使命感和责任感，“任”是他们的典型标签，套用曾子的话来形容他们，可谓“士不可以不弘毅，任重而道远。仁以为己任，不亦重乎？死而后已，不亦远乎？”[④]

第二种：柳下惠、箕子是同一类型的圣人，他们柔顺和善，泼辣豁达，在保

① 钱穆:《中国文化与中国人》，载《中国历史精神》，第 158 页。
② 钱穆:《中国文化与中国人》，载《中国历史精神》，第 158 页。
③ 钱穆:《中国文化与中国人》，载《中国历史精神》，第 158、159 页。
④ 《论语·泰伯》。

持不触碰最低之道德红线的前提下，甘愿忍辱受屈，以此来换取“一团和气”，“和”是他们的典型标签，套用子路的话来形容他们，可谓“不仕无义。长幼之节，不可废也；君臣之义，如之何其废之？欲洁其身，而乱大伦。君子之仕也，行其义也。道之不行，已知之矣”①。

第三种：伯夷、微子是同一类型的圣人，为了坚守内心原则和道德操守，面对政治主宰力量，他们主动选择了“非暴力不合作”，“清”是他们的典型标签，套用孔子的话来形容他们，可谓“不降其志，不辱其身”②。

不论是“圣之任者”，还是“圣之清者”“圣之和者”，都属于儒家“圣人”的范畴。之于“圣人”，尽管儒道等流派皆使用，但侧重点还是有所不同的，道家之圣人，偏重对天道的遵循与顺应；儒家之圣人，偏重对人道的坚守与倡行。从这个意义上看，以上三类圣人，都得到了儒家的高度认同，当然属于儒家话语体系下的“人道”主义者了。此三圣（或曰三仁），基本上代表了儒家所能接受的三种处世观，这三种处世观并无价值意义上的高下层级之分，只是因时而异，因事而异，因人而异。如钱穆先生也这样说：“我们以《论语》《孟子》合阐，可说人之处世，大体有此三条路。此三条路都是大道，而走此三条路的也各可为圣人，为仁者。”③不论这些人在具体事功上有何表现，不论这些人按世俗标准是否可算成功，却“都是中国理想文化传统中的大人物，他们承先启后，从文化大传统来讲，各有他们不可磨灭的意义和价值”④。

二、儒家处世观的三个面向

由儒家对“三圣”“三仁”的推崇便可知，儒家处世观，绝不像我们一般所认为的那样，就是“出世”。事实上，儒家处世观应分为三个面向，我们将其形象地概括为：“易世”“融世”“出世”。这其实便涉及了儒家的“三分法”思维。以往我们普遍受“二分”法思维的影响，总把世界一切事物和现象做“二分”，非此即彼，非黑即白，非对即错，这种过于绝对化的思维定式，对我们认识世界、分析世界带来很大便利的同时，也造成极大局限。因此，有学者如已故庞朴先生生前就一直主张以“三分”取代“二分”，照他的说法，“世界本来便是三分的”⑤，“儒

① 《论语·微子》。
② 《论语·微子》。
③ 钱穆：《中国文化与中国人》，载《中国历史精神》，第159页。
④ 钱穆：《中国文化与中国人》，载《中国历史精神》，第159页。
⑤ 庞朴：《中庸与三分》，载《文史哲》2000年第4期。

家以三分法划分世界”[1]。我们认为，在探析儒家处世观问题时，“三分”法比“二分”法更具体、更符合实际。

“易世”就是积极性处世（入世）。易世相当于我们一般惯用的“入世”，但“入世”实在太过宽泛、笼统，我们只得将其更换为“易世”。就字面而言，“易世”强调“改变”，突出“主动作为”，且从初心和本愿上看，当然应是在朝着符合儒家价值理念和道德规范的方向前进，传统儒家立德、立功、立言的“三不朽”追求，首先就要通过易世来实现。在易世问题上，孔子真正做到了知行合一。读孔子言论可见，他也是易世主张的倾力宣扬者。纵是在他不喜欢的当政者邀他出仕时，他都蠢蠢欲动。面对阳货的征召，他答以“诺，吾将仕矣”[2]；佛肸召他出仕，他有意前往，并以“吾岂匏瓜也哉？焉能系而不食”[3]回应子路的不满；他也曾明确向子贡表达了“沽之哉，沽之哉！我待贾者也”[4]的易世观；他曾言“君子不器”[5]，恰是站在为易世做准备的出发点而论说的；曾子之言“士不可以不弘毅，任重而道远”[6]，同样是在鼓励人们要振奋精神、奋发有为，在易世之路上锲而不舍，驰而不息。观孔子一生事迹亦可见，他更是易世学说的积极践行者，他在不长的从政生涯中所做出的系列不凡业绩，便是最佳证明。当然，也需说明的是，“易世”不是混世、玩世、弄世、乱世、毁世，古往今来那种为了一己私利或有悖人道、人伦、人性之禽兽般劣迹恶行，或许亦有“易世”之象，结果却直接导向了恐怖与灾难，当然不属于儒家易世观的范畴。

“融世”也是一种入世[7]，但与“易世”相比，却属于消极性入世。这里我们突出一个“融”字，以与“和”保持一致，也与“易”“出”形成呼应。在孔子时代，士人实现理想抱负、造福黎元大众的最主要途径，当然是干禄。所以在孔子的思想体系中，政治哲学和为官之道占有重要篇幅，孔子本人不放弃任何从政机会，也是希望以其政治作为来成就易世梦想。换言之，以干禄为主要表现形式的易世，是孔子时代儒家处世的第一选择，若此路不通，便会退而求其次，选择融世之路——对孔子而言，从事教学活动、编订经典文献，都属于“融世”的范畴。“融世”是最容易为我们所忽略的一个面向，因为这种处世观具有“两面”性——其

---

① 庞朴著，冯建国编选：《孔孟之间——郭店楚简中的儒家心性说》，载《儒家精神：听庞朴讲传统文化》，北京：中国华侨出版社，2014 年，第 151 页。

② 《论语·阳货》。

③ 《论语·阳货》。

④ 《论语·子罕》。

⑤ 《论语·为政》。

⑥ 《论语·泰伯》。

⑦ 这是与出世相比较而言。

一，其本身是入世，与出世相比当然属于积极；其二，其本身在入世中又显得很是消极。当然，“两面”性的本质，便是中庸性，这种中庸性同样为孔子及后世儒家所推崇，反观历史上那些与“圣之和者”风格相似的人物可见，他们往往都是典型的中庸论之标准践行者。庞朴先生提出“三分”法思维，也是在考察儒家中庸、中和思想的基础上得出的结论①。同时，他还提醒我们:“儒家以三分法划分世界，但在价值评定上，他并不以上者为上，而是以中为上的。至少在孔子时候确实如此。这一点很值得注意。”②

“出世”就是消极性处世，还可谓厌世、避世、遗世、隐世、躲世、逃世，是“易世”“融世”的对立状态，“出世”的极端表现便是去世、离世，自我了断。孔子不乏出世言论,如“用之则行,舍之则藏”③“道不行,乘桴浮于海”④“危邦不入，乱邦不居。天下有道则见，无道则隐”⑤“邦有道，谷;邦无道，谷，耻也”⑥等，他赞同南容“邦有道，不废；邦无道，免于刑戮”⑦的处世智慧，夸赞“邦有道，则仕；邦无道，则可卷而怀之”⑧的蘧伯玉是君子，对包括微子在内的那些隐士也持肯定态度。在人心不古、礼坏乐崩的时代，孔子允许别人隐匿避世，过遗世独立的生活，他尊重甚至赞同这样的做法，但他本人却并未选择这条路，他的态度很明确:“素隐行怪，后世有述焉，吾弗为之矣。”⑨但我们不能因为孔子本人不曾践行“出世”便认为“出世”不属于儒家处世观的范畴，他高度评价出世者、十分憧憬出世之举就足以说明，他是认同“出世”的。于孔子及儒家而言，有时候，适时选择退隐，乃不得已而为之，“退隐并不是为保全自身的完全避世，而是不愿

① 庞朴先生在一篇文章中曾说:“中庸的所谓中，就是第三者；承认二分又承认中庸，也就在事实上承认了一分为三。世界本来便是三分的。由于二分法的先入为主，人们总习惯于称‘中’为‘中介’，视之为两极之间起联系作用的居间环节，或者是事物变化过程的中间阶段；还相信中介环节是暂时的，必将向两极分化而最终归结为二元的天下。待到二分法不足以解释一切现象时，亦有人主张一分为多。其实三就是多，多必归于三。三分法有一维、二维、三维的形态。”参见庞朴:《中庸与三分》，载《文史哲》2000年第4期。在另一篇文章中，他还说:“‘物极则反’的两端是‘极’，它们的中介也是一极，而且是更重要的一极；‘三极之道’有相赞、相克和相生三种状态，生、克分列两端，它们的中和便是赞；世界并不仅仅是‘两生’，人用慧眼看到对立之间的中介、最佳关系，便是‘参视’。”参见庞朴:《对立与三分》，载《中国社会科学》1993年第2期。

② 庞朴著，冯建国编选:《儒家辩证法研究》，载《儒家精神：听庞朴讲传统文化》，北京，中国华侨出版社，2014年，第151页。

③ 《论语·述而》。

④ 《论语·公冶长》。

⑤ 《论语·泰伯》。

⑥ 《论语·宪问》。

⑦ 《论语·公冶长》。

⑧ 《论语·卫灵公》。

⑨ 《中庸》。

屈从心志的一种适时的选择，一旦现实境域有所改变，儒家将从消极的隐退转换为积极的出仕”[①]。但有人也对孔子的出世思想提出批判：“尽管孔子的避世思想以其强调知进知止、审时度势、见机而发的辩证思想，堪称一种高明的处世艺术，但它在本质上毕竟是一种消极避世、明哲保身的思想和行动，因而极易滑向极端自私、不负责任的纯粹的‘活命哲学’。”[②]对于这种同样包含着辩证思想的观点，我们只能以见仁见智来坚持“和而不同”了。概言之，出世观当然属于儒家处世观，但出世也是孔子在处世问题上的一种非主流选择、不得已之举。

归而论之，根据孔孟等原始儒家的处世观念，我们认为，儒家处世观包括“易世”“融世”“出世”三个不同的面向。这种“三分”法的思路，应比传统的“二分”法（入世、出世）更加精当合理。但我们也必须承认，在重大理论关切上，古今中外学者之间也是“英雄所见略同”的，单就儒家处世观论，“三分”与“二分”也并非难以融通：“三分”法中的“易世”“融世”相当于“二分”法中的“入世”，“三分”法中的“出世”也基本上等同于“二分”法中的“出世”。说明了“三分”与“二分”之异同，仍有必要就以上“三分”法做出两点特别说明：

其一，“三分”法不涉及绝对的情感好坏，但以对“道”的坚守为原则和主线。我们不能笼统地说，“易世”“融世”“出世”哪个是好的，哪个是不好的，我们赞同哪一个，反对哪一个，也不能说积极就是好，消极就是不好。这样带有绝对性、主观性色彩的评判，都有失公允。判断“易世”“融世”“出世”之合理性，只能以对“道”的坚守、捍卫、追求为原则和主线，换句话说，引入“道”的概念和标准，才是我们理解儒家处世观的正确思路。抛开“道”，单纯从表象上看积极与消极，没有意义。那么，何为“道”？这当然是个宏大且见仁见智的重大理论话题，这里我们无法展开，但有一个近乎公认的解释，那便是——“道”即“人道”“仁道”，亦可说是“大人之道”“君子之道”。孔子曰：“君子谋道不谋食。”“君子固穷，小人穷斯滥矣。”[③]“隐居以求其志，行义以达其道。”[④]“朝闻道，夕死可矣。”“士志于道。”[⑤]如此一来便知，不论一个人是否在事功上是否有突出表现，都不妨碍他成圣成贤，都不影响他获得儒家式的高度赞誉。对此，钱穆先生亦有高论：“在中国人观念中，往往有并无事业表现而其人实是十分重要的。”“我不是说

① 李芙馥：《先秦儒道仕隐观再探——从伯夷与叔齐归隐事件切入》，载《孔子研究》2020 年第 5 期。

② 朱晓鹏：《论孔子的避世思想》，载《河北大学学报》1996 年第 3 期。

③ 《论语·卫灵公》。

④ 《论语·季氏》。

⑤ 《论语·里仁》。

人不应有表现，人是应该有所表现，但人的意义和价值却不尽在其外面的表现上。倘使他没有表现，也会仍不失其意义与价值之所在。那些无表现的人，若必说他们有表现，则也只表现于他们内在的心情与德性上。……从中国历史上看，不论治、乱、兴、亡，不断地有一批批人永远在维持着这‘道’，这便是中国历史精神。”①

其二，“三分”法不涉及绝对的境界高下，唯以对“时”的把握为前提和要求。我们承认，就孔子学说的整体和他一生的履历可知，儒家处世观当然是首推“入世”的，或者说首选以“易世”“融世”的态度来经营人生、谋划事业②，但这并不意味着“易世”“融世”“出世”三者之间存在层次的高地、境界的上下，它们只是儒家在处世问题上的三个面向、三个方向、三种选择。那么，人到底该选择什么样的处世道路呢？这就要根据具体情况来定了，在坚守“道”的前提下，具体环境、处境如何就起到关键性作用了，也就是说，此时，“时”便是行动的首要考虑因素。所以，按照惯常思维，那种认为儒家以“入世”为最高境界的看法，便是不合适的了。孟子夸赞孔子“可以仕则仕，可以止则止，可以久则久，可以速则速”③，尊其为“圣之时者”④，其实都是在强调，于处世态度问题上要灵活行事，善于变通。有了这样的认识，我们便能对以往颇受贬抑的出世态度抱以同情和接纳了。一个人，如果兼顾到了“道”与“时”，哪怕是选择离世这样极端的出世之路，也不失为典型的儒行，孟子的杀身成仁、舍生取义思想及历代仁人志士在此思想感召下的慷慨赴死，无不是值得我们高度赞誉的人生选择。⑤

世人常言，做事要兼顾原则性与灵活性。我们经过对以上两点特别说明的分析，便可知，在处世问题上，孔子及儒家同样做到了这一点——坚守“道”，便是坚持

---

① 钱穆:《中国文化与中国人》，载《中国历史精神》，第160、161页。有学者还从儒道两家对比的角度，来阐明对“道”的坚守与处世态度的关系，如李芙馥认为:“先秦儒道两家对仕与隐的态度并非简单的二元对立，而是都以‘道’为核心，以是否合于‘道’为标准来具体评判出仕与归隐。出仕与归隐作为‘道’的附随性问题，在通常理解的儒家-出仕、道家-归隐模式之外还会呈现出仕隐交替、德隐与身隐等多种样态。”参见李芙馥:《先秦儒道仕隐观再探——从伯夷与叔齐归隐事件切入》，载《孔子研究》2020年第5期。只是我们认为，儒家之“道”（人道）与道家之“道”（天道），还是有所不同的，此处不再展开这一话题。

② 姚卫群先生甚至说，在古代中国，入世思想占据主导地位，不仅儒家的主导思想如此，道教和佛教中的入世思想后来也很突出。参见姚卫群:《中西印哲学中的“出世”与“入世”观念比较》，载《深圳社会科学》2021年第3期。

③ 《孟子·公孙丑上》。在《孟子·万章下》中，还有类似表述:“可以速而速，可以久而久，可以处而处，可以仕而仕，孔子也。”下文还将引述此语。

④ 《孟子·万章下》。

⑤ 孔孟及儒家有极其丰富的“批评政治”思想。从“批评政治”的角度看，出世，好些时候便是一种“批评政治”。关于“批评政治”，笔者曾有专文论述，兹不赘言。

原则性；把握“时”，便是坚持灵活性。儒家处世观是贯通“道”与“时”的行动哲学，是兼顾原则性与灵活性的实用智慧。所以，如果有人要问，孔子及儒家到底赞同哪一种处世观呢？答案只能是：都赞同，儒家处世观是既入世又出世、既易世又融世又出世的。基于这样的理解和认识，我们便会发现，在处世态度上，儒家不是单一面向的，不是非此即彼的，其全面性、融摄性也从一个侧面告诉我们，与其他文化流派、思想学说相比，儒家思想、儒学在见识及胸怀上，绝对是超乎其上的，而其鼻祖孔子也不愧为集大成者。这便是由儒家处世观所引出的下面一个重要子话题了。

三、孔子“集大成”的本义

以私淑孔子自居的孟子，曾多次把孔子与伊尹、伯夷等圣人放在一起论说。但孟子对他们的认同度和崇敬度是大不相同的，孟子毫不掩饰地说，孔子要比任何圣人都伟大。在《孟子》中有两段重要内容，值得我们注意。先看第一段：

> （公孙丑）曰：“伯夷、伊尹何如？”（孟子）曰：“不同道。非其君不事，非其民不使；治则进，乱则退，伯夷也。何事非君，何使非民；治亦进，乱亦进，伊尹也。可以仕则仕，可以止则止，可以久则久，可以速则速，孔子也。皆古圣人也，吾未能有行焉；乃所愿，则学孔子也。”“伯夷、伊尹于孔子，若是班乎？”曰：“否。自有生民以来，未有孔子也。”①

此段为孟子与公孙丑的对话。孟子以处世观来比较了孔子与伊尹、伯夷三位古圣人之不同。他认为伊尹是“治亦进，乱亦进”，伯夷是“治则进，乱则退”，而孔子则比他们要全面而灵活，他是“可以仕则仕，可以止则止，可以久则久，可以速则速”，自己的目标是学习孔子，并把孔子抬高到古往今来第一人的位置。翻检《孟子》可知，此段之后，孟子又引述了宰我、子贡、有若三人的话语，道出了孔子如他描述般的那样伟大。在惜字如金的先秦时代，为强化自己的观点，圣贤们在著书立说时，也不惜把重要的事情说多遍，在《孟子》一书中，孟子还表达了与上述材料意思相近却更完备到位的观点：

> 孟子曰：“伯夷，目不视恶色，耳不听恶声。非其君不事，非其民不使。治

① 《孟子·公孙丑上》。

则进，乱则退。横政之所出，横民之所止，不忍居也。思与乡人处，如以朝衣朝冠坐于涂炭也。当纣之时，居北海之滨，以待天下之清也。故闻伯夷之风者，顽夫廉，懦夫有立志。伊尹曰：'何事非君？何使非民？'治亦进，乱亦进。曰：'天之生斯民也，使先知觉后知，使先觉觉后觉。予，天民之先觉者也；予将以此道觉此民也。'思天下之民匹夫匹妇有不与被尧舜之泽者，若己推而内之沟中，其自任以天下之重也。柳下惠，不羞污君，不辞小官。进不隐贤，必以其道。遗佚而不怨，厄穷而不悯。与乡人处，由由然不忍去也。'尔为尔，我为我，虽袒裼裸裎于我侧，尔焉能浼我哉？'故闻柳下惠之风者，鄙夫宽，薄夫敦。孔子之去齐，接淅而行；去鲁，曰：'迟迟吾行也。'去父母国之道也。可以速而速，可以久而久，可以处而处，可以仕而仕，孔子也。"孟子曰："伯夷，圣之清者也；伊尹，圣之任者也；柳下惠，圣之和者也；孔子，圣之时者也。孔子之谓集大成。集大成也者，金声而玉振之也。金声也者，始条理也；玉振之也者，终条理也。始条理者，智之事也；终条理者，圣之事也。智，譬则巧也；圣，譬则力也。由射于百步之外也，其至，尔力也；其中，非尔力也。"①

前面所引钱穆先生的观点，其来源正是上面这段话。孟子把孔子与伊尹、柳下惠、伯夷放在一起进行比较，得出后三者皆为"片面的圣人"，只有孔子堪做"全面的圣人"——"集大成"者！后世给予孔子"大成"之尊，由此开始。根据孟子的意思，我们也可这样来说："任""和""清"都是儒家所赞同的处世观，但它们只是分别呈现了一个面向，唯有"时"可综括以上三点，用以准确全面地概括儒家处世观。如果借用孔子原话，"时""集大成"即"无可无不可"②。用钱穆先生的话说："只有孔子，他一人可以兼做伯夷、伊尹、柳下惠三种人格，孟子称孔子为'圣之时'。因孔子能合此三德，随时随宜而活用，故孔子独被尊为'大圣'，为'百世师'。"③

由儒家处世观，孟子引出了关于孔子评价的一个重要表述——"集大成"。目前，人们普遍从两个方面来理解孔子的"集大成"性：一是在横向上，认为孔子对同时代人的思想成就进行了批判增删，把最宝贵的东西集合在了他那里；二是在纵向上，认为孔子在中国思想文化史上发挥着承前启后、承上启下、返本开新、继往开来的重要作用。今天，我们更多把孔子的"集大成"归结为后一点，更突

① 《孟子·万章下》。

② 参见林榕杰：《从孟子论伯夷、柳下惠等圣贤看其进退观》，载《黑龙江社会科学》2011年第3期。

③ 钱穆：《中国文化与中国人》，载《中国历史精神》，第158页。

出其在中国思想史链条上的“中介”性和“贯通”性。我们当然不否认孔子在中华文化传承创新上的重大贡献，也乐意把“集大成者”的桂冠戴在他的头上，但不得不说，就本意而言，“集大成”原并未有如此丰富的含义，孟子指向性很明确，他只是从处世观这一个角度，对孔子做出最高评价。①

还有一点值得注意。柯远扬先生曾言：“孟子称伯夷、伊尹、柳下惠与孔子为‘四圣’，并称孔子为‘集大成’。这四位圣贤并非出于同一样板，而是各具特色，各有个性，切不可等量齐观。笔者认为这个‘集大成’并非简单的凑合聚集，而是新发展、新创造。孔子继承先圣与‘三圣’的优良传统，根据时代发展的需要而创立了仁的学说。孔子的仁学，既包括伯夷、柳下惠等内圣方面的道德修养，也吸取了传说时代的先圣尧、舜与夏、商、周的夏禹、商汤、伊尹、文王、武王、周公的内圣王之道。”② 这就是说，我们不能把“任”“和”“清”简单做物理式的加法，得出“时”，得出“集大成”，孔子之“集大成”本身应含有创造转化、创新发展的意思。

概而言之，孟子赋予孔子“集大成”说之本义，给后世极大的发挥空间，以至于今人只知其衍生义，而忽略了其原本即为对孔子处世观的深刻把握与阐释。孔子把处世观归结为“易世”“融世”“出世”，后世各家各派关于处世观的有关论述，几乎都是对孔子言论的“接着讲”，都没有跳出孔子言论的范畴。再往大处说，“处世”问题关乎人生意义与价值、社会秩序与规范、天人交感与互动，孔子一旦对这个问题做出深刻阐发，必然会对后世产生重大影响。孔子之后，战国百家言，必然将以孔子言论为源头活水。难怪谭嗣同曾言：“绝大素王之学术，开于孔子。而战国诸儒，各衍其一派，著书立说，遂使后来无论何种新学，何种新理，俱不能出其范围。”③ 钱穆先生据《史记·儒林传》“自孔子卒后，七十子之徒散游诸侯”之载，亦言：“盖自孔子身后，儒者之际遇，儒学之流衍，皆非孔子生前可比，而战国百家言遂亦以之竞起，其精神气运则皆自孔子启之也。”④ 庞朴先生同样有类似论述：“大思想家之所以为大，不仅在于他提出的问题异常深刻，思人之所不敢思，

① 对孔子“集大成”之称的理解与使用，简直成了一种约定俗成，很少有人对此做专门研究。搜检今人论文便发现，对此话题的研讨少之又少。笔者曾搜到两篇有关论文：高书文：《“孔子之谓集大成”要义浅析》，载《大连理工大学学报（社会科学版）》2012 年第 2 期；贺严：《论孔子之谓集大成》，载《求索》2012 年第 8 期。

② 柯远扬：《儒学先驱柳下惠与孔子思想之同异》，载《福建师范大学学报（哲学社会科学版）》2010 年第 5 期。

③ 谭嗣同：《论今日西学与中国古学》，载《谭嗣同全集》（下册），北京，中华书局，1981 年，第 399 页。

④ 钱穆：《孔子传》，北京，生活·读书·新知三联书店，2016 年，第 134 页。

发人之所未曾发，而且往往也由于他涉及的问题异常广泛，触及人类知识的方方面面。他所达到的思想上的深度与广度，标志着那个时代所可能达到的深度与广度，非一般人之力所能及。所以，一位大思想家一旦故去，他的弟子们，纵以恪守师说为务，其实所能做到的，往往是各守一说各执一端，举一隅而不以三隅反，像粉碎了的玉璧一样，分崩离析以去。历史越是靠前，情况越是如此。”①此段高论，虽未提及孔子之名，但很明显，庞先生其实就是以孔子这位“大思想家”为例，来说明重要思想学说之传承散布特征的。加之，此段之后他紧接着便提到“儒分为八”，更印证了我们的推测。

小　结

钱穆先生以大史学家的深邃洞见，将孔子之“三仁”论与孟子之“三圣”及“集大成”论结合在一起进行分析比较，以此来探寻中国人的人生态度、人格理想及中国历史精神，却为我们探讨儒家处世观带来了重要启发。顺着钱先生的高论，我们回溯到孔子和孟子那里，便又发现，儒家处世观并非如我们约定俗成的那样，是单纯的“入世”，或非“入世”便“出世”。我们应持“三分”法思维，把儒家处世观归纳为“易世”“融世”“出世”三个面向。为加深理解，我们可依据本文分析，列出一个简单的示意图。如下所示：

↗易世（积极性入世）：伊尹、比干
儒家处世观的三个面向 →融世（消极性入世）：柳下惠、箕子
↘出世：伯夷、微子

儒家处世观的三个面向，既不涉及绝对的情感好坏，也不涉及绝对的境界高下，对“道”的坚守是其原则和主线，对“时”的把握是其前提和要求。所以我们认为，儒家处世观是一种贯通了“道”与“时”的行动哲学，也是一种兼顾了原则性与灵活性的实用智慧。可以说，儒家处世观是既入世又出世、既易世又融世又出世的。

此外，孔子“集大成”之称的由来，与处世观话题有着最直接的关联，孔子首先在处世问题上做到了“集大成”。孔子的“集大成”性，奠定了其作为百家之

① 庞朴著，冯建国编选：《孔孟之间——郭店楚简中的儒家心性说》，载《儒家精神：听庞朴讲传统文化》，北京，中国华侨出版社，2014年，第181页。

源的独特地位。后世学者，都在围绕着包括处世观在内的孔子言论，结合自身处境和理解，著书立说，终成一家之言。由此一点，亦可窥见儒家思想、儒学在整个中国思想文化史上的独特地位。以往我们常把儒家与其他各家并列开来、同等对待的做法，显然是有失公允的。

儒学名家研究

《明夷待访录》与儒家政治思想现代转型

——以章太炎的评论为线索

顾家宁 *

[摘要] 黄宗羲与《明夷待访录》对章太炎政治思想产生了重要影响。章太炎的黄宗羲评价总体上经历了从充分肯定到有所质疑，再到激烈批评三个阶段。其早期对《明夷待访录》的肯定主要基于公天下、正君职的传统理念以及以学校为张本的渐进民主设想。其后的变化，一方面由于政治立场从维新转向革命，另一方面则在于学理上对代议政治的反思。尽管章太炎对黄宗羲的评价态度前后抑扬，但其中仍然存在某种一以贯之的线索，此即对以学校论为蓝本的政学精英政治理念的强调与发展。在批评与继承之间，正透露出传统政治思想的近现代转型轨迹。由此，亦折射出传统政治思想现代转型的诸多特质，即现实政治变革的关联性、西学的参照性以及历史思想的延续性。

[关键词] 章太炎；黄宗羲；《明夷待访录》；政治思想；现代转型

章太炎在清末《明夷待访录》的传播过程中起到了重要作用，经其大力揄扬，黄宗羲与《明夷待访录》在晚清民初思想界的地位与影响获得了极大提升。② 不过有意思的是，章太炎对于黄宗羲与《明夷待访录》的评价前后发生了富于戏剧性的巨大变化。大体以 1902 年为界，章太炎的黄宗羲评价逐渐发生变化，此前极力称扬，此后则转向批判，甚至不乏激烈之辞。变化的原因，既有现实政治立场的转变，也反映出与清末政治实践相为表里的政治理论思考的发展。在章太炎的黄

---

* 顾家宁，北京航空航天大学人文与社会科学高等研究院副教授。

② 如朱维铮指出，《明夷待访录》在二十世纪初大受重视，章太炎起到了非常重要的作用。朱维铮：《在晚清思想界的黄宗羲》，《求索真文明——晚清学术史论》，上海：上海古籍出版社，1996 年，第 356 页。

宗羲诠释与批评中，正呈现出本土政治思想作为传统资源融入现代世界的轨辙。

一、尊黄："欲善学校，必取《明夷待访录》"

章太炎对黄宗羲的关注始于甲午之后，其有关黄宗羲的评论文字最早见于1896年末。在致汪康年的信中，他明确表达了对于《明夷待访录》政治理念的赞赏："昔太冲《待访录·原君》，论学议若诞谩，金版之验，乃在今日。斯固玮琦幼眇，作世模式者乎？"[①]次年，在《兴浙会叙》中，章太炎不仅着力表彰黄宗羲"圣智摹虑"的政治理念，"知君相之道犹守令与丞簿，不敢效便嬖臧获之殉身其主，于是比迹箕子，以阐大同"，亦盛赞其风节行谊，将其与刘基、于谦、王守仁、张煌言同列浙中五先贤。[②]

甲午战后章太炎积极投身维新运动。1898年2月，章氏致书李鸿章，力劝其"转旋逆流"，是书亦从君民分际、公天下等角度提及了黄宗羲与《待访录》：

> 盖自三子以后，得四人焉，曰盖次公、诸葛孔明、羊叔子、黄太冲。之四人者，事业不同，名声异号，然大要知君民之分际，与亲仁善邻之所以长久，而不肯残夷割剥、陵轹元元者，则数逾千祀，风期一也。如盖氏之言官家，黄氏之标《原君》，其陈义甚高，而荐绅先生或以为难言。[③]

戊戌政变后，章太炎为躲避清政府通缉暂寓台湾。1899年2月，在《台湾日日新报》发表《书〈原君〉篇后》，再度盛赞《明夷待访录》政治理念：

> 黄太冲发民贵之义，紬官天下之旨，而曰天子之于辅相，犹县令之于丞簿，非敻高无等，如天之不可以阶级升也。挽近五洲诸大国，或立民主，或崇宪政，则一人之尊，日以骞损，而境内日治。太冲发之于二百年之前，而征信于二百年之后，圣夫！[④]

在整个维新变法运动期间，章太炎对黄宗羲的褒扬可谓屡见不鲜。值得注意的是，此时他业已在中西比较政治的视野中，指出《明夷待访录》在破除专制君

① 章太炎：《与汪康年》，《章太炎全集》第12册，上海：上海人民出版社，2018年，第15—16页。
② 章太炎：《兴浙会序》，《章太炎全集》第10册，第31—32页。
③ 章太炎：《与李鸿章》，《章太炎全集》第12册，第33页。
④ 章太炎：《书〈原君篇〉后》，《章太炎全集》第10册，第118页。

权的意义上与近代各国之“立民主”“崇宪政”效用类似。不过这种比较并非对西方政体理论的简单比附，而是试图发现中西历史政治潮流中的某种一致性。上述文字也在次年被收入了《訄书·冥契篇》。[①]

这一时期黄宗羲对于章太炎的影响不仅体现在抽象的政治原理层面，同时也涉及变法维新的具体举措。在1897年3月《时务报》之《论学会有大益于黄人亟宜保护》一文中，章太炎即以《待访录》为蓝本，提出了“建学会、礼秀民、聚俊才”的维新主张。在他的设计中，“学校”的政治功能主要体现在两方面。首先是组织士人、汇聚智识。中国政教之衰源于学术不昌，学术不昌由于士人无群，“其诸六艺之学，四术之教，无益于生民与？曰：惟不能合群以张吾学故”[②]。乐群本是学者天性，但中国士人长期受制于专制君主与官僚体系，无法独立成群发挥作用，“自宋与明作则之主，将以其权力势藉，锢塞诸生，而惧其腹诽唇反”，“郡县之学官，虽优崇其礼，不使屈膝，至于官秩事权，则统隶于郡守，考成于县令，纵有才行，无所措施”。[③]

由此章太炎指出，革新政制必先提升学校的独立性，以之凝聚士人、树立权威。学校应当成为法度政令的制定之地，为政治树立纲纪：

> 景教之尊，莫教皇若，欧洲诸君长践阼，必得其命；释教之尊，莫达赖剌麻若，蒙古诸酋豪称汗，必得其命。……中国之儒，孰敢继素王？三老五更，则无世而无其人。馈酱酳爵，北面拜事，吾知其可也。墨家者流，出于清庙之守，尝见斯礼，则而效之，于是乎有传矩子。九服之大，矩子惟一人，其崇与教皇等矣。今纵不欲效西人，宜效墨子；纵不欲效墨子，宜效三代。老更既立，贤哲蔚荟，条肄布散，卷衍神恉。不及十年，而六曹大政，必于是受成，则黄种之维絃固矣，此所谓纪也。[④]

这里章太炎虽然援引欧西、蒙古为例，但并没有将儒学宗教化的取向，而是意在说明政治需要某种更高层次的权威引领。不同于异域经验，在儒学传统中，

---

① 按《訄书·冥契篇》云：“章炳麟曰：吾不征伯夷，不尚观于斠雉之史，从黄宗羲之言而官天下，曰：‘天子之于辅相，犹县令之于丞簿，非夐高无等，如天之不可以阶级升也。挽近五洲诸大国，或立民主，或崇宪政，则一人之尊，日以骞损，而境内日治。黄氏发之于二百年之前，而征信于二百年之后，圣夫！’”《訄书》（初刻本），《章太炎全集》第3册，第28页。

② 章太炎：《论学会大有益于黄人亟宜保护》，《章太炎全集》第10册，第8页。

③ 章太炎：《论学会大有益于黄人亟宜保护》，《章太炎全集》第10册，第9—10页。

④ 章太炎：《论学会有大益于黄人亟宜保护》，《章太炎全集》第10册，第11页。

这种更高层次的权威力量并非产生于宗教，而是源自学校“老更贤哲”所代表的道德与智识力量。为此，自然需要强化学校的组织与独立性。

其次，着力强调学校的“议政”功能。通过对朱一新（1846—1894）的批评，章太炎阐释了学校议政的必要性与重要性：

> 欲善学校，必取《明夷待访录》，而朱氏一新斥之曰：“彼但知清议之出于学校，不知横议之亦出于学校也；但知陈东、欧阳澈之为太学生，不知为贾似道颂功德者，亦太学生也。”乌乎！必如其说，则废君道即无桀、纣，废将相即无羿、莽，是必焚符破玺，剖斗折衡，而后天下夷然无故尔。夫两利相较，取其重者；两害相较，取其轻者。学校非无害也，而润泽于天下为多，故君子取之。自天府既废，凡政法律令，下集于学校，上集于柱下史。史氏之职，以死奋笔，足以定是非；受赃抵诬，亦足以乱是非。然而圣王不以舞词弄札之害废史氏者，其利多也。彼学校则犹史氏也。躁竞之士，率群下以造谤者，吾见其纷呶嘈沓，甚嚣尘上矣。购千百泛驾之马，而幸获一要褭飞兔，不犹愈于购驽马乎？[①]

朱一新之学，钱穆谓之“主治史通今以致用……而并及黄梨洲之《明夷待访录》，其大意在规崇古而奖达变”[②]，在肯定改良的同时亦表现出浓厚的保守色彩，这一点尤其体现在对《明夷待访录》“学校议政”的态度中。朱氏指出，学校君子小人间出，清议之品质难于保证，实践中难免产生消极后果，故善治之本不在清议而在敦风厚俗。以明代中前期“宁陋勿妄”的淳朴士风为楷式，朱氏主张回归“一道德、同风俗”，注重敦行践履的传统政教理想。[③]

针对朱一新的观点，章太炎从两方面展开反驳。首先以利弊衡量，学校公议虽然得失并见，但终究利大于弊，“学校非无害也，而润泽于天下为多，故君子取之”。[④]其次论历史大势，近代世界海通日久民气渐伸，退返回质朴的前现代社会实已无可能，“民智愈开，转相放效，自兹以往，中国四百兆人，将不可端拱而治矣……居今之世，将欲壅遏民气，使不得伸，无论其无成绩也”[⑤]。时代大势如此，唯有因势利导。章、朱“学校”之辩的实质，在于如何应对政治参与扩大、思想趋于多元的近代政治趋势。如果说朱一新的观点反映了基于政治实践后果的保守

① 章太炎：《论学会有大益于黄人亟宜保护》，《章太炎全集》第 10 册，第 10 页。
② 钱穆：《中国近三百年学术史》，北京：商务印书馆，2005 年，第 700 页。
③ 朱一新：《无邪堂答问》，北京：中华书局，2000 年，第 95 页。
④ 章太炎：《论学会有大益于黄人亟宜保护》，《章太炎全集》第 10 册，第 10 页。
⑤ 章太炎：《论学会有大益于黄人亟宜保护》，《章太炎全集》第 10 册，第 12 页。

考量，那么章太炎则试图在儒学传统中主动发掘与近代潮流相对接的内在质素。正如《明夷待访录》所言："盖使朝廷之上，闾阎之细，渐摩濡染，莫不有诗书宽大之气，天子之所是未必是，天子之所非未必非，天子遂不敢自为非是，而公其非是于学校。"①"学校"的设置正是为了让更多士民参与到"公议"中来，塑造充溢"宽大之气"而能够容纳多元观点、促进公共讨论的政治空间。就此而言，章太炎的主张正是对《明夷待访录》的近代发展。

在章太炎那里，"学校"既是接引西政的资源，同时也启发了对于西方近代政治典范的反思。章太炎认可"晞民主，张议院"的改革主张，以之为理想的"后王之政"，同时也指出在中国若推行议会政治必须有更多的审慎考量，因为议会政治初创之际往往伴随激烈的政党斗争及其恶性化风险，"悬衡者不定，则法之左党、右党，美之合众、共和，更相克伐，五德代胜矣"②。为此，他主张首先恢复翰林、科道士人论政之制以渐进涵育民主氛围，而非"骤付其议于处士"。若就根本而论，则应以学校为张本，依次有序扩展公共政治空间，"学堂未建，不可以设议院；议院未设，不可以立民主。事势之决塞，必有先后，皆出于几"③。政治变革的关键在于知其大势而厚植根本，进而进行审时度势的决断。在章太炎的变法思路中，"以学立政"构成了其中的一个重要维度。学校的作用一方面在于蓄留智识，订立法度政令，从而消解专制君权；另一方面在于培育人才，扩展政治空间，从而稳步推进民主。"欲善学校，必取《明夷待访录》"，上述思路，显然与黄宗羲一脉相承。

综上所述，从甲午之后到20世纪初，以戊戌维新为中心，章太炎对黄宗羲与《明夷待访录》予以大力肯定。这种肯定不仅在于对"公天下""君民分际"等传统政治理念的重申，也体现在对以"学校"为载体接引现代民主政治的尝试，前者以《原君篇》为中心，后者则以《学校篇》为根底，共同构成其政治改革思想的重要内容。

二、转向：政体、民族主义与治法论

进入20世纪后，章太炎对于黄宗羲的评价态度发生转变，从积极肯定逐渐转

---

① 黄宗羲：《明夷待访录·学校》，《黄宗羲全集》第1册，杭州：浙江古籍出版社，2012年，第9页。
② 章太炎：《变法箴言》，《章太炎全集》第10册，第20页。
③ 章太炎：《变法箴言》，《章太炎全集》第10册，第21页。

向批评。[①]1902年《訄书》重订本的写作可以说是这一转变的发端，而1910年的《非黄》一文则是批评的顶点。就原因而论，一方面，经过1900年庚子国变、自立军运动等事件，章太炎彻底放弃了“以革政挽革命”的改良路线而坚定转向反清革命，在思想上与保皇派决裂，而黄宗羲则因梁启超等人的表彰与清廷的推尊而不免成为其批判保皇势力的标靶；另一方面，就政治理念而言，章太炎在君主立宪、法治与代议政治等问题上的认识，在相当程度上影响了其对《明夷待访录》的理解与评价。

1902年2月章太炎再度赴日，与孙中山就民族革命、平均地权等问题进行了深入探讨。回国后深感旧刊《訄书》“意多不称”，即着手大幅修订，次年春脱稿。重订本《訄书》仍然保留了有关黄宗羲评价的《冥契篇》，不过篇次从十四移至三十，评价文字上亦有微妙变化：

> 挽近五洲诸大国，或建联邦，或以贵族共和。贵族之弊曰“寡人”，则大君之尊，日以骞损，而与列侯、庶尹同班。黄氏发之于二百年之前，而征信于二百年之后，圣夫！[②]

相较初刻本，重订本将《明夷待访录》的西方政体参照物从“或立民主，或崇宪政”调整为“或建联邦，或以贵族共和”。参照系的转换，意味着评价尺度与价值态度的双重变化。正如学者指出，近代中国语境中的“共和”一词相较于“民主”，更加强调参政者必须要具备一定的政治品质与道德，而更含有精英治国的意味。[③]应该说，“贵族共和”某种程度上的确比“或立民主”更加接近《明夷待访录》的士人政治理念，但就章太炎的价值评价尺度而言则不免有所降格。因为“贵族共和”是介于君主专制与平民政治两极之间的一种政体形态，以之为参照，《明夷待访录》固然是消减专制君权的历史先声，但于均平之义则有所不足，不免导

① 对此问题已有学者从不同角度予以分析。从原因上看，有学者指出章太炎对黄宗羲的评价“明显前尊后抑”的主要原因在于其思想从维新转向革命。参见唐文权、罗福惠：《章太炎思想研究》，武汉：华中师范大学出版社，1986年，第491页。从内容上看，有学者指出章太炎对黄宗羲的责难主要集中于民族气节、法治思想和学术地位三方面。参见张永忠：《章太炎与黄宗羲》，《晋阳学刊》2005年第3期，第53—54页。亦有学者指出，章太炎对于黄宗羲的批评更多地基于现实政治争论的刺激考量，参见秦燕春：《清末民初的晚明想象》，北京：北京大学出版社，2008年，第102—126页。

② 章太炎：《冥契》，《訄书》（重订本），《章太炎全集》第3册，第243页。

③ 金观涛、刘青峰的研究表明，在1895年以后，中国社会精英已经开始意识到必须把“共和”与“民主”区别开来，而在1901年以后，“共和”的使用次数开始超过“民主”。参见金观涛、刘青峰：《观念史研究：中国现代重要政治术语的形成》，北京：法律出版社，2009年，第266—275页。

致寡头政治之弊。换言之，这里章太炎虽然延续了对《明夷待访录》的肯定，然而这种肯定已经变得更有节制和限度。这一变化，乃为其此后黄宗羲评价的进一步转向预埋伏笔。①

1903 年，章太炎发表《驳康有为论革命书》，不久后因《苏报》案发被清政府逮捕系狱三年。1906 年出狱后东渡日本，主持同盟会机关报《民报》，与康、梁等立宪派展开激烈的思想论战。是年，章太炎在《民报》以《说林》为题发表了一组清代学术史评论，以对待清廷的态度作为衡量清代学者优劣的标准，由此质疑黄宗羲之“晚节”问题：

> 黄太冲以《明夷待访》为名，陈义虽高，将俟虏之下问。昔文天祥言以黄冠备顾问，世多疑其语为诬。端居而思，此不亦远乎？以死拒征，而令其子从事于徐、叶间，谅曰明臣不可以贰，子未仕明，则无害于为虏者。以《黄书》种族之义正之，则嗒焉自丧矣！②

章太炎早年即受家学熏陶而萌发民族思想，即便维新时期与康、梁合作，在排满问题上亦持论不同。③至于庚子后与保皇派分道扬镳，在民族观点上更是针锋相对。此时对黄宗羲“晚节”问题的刻意指摘，正意在激发民族思想，批判保皇派的拥清主张。④

1908 年 7 月，章太炎复于《民报》发表《王夫之从祀与杨度参机要》一文，将王夫之、黄宗羲分置于“民族主义”与“立宪政体”两大思想阵营中对观：

> 衡阳者，民族主义之师；余姚者，立宪政体之师。观《明夷待访录》所持

---

① 按北京图书馆藏重订本《訄书》手改修订本中，作者更圈去《冥契》首段末“圣夫”二字，而旁注“其有前识者哉”六字，同样说明了这一点。参见《訄书·冥契》编校附记，《章太炎全集》第 3 册，第 245 页。

② 章太炎:《说林上》,《章太炎全集》第 8 册，第 116—117 页。

③ 《自定年谱》1897 年下云:“康氏之门，又多持《明夷待访录》，余常持船山《黄书》相角。以为不去满洲，则改政变法为虚语，宗旨渐分。”汤志钧编:《章太炎年谱长编（增订本）》(上册)，北京：中华书局，2013 年，第 23 页。

④ 当然，章太炎对于《明夷待访录》写作动机乃至黄宗羲晚节的抨击绝非公允。梁启超指出:“章太炎不喜欢梨洲，说这部书是向满洲上条陈，这是看错了。《待访录》成于康熙元、二年。当时遗老以顺治方殂，光复有日。梨洲正欲为代清而兴者说法耳。”梁启超:《中国近三百年学术史》，北京：人民出版社，2008 年，第 54 页。对此问题的详细考释与辨析，参见李广柏:《〈明夷待访录〉解读之商榷》,《艺衡》第五辑，北京：国家图书馆出版社，2011 年；方祖猷:《黄宗羲长传》，杭州：浙江大学出版社，2011 年；顾家宁:《文化、政制与圣王：黄宗羲晚年心境及其政治意涵探析》,《中国哲学史》2016 年第 4 期。

重人民、轻君主，固无可非议也；至其言有治法无治人者，无过欺世之谈，诚使专重法律，足以为治，既有典常，率履不越，如商君、武侯之政亦可矣，何因偏隆学校，使诸生得出位而干政治，因以夸世取荣？此则过任治人，不任治法，狐埋之而狐搰之，何其自语相违也？余姚少时，本东林、复社浮竞之徒，知为政之赖法制，而又不甘寂寞，欲弄技术以自焜耀。今之言立宪者，左持法规之明文，右操运动之秘术，正与余姚异世同奸矣。①

此时正值清政府“预备仿行立宪”如火如荼，《钦定宪法大纲》行将颁布之际，清廷更拟将黄宗羲、王夫之、顾炎武从祀孔庙以示立宪诚意。在此背景下，黄宗羲与《明夷待访录》已然成为象征立宪派理念的重要政治符号。章太炎此文之作，直接目的正在于左袒船山以高扬民族主义，贬抑梨洲以打击立宪派。

有意思的是，此时章太炎严厉抨击《明夷待访录》“偏隆学校”，表现出与戊戌时期截然不同的态度。就现实指向而言，此乃针对杨度倡导鼓动，北洋法政专门学堂学生参与其中的召开国会请愿运动②，其严厉批评“诸生出位而干政治”，意在否定立宪派政治主张的可行性。在他看来，清廷既无法上接儒家学校议政传统，亦难下开近代立宪政制，无论从政治传统还是现实能力上看，都不足以承担变革之任：“彼满洲者，既无法律，亦无清议……今满人习于承平之乐，惟声色狗马是务，诸所举措，纷无友纪。而学生之承流其下者，一切以顺为正，海内向风，既明且哲，反唇偶语，且不得闻，而欲建立议院，以匡救庙堂之阙，此必不可得之数”。③

就学理维度而言，章太炎对《明夷待访录》“偏隆学校”的指责，在于其“使诸生出位而干政治”，进而扰乱“治法”。由此在现实斗争之外更涉及政治理念上的儒法交锋。章太炎思想中原本有着深厚的法家底蕴，“寻求政术，历览前史，独于荀卿、韩非所说，谓不可易”。④相比之下，《明夷待访录》思想来源虽然多元，但正如萧公权所言，其“最高原理出于《孟子》之贵民与《礼运》之天下为公”⑤，二者的思想底色差异可谓其来有自，这一点早在1898年章太炎写作《訄书·商鞅

① 章太炎：《王夫之从祀与杨度参机要》，《章太炎全集》第10册，第315页。

② 参见蔡礼强、左玉河：《杨度首倡清季国会请愿运动》，《北京科技大学学报》（社会科学版），2011年9月，第38—42页。

③ 章太炎：《箴新党论》，《章太炎全集》第8册，第306—307页。

④ 章太炎：《菿汉微言》，《章太炎全集》第7册，第69页。

⑤ 萧公权：《中国政治思想史》，北京：商务印书馆，2011年，第582页。

篇》时即已流露。[①]在该文中，章太炎业已表达了对黄宗羲“治法—治人”之说的批评，但尚未展开。在两年后（1910）的《非黄》一文中，他乃就此展开了详细的辨析。

三、非黄：“治人—治法”论争的多重内涵

《非黄》是章太炎对黄宗羲的评论中措辞最严厉，同时也是辨析最系统、学理性最高的一篇文字。[②]该篇的批评主旨，主要围绕《原法篇》“有治法而后有治人”的命题展开。基于“治法优先”的立场，章太炎批评黄宗羲有关“治人—治法”关系的论述自相矛盾，看似主张治法优先，实则寄望于治人，“案其言‘有治法无治人’者，文辩类韩非，摑若与孙卿相距，顾不自知其鉏鋙也……言似轨物，而始卒不能自持其论”。[③]

章太炎对于“治法”的理解，在于一套重视程序、职责、绩效，具有内在稳定性与确定性的制度典范：“法者，制度之大名。周之六官，官别其守而陈其典，以扰乂天下，是之谓法。”[④]由此，其对“治法先于治人”的理解，在于让制度依照自身逻辑运转，尽可能排除主观性、人格性因素的干扰。在此意义上，他将法家视为尊重“治法”的典范：

> 观远西立宪之政，至于朋党争权，树标揭鼓以求选任，处大官者，悉以苞苴酒食得之，然后知老子、韩非所规深远矣。顾炎武、黄宗羲皆自谓明习法制，而多扬破格用人之美，攻选曹拘牵之失，夫乌知法。[⑤]

沿此思路，章太炎对《明夷待访录》之“学校”“置相”主张提出质疑。首先，他指出“学校议政”乃是对《原法篇》“治法优先”原则的颠覆，是“治人”反噬“治法”而自相矛盾的典型。因为倘若承认治法优先，那么当官者犹同工匠，应当严格依照法度准绳办事，若有偏失，亦应由民众向政府申诉，或监察机关自上而下摘发。倘如黄宗羲所论，将监察权赋予学校士民，那么一方面“学校诸生非吏

---

① “宁人先生颇善秦法，太冲则敻乎远矣。余著此篇，为世人所骇怪，亦思世无太冲，岂得不与宁人共治邪？凡非议法家者，自谓近于维新，而实八百年来帖括之见也。”章太炎：《訄书·商鞅》，《章太炎全集》第3册，第83页。

② 按《非黄》发表于《学林》第二期“学术流别部”，可见章太炎对其学理意义的看重。

③ 章太炎：《非黄》，《章太炎全集》第8册，第124页。

④ 章太炎：《訄书·商鞅》，《章太炎全集》第3册，第80页。

⑤ 章太炎：《国故论衡·原道上》，《章太炎全集》第5册，第288—289页。

也，所习不尽刑名比详”，其专业知识的欠缺与实务经验的匮乏必将紊乱政事，导致“士侵官而吏失守”。[①]另一方面，学校士人“非吏非民”，既不受行政约束，又未必代表民意，“士所欲恶，不尽当官成，又不与齐民同志，上不关督责之吏，下不遍同列之民”，难以成为负责任的政治参与者，因此学校议政的结果只能是助长朋党政治。[②]在他看来，善治之本不在学校清议，而在严行法制而沟通下情，“诚听法者，督责在中朝，而清问收司编氓庶，曾以一校私言为剂哉！”[③]

其次，章太炎批评黄宗羲恢复宰相制度的主张不合时宜。他指出，在法度条规业已高度发达的近世官僚政治体系中，宰相一职实已与“单则精专，兼则疏失”的专业行政分工趋势相背离，成为“赘余之官”，“挽世法令一统，科条日密，虽萧何、诸葛亮任是，犹患不给”。[④]明太祖废相固然出于集权专制的私心考量，但无意中实与时代潮流相合，倘若恢复宰相及其僚属，反而会造成相府、六部职权重叠，不仅干扰行政，更易滋生朋党政治，“故立相则朋党至，朋党至者，乱法之阶”。[⑤]

《非黄》同样具有高度的现实指向。章太炎指出，清末黄宗羲与《明夷待访录》虽然声名大噪，但多数政客不过“竞扇宗羲治法之虚言，而以荀卿治人之文为讳。此徒见其谄谀贵势，不诚有救国心也”。[⑥]对于以《明夷待访录》为渊源而被时人奉为圭臬的代议政治的反思，构成了章太炎此时思考的一个中心问题。[⑦]

《非黄》的批评指向包含诸多方面，核心在于“治人—治法”关系，尤其是对“有治法而后有治人”命题的诠释与理解，于此正体现出章、黄思想的内在差异。在章太炎那里，“治法”指向一套循名责实、强调形式理性的行政、司法制度规范，其相对于执政者个体情感、意志判断具有优先性。所谓“法治”的精义，即在于法先于人而人从于法。相比之下，黄宗羲“有治法而后有治人”命题的指向主要在于制度结构与制度精神，强调良法必须是公共精神的体现，政治人物个体作用的发挥必以此为结构性前提。不同于章太炎在“当官者犹匠人，必依规榘”的意义上将“治人”从属于“治法”，在黄宗羲那里，“治人”具有其独立意义。“治人”范畴中所蕴含的诸多问题，如政治自身的公共性以及政治主体的责任、德行、识

① 章太炎:《非黄》,《章太炎全集》第8册，第125页。

② 章太炎:《非黄》,《章太炎全集》第8册，第125页。

③ 章太炎:《非黄》,《章太炎全集》第8册，第125页。

④ 章太炎:《非黄》,《章太炎全集》第8册，第127页。

⑤ 章太炎:《非黄》,《章太炎全集》第8册，第127页。

⑥ 章太炎:《检论·对二宋》,《章太炎全集》第3册，第615页。

⑦ 章太炎1907、1908年间发表的《五无论》《代议然否论》等一系列文章，均反映了上述问题。以上文章与《非黄》写作年代接近，可作为一个整体来理解。

见等等，并不能被完全法度化而在以人守法的意义上为“治法”所吸纳，而这也正是其主张“学校”与“置相”的原因。

“治人”“治法”都是传统政治思想中的重要概念。有学者指出，上述概念为传统政治分析提出了一套类型学观念，如任人、任法、任道、任德等概念，即代表了政治类型的分辨。所谓“任”，指某一种统治方式在一个政治社会秩序中占据了主导乃至绝对地位。[①]就此而言，章太炎对黄宗羲的批评大体是站在严格的“任法”立场上批评后者“任人”，“号为任法，适以人治乱其步骤”。[②]换言之，这实际上是将“治人—治法”论题置换为统治方式上的“人治—法治”问题。前面已经提到，黄宗羲对“治人—治法”范畴的理解其实涉及制度结构、政治精神、政治主体等方面，绝非统治方式意义上的“任人—任法”抑或“人治—法治”所能涵盖，因此章太炎的批评其实颇有郢书燕说之嫌，未必把握到《明夷待访录》论说的完整内涵。相比之下，现代政治学有关“政治问题”与“行政问题”的区分与辨析，或更有助于对此问题的分析。

马克斯·韦伯将行政问题定义为一种支配方式，其特点是强调形式理性与纪律，通过法条化来体现管理的明确性、稳定性与可依赖性，行政机构本质上是一套“持续性的，受到法规约束的公务经营机构”。[③]至于“政治”的概念，在学理上则更加复杂，仅就与此处论旨密切相关的“政治—行政”区分意义上说，大致可以罗列出几种代表性观点。韦伯以“政治家”与“官僚”各自不同的责任伦理区分政治与行政，二者分别对应于“忠于其事的自我负责”与“非人格化的责任”[④]；古德诺将“政治”与“行政”分别定义为关于指导或影响政府政策之事以及关于执行政府政策之事[⑤]；阿伦特则区分了“政治”与“支配”的性质差异，指出政治关系的实质是身份平等的公民之间的横向对话关系，而不是支配意义上的命令与服从关系。[⑥]

综观上述定义，可以发现“政治问题”至少在两个方面上有别于“行政问题”。首先，政治活动体现政治参与者的主体性，而不仅限于对政策、规章、法度的依

① 任锋：《立国思想家与治体代兴》，北京：中国社会科学出版社，2019年，第644页。

② 章太炎：《非黄》，《章太炎全集》第8册，第129页。

③ [德]施路赫特：《理性化与官僚化：对韦伯之研究与诠释》，顾忠华译，桂林：广西师范大学出版社，2004年，第71页。

④ [德]施路赫特：《理性化与官僚化：对韦伯之研究与诠释》，顾忠华译，桂林：广西师范大学出版社，2004年，第100页。

⑤ [美]弗兰克·古德诺（Frank J. Goodnow）：《政治与行政》，丰俊功译，北京：北京大学出版社，2012年，第16页。

⑥ 陈伟：《阿伦特与政治的复归》，北京：法律出版社，2008年，第76—81页。

循执守；其次，较之行政管理，政治活动具有不确定性，需要主体间的对话、沟通与协商。正如本杰明·巴伯指出，政治问题的特质在于“既没有指导性的标准也没有决定性的规范，然而，它却处于不可避免的行动压力中，也就是处于审议和责任的行动压力中”。[①]换言之，不同于行政事务对于确定性规范与工具理性的强调，“政治”意味着一种注重沟通、协商、审议的公共生活方式，“政治地选择和行动就是在没有独立的共识性规范加以指导的情况下负责地、合理地和公共地选择和行政”。[②]

以此视角考察章、黄关于“治人—治法”的隔代之争，不难发现章太炎的着眼点主要在于行政层面，而黄宗羲的思考更多地集中在政治层面，无论关于“学校”还是“置相”的讨论，都明确体现出这一点。对于“学校公议”，黄宗羲肯定其对于公共政治空间的开拓作用，而章太炎则担忧其可能带来对于地方行政秩序的扰乱。至于“宰相”的废置，章太炎的考虑主要基于行政效用，而黄宗羲则看重宰相一职所象征的政治公共性与“贤治”理念，及其对于君权的平抑作用。[③]

上述争论的实质，在于近代转型过程中政治参与的逐步扩展与政治秩序的有效维系之间的张力，这一问题于明清之际实已呈现，而在清末转型过程中被更加充分地释放。[④]正如孔飞力指出，在中国现代国家形成与发展进程中，政治参与的扩大如何同强化国家权力及其合法性的目标相协调,始终是一个重要的建制议程。[⑤]换一个角度看，“现代转型”的关键问题，相当程度上在于广土众民的传统国家如何在向现代民主转型的进程中保持稳定而有效的治理秩序。这一问题同样呈现在章太炎与黄宗羲的隔代争论之中，展现出“晚明—晚清”的历史连续性。如果说黄宗羲思考的重心在于以士权为张本带动政治参与的扩大，那么在章太炎那里，现代世界的平等理念业已突破传统以士人为中心的文化政治等级秩序而向更大的范围扩散，政治观念已经从儒学传统的士人中心转向平民本位；同时，剧烈的转型过程也凸显了维系秩序稳定性的要求。

---

① ［美］本杰明·巴伯（Benjamin Baber）:《强势民主：作为一种生活方式的政治》，彭斌、吴润洲译，长春：吉林人民出版社，2006年，第149页。

② ［美］本杰明·巴伯:《强势民主：作为一种生活方式的政治》，彭斌、吴润洲译，长春：吉林人民出版社，2006年，第157页。

③ 黄宗羲认为，宰相之职在世袭君主时代保存了“传贤”的意涵。“古者不传子而传贤，其视天子之位，去留犹夫宰相也。其后天子传子，宰相不传子。天子之子不皆贤，尚赖宰相传贤足相补救，则天子亦不失传贤之意。”《明夷待访录·置相》,《黄宗羲全集》第1册，第7—8页。

④ 比如黄宗羲主张更加积极的士人参政，而顾炎武则对士人介入地方行政事务的负面影响抱有高度警觉，二者恰成对照。

⑤ ［美］孔飞力（Philip A. Kuhn）:《中国现代国家的起源》，陈兼、陈之宏译，北京：生活·读书·新知三联书店，2013年，第2页。

由此便不难理解，为何章太炎主张一种以行政、司法覆盖政治问题，在权威与法制之下追求平等的思路。上述思路的思想资源相当程度上来自先秦法家，在章太炎看来，庶民平等是中国历史政治的积极传统，在此意义上，“一君万民”的秦政构成了某种理想型典范，“古先民平其政者，莫遂于秦”，“夫贵擅于一人，故百姓病之者寡，其余荡荡，平于浣准矣”。[①] 基于庶民本位的平等理念，章太炎对代议政治提出了尖锐批评，这也构成了《非黄》写作的问题意识来源，“近世言新政者，其本皆附丽宗羲，斯犹瞽师之道苍赤已。凡政恶武断，武断与非武断者，则听法、尚贤为之分”。[②] 这里他实际上将黄宗羲作为了近代代议政治批判的历史标靶，其强调听法、批评尚贤，正指向对民选代议政治的怀疑与否定。这种否定首先源于对代议士品质与民意真实性的质疑，“且众选者，诚民之同志哉？驰辩驾说以彰其名，又为之树旗表，使负版贩夫皆劝誉己，民愚无知，则以为诚贤。贤否之实，不定于民萌而操于小己”。[③] 其次，章氏指出，在广土众民且甚早摆脱封建贵族等级传统的中国骤行代议，将会导致财势豪强把持政权，养成一个难于约束的新寡头阶级，“选举法行，则上品无寒门，而下品无膏粱”，“必欲开置国会，规设议院，未足佐民，而先丧其平夷之美”。[④]

在章太炎看来，现代政治转型的实质问题在于“恢廓民权，限制元首”。[⑤] 至于实现这一目标的方式，各国由于历史传统与现实国情的不同而必然有所差异。就中国而论，其关键不在推行代议，而在严行法治与权力分工。为护卫民权，当“专以法律为治，而分行政、司法为两途”，以专业立法、严格执法保障之；为限制元首，当“以法司、学官与总统敌”。[⑥] 为此，他设想了一种行政、司法、学校三分，“责有专负，事有专任”的制衡性政治结构：

> 总统惟主行政国防，于外交则为代表，他无得与，所以明分局也。司法不为元首陪属，其长官与总统敌体，官府之处分，吏民之诉讼，皆主之。虽总统有罪，得逮治罢黜，所以防比周也。学校者，使人知识精明，道行坚厉，不当隶政府，惟小学校与海陆军学校属之，其他学校皆独立，长官与总统敌体，所以使民智发越，毋枉执事也。凡制法律不自政府定之，不自豪右定之，令明习

---

① 章太炎:《秦政记》,《章太炎全集》第 8 册，第 64、65 页。
② 章太炎:《非黄》,《章太炎全集》第 8 册，第 128 页。
③ 章太炎:《非黄》,《章太炎全集》第 8 册，第 128—129 页。
④ 章太炎:《代议然否论》,《章太炎全集》第 8 册，第 313、312 页。
⑤ 章太炎:《代议然否论》,《章太炎全集》第 8 册，第 318 页。
⑥ 章太炎:《代议然否论》,《章太炎全集》第 8 册，第 320 页。

法律者与通达历史周知民间利病之士，参伍定之，所以塞附上附下之渐也。法律既定，总统无得改，百官有司毋得违越。有不守者，人人得诉于法吏，法吏逮而治之，所以戒奸纪也。[①]

上述总统、法司、学校的三分体系中，法司的职责在于监督行政，“正过举，塞官邪”，故须保持相对行政系统的独立性。至于学校分立的根据，在于学术、教育作为智识活动的性质天然有别于行政、司法事务，“学术者，故不与政治相丽”，为使人求是非而非专务实用。就中国历史而言，孔、老以降学术下移已成定势，私学往往较之官学更具活力，“综观两千岁间，学在有司者，无不蒸腐殠败，而矫健者常在民间”。[②] 因此，章太炎主张将“学校”吸纳到政治体系之中，使之成为政治系统的重要组成部分，形成政、学相维相系之格局。一方面，以“政”为“学”提供必要扶助，“建长理之，分帑赋之，不纯任民间自为”[③]；另一方面，尊重学术、教育活动的自身规律，使之保持相对于行政、司法机关的独立性，不受后者宰制干涉，也不卷入具体的政事纠纷，而是以其智识服务于政治体。

有意思的是，在上述作为代议制替代方案的政、学关系构想中，我们又能够看到《明夷待访录》的影响。首先，学校独立于行政，“长官与总统敌体”的设想，正是《学校篇》学官“不隶于提学”，“毋出自选除”，太学祭酒“其重与宰相等”等设想的隔代回音。[④] 其次，主张法律不由政府制定，而应“令明习法律者与通达历史周知民间利病之士参伍定之”，也与《明夷待访录》“必使治天下之具皆出于学校”的学校立法设想若合符节。[⑤] 最后，对于因司法枉挠而无法通过正常途径获得救济的平民，章太炎主张其“得请于学官集法学者共治之”[⑥]，这一思路同样可以在《学校篇》郡县士庶每月朔望集于学校，纠弹政事缺失的主张中觅得先声。

由此可见，虽然章太炎对黄宗羲的评价前后发生了较大变化，但其政治思想的深层结构中实有深受《明夷待访录》影响之迹。无论是对“学会”政教功能的阐扬，还是“总统—学官—法司”三分的制度构想，都深刻体现出上述特质。“欲善学校，必取《明夷待访录》”，“学校论”不仅启发了章太炎的变法思想，也深刻

① 章太炎：《代议然否论》，《章太炎全集》第8册，第318页。

② 章太炎：《代议然否论》，《章太炎全集》第8册，第320页。

③ 章太炎：《代议然否论》，《章太炎全集》第8册，第321页。从章太炎学校独立、不隶于政府的主张看，这里所谓“建长理之”，应指学官身份的赋予应出自政治体，而非指学官由政府任命。

④ 黄宗羲：《明夷待访录·学校》，《黄宗羲全集》第1册，第10—11页。

⑤ 黄宗羲：《明夷待访录·学校》，《黄宗羲全集》第1册，第9页。

⑥ 章太炎：《代议然否论》，《章太炎全集》第8册，第319页。

影响了他对于代议政治的反思。较之民选代议士，章太炎更信任一个独立有操行的知识群体，其产生来自知识群体内部的推择、考选，这一思路同样与黄宗羲一脉相承。[①] 只不过在《明夷待访录》中，这一政学精英群体由学校士人所代表，而在章太炎那里则分化为“法吏”与“学官”两个群体。

从《明夷待访录》“君主、宰相、学官”的三分设计，到章太炎“总统、法司、学官”的分立，正呈现出传统政治思想现代转型的特质。如果说民选总统取代世袭君主，体现出君权向民主的现代兴替，那么从“宰相—学官”的分立演变为“总统—法司—学官”的分职，一方面法司成为独立一极，凸显出现代社会中司法、立法的重要性与独立性，另一方面也赋予传统的政学、政教关系以新的现代形态。

结语:“尊黄”“非黄”之间的思想现代转型

综上所述，黄宗羲与《待访录》对于章太炎的政治思想产生了非常重要的影响，无论是作为现代转型的思想资源还是现实批判的标靶。在上述批判与吸收的过程中，正呈现出传统政治思想现代转型的复杂轨迹。章太炎的《明夷待访录》评论从甲午战后（1896）一直持续至辛亥前夕（1910），其中触及了传统政治思想现代转型的诸多关键论题，如君主观念、民族主义、立宪政治、代议民主等等，各自与《原君》《原法》《学校》等篇章遥相呼应。上述论题的深度与广度决定了评价态度的复杂性，总体上看，章太炎对黄宗羲的评价经历了从积极肯定到有所质疑，再到激烈批评三个阶段。从时间线索上看，大致可以1902年重订《訄书》与1910年《非黄》发表为标志性节点。

从原因上分析，章太炎对黄宗羲评价的变化缘于外在现实政治斗争与内在学理的双重因素。其早期对《明夷待访录》的肯定主要基于公天下、正君职的传统政治理念以及以“学校”为张本的渐进民主设想，其后逐渐转向批评的原因，一方面由于政治立场从支持维新转向反清革命，而彼时黄宗羲在相当程度上已经成为主张拥清立宪的保守派的政治符号；另一方面，就内在学理而言，章太炎对于代议政治的反思则构成了其黄宗羲批评的深层次原因，其中也蕴含了最为重要的思想意蕴。

这一学理批评的思想底色可以上溯至儒法之争，核心问题则在于“治人—治法”关系论，尤其是对“有治法而后有治人”命题的理解。章太炎将“治法”理

---

① “诸司法官由明习法令者，自相推择为之，咨于政府，不以政府尸其黜陟。”章太炎:《代议然否论》,《章太炎全集》第8册，第312页。

解为以形式理性为核心的行政、司法体系，强调对于规则的循守具有相对于执政者个体情感、意志的优先性。而在黄宗羲那里，“治人—治法”是两个并行而相关的论域，“治人”问题有其独立意义，并非“治法”之从属，不能为后者所化约。章、黄“治人—治法”之争所反映的本质问题不在于“人治”与“法治”的不同，而更接近“政治”与“行政”的分异。行政问题与政治问题的根本差异，在于前者强调明确性、稳定性与纪律性，表现为对法度、规章、政策的规范循守，而后者则不能完全为客观的制度规范所吸纳，而更需要主体间的对话、沟通、协商，从而具有某种“不确定性”。如果说政治参与的扩大与行政能力有效性的维系构成了中国现代政治转型中两个内含张力的关键问题，那么黄宗羲的思考更多地聚焦于前者，而章太炎的着眼点更偏向于后者。[①] 更进一步地说，不同于黄宗羲理想中士人主导、以中间阶层政治参与的扩展为基础的精英政治体系[②]，章太炎倾向于一种强调权威与专业行政效能的大众平民政治，二者相当程度上正体现出各自所依托的儒、法思想渊源。

章太炎对于黄宗羲与《明夷待访录》的评价，正折射出传统政治思想的现代转型特质。首先，思想转型与现实政治的转型互为表里。正如《明夷待访录》的清末传播本身绝不仅仅是一个思想事件而始终与改良、革命等政治运动紧密关联，传统政治思想的近现代转型同样伴随着现实政治结构的剧烈变动，体现出现实政治斗争需要与学理批评的纽结。其次，西学构成了理解、评价传统政治思想的重要参照。晚清思想界对于《明夷待访录》的重视相当程度上源自西学的启发对照，而在章太炎的黄宗羲评价背后，始终存在着一个无法回避的西学参照系，无论民主、贵族共和还是代议政制，都构成在现代语境中理解传统政治思想的重要借镜与问题切入点。最后是历史思想的延续与发展。清末《明夷待访录》的巨大影响从一个侧面印证了“晚明—晚清”思想演进的连续性，面对现代转型带来的更加复杂的局面与问题，清末民初思想家的思考一方面立足于明季先贤，另一方面不能不向更加深广的论域拓展延伸。如果说反思“敻高无等”的君主专制政治构成了黄宗羲与章太炎政治思想的共同起点，那么如何因应现代大众政治的挑战则是随着时代发展而对后者提出的进一步追问。明清之际黄宗羲的政治思考最终落脚

---

① 事实上,《明夷待访录》亦涉及了吏治等“行政”问题，因其不在章太炎的批评视野之内，故且不论。

② 沟口雄三即以“富民分权”概括黄宗羲的政治主张，认为其所谓的“民”特指包括自耕农在内的地主阶层与它的伙伴都市工商业者，亦即富民阶层。参见 [日] 沟口雄三:《中国前近代思想的演变》，索介然、龚颖译，北京：中华书局，2005 年，第 264 页。

于以士人共治消解君权专制[①]，清末民初的章太炎则须更进一步，思考如何立足于中国历史文化与现实国情建立一种“恢廓民权，限制元首”的平民本位现代政治。

需要指出的是，尽管章太炎对于黄宗羲与《明夷待访录》的评价前后发生了剧烈转折，但其中仍然存在某种一以贯之的线索，即从戊戌时期对“学会”的阐扬，到辛亥时期对“学官”政治功能的强调，皆深受以《明夷待访录》为蓝本的政学精英政治理念影响。由此呈现出传统政治思想在近代西学冲击与现实政治背景下不断调适、转化、发展的内在轨迹。

① 任锋将这一思路概括为“放逐君主与‘以儒立国’”，参见任锋：《立国思想家与治体代兴》，北京：中国社会科学出版社，2019 年，第 613—628 页。

熊十力“原儒”及其经子关系论

黄燕强 *

【摘要】“儒”和“儒学”的溯源问题，关系乎如何贞定中国文化思想的本源及其宗脉。熊十力《原儒》一书在探寻儒学的本源时，阐述了他对“中国文化向何处去”“中国向何处去”等时代问题的省思。围绕此中心议题而展开的，一是以“哲学”贞定儒学的知识性质，称儒学开启了中国轴心时代“哲学突破”的序幕；二是梳理儒学在先秦的分派，借此重建一种具备现代性的儒家学统；三是确认《易》为中国哲学之源，称《易》奠定了中国哲学的特质及其核心问题；四是论证诸子为儒家的“支与流裔”，儒学与诸子学的源流关系，呈现了先秦哲学史中经与子之间的互动互渗现象。熊十力的“原儒”既以儒学为正统，又尝试融通儒学（经学）与诸子学，从而建构一种具备现代性的新学统，由此开出科学、民主、平等等价值观念。

【关键词】熊十力；原儒；学统;《易》；经子关系

“儒”和“儒学”的溯源问题，关系乎如何贞定中国文化思想的本源及其流脉。现代学者围绕原儒、说儒展开的讨论，是在消解了“儒”和“儒学”的常道性及其信仰系统后，将其还原为历史性的存在，通过考究“儒”的本原义，据此说明儒者的最初身份和儒学的原始要义，进而论证儒学与孔子及六经的关联，辨析儒学与先秦诸子的源流关系。语言学的考索注重客观实证，展现出一种历史演变的视域，如胡适赞许章太炎的《原儒》使我们知道“题号由古今异”，② 亦如胡适自许其《说儒》“可以使中国古史研究起一个革命”，③ 通过将“儒”还原为巫史阶层，进而否定“儒学”为三代圣王和孔孟所授受不绝的道统。

语言学的考证也许较为切近历史情实，但“原儒”不是单纯的学术问题，还

---

* 黄燕强，哲学博士，暨南大学哲学研究所副教授。

② 胡适:《说儒》，季羡林主编:《胡适全集》第4卷，合肥：安徽教育出版社，2003年，第3页。

③ 胡适:《一九三四年的回忆》,《胡适全集》第32卷，第407页。

是一个关乎信仰与价值认同的议题。如何贞定儒学的起源及其与孔子、六经的关系，这在正统儒家看来，就是如何安顿国人的精神，以及如何维系中华文化的学脉。熊十力《原儒》一书开篇便是《原学统》，首要是推原孔子赓续泰古圣王之绪而集大成，创立内圣外王一贯之道，为中国学术思想奠定宏基。然后是论定晚周诸子百家及宋学、佛学的宗旨，而折中于孔子和六经。再从审辨六经的真伪，进而排遣今古文之聚讼，汉宋学之嚣争，及东西学之论辩，终以孔学为根底，将古今东西文化融会贯通于一体。如此，熊十力的“原儒”不囿限于考究“儒”的字源义，而是在探寻儒学的本源时，挺立中国文化数千年相传的学统，即由还原孔子及六经的真面目，辨析六经与诸子及汉宋学的关系，并参证西方传来的各种新学，重估孔子和儒学的现代性价值。这体现了熊十力对后五四时代思想危机的自觉反思。①

《原儒》代表了熊十力的晚年定论，但一方面是熊氏的弟子不甚认同其晚年思想，另一方面是国内的保守主义或西化论派亦多持否定态度，因熊氏对儒学的溯源既打破了汉宋以来的学统或道统，且表现出较为强烈的复古主义倾向和民族主义情感，他采用“即道原儒”的方法，又迥异于语言学和思想史的研究路径，故学者在梳理近百年的“原儒”时，几乎无法将其视为实证性研究的范例，以致相关的讨论并未充分展开。我们是把熊十力的“原儒”，置于其晚年哲学体系的建构中，阐述他所体认的中国文化之大本大源，论证他在儒家学统的理念下，如何界定儒学（经学）与诸子学的关系，借此观照他对“中国向何处去”“中国文化向何处去”等问题的哲人之思。

一、儒学的源流及其贞定

在儒学的溯源问题上，相对于章太炎、胡适的语言学考证，熊十力应用的是“即道以原儒”的方法，他不甚关心“儒”之名起于何时及其本原含义，他也不考察“儒”的原始身份为何，及最初的“儒”是如何转变成作为思想流派的儒家，而是强调“儒”与“道”的一体性。但他又不赞成康有为将儒、儒家和儒教等概念等同起来，称孔子创立“儒”之名，是儒教的开山祖师，他尤其反对把儒学定

① 杜维明将熊十力视作“后五四时代”的一员，认为熊氏思想是对后五四时代思想危机的自觉反映。参见杜维明：《探究真实的存在：略论熊十力》，许纪霖主编《现代中国思想史论（下）》，上海：上海人民出版社，2014 年。

义为宗教。[①]所以，熊十力尝试从中国文化思想发展的内在理路，来寻绎儒学的源流，从而表现出一定的历史意识。

熊十力《原儒》首章的《原学统》开宗明义：

> 中国学术导源鸿古，至春秋时代，孔子集众圣之大成，巍然为儒学定宏基。……孔子之学，殆为鸿古时期两派思想之会通。两派者：一、尧、舜至文、武之政教等载籍足以垂范后世者，可称为实用派。二、伏羲初画八卦，是为穷神知化，与辩证法之导源，可称为哲理派。孔子五十岁以前之学大概专精于实用派。[②]

孔子集上古思想文化之大成，阐扬哲理而别开新境，为儒学奠定宏基。宋明的道统说把尧舜至文武及至孔孟视为一脉相承，代表儒学及中国文化思想的正宗。熊十力则将上古时期的思想分成两派，一是尧舜至文武所代表的实用派，一是伏羲易学所代表的哲理派。孔子自五十学《易》后，赓续伏羲的易学，并改造其中的术数神化之言，发明其中的辩证思维方法，故“哲理”即是儒学的正脉。由此看，熊十力溯源的儒学显然和“儒”之名的本原义无关，所以他不用语言学考据法。他看似注重思想源流的探寻，但从他原学统而明圣道看，他的“原儒”实则预设了先在的立场，毕竟不等同于冯友兰、陈来等的思想史考索方法。故就方法而言，熊十力和传统儒者均是“即道原儒”，即以自我体认的“道”来追溯儒学的本源，而“原儒”也就成了证道。

熊十力在《原儒》中反复申论，“儒”不是孔子立教之名，儒学更不是建立偶像而倡导出世间的宗教学，乃是一种挺立主体而主张即世间的哲理学。可见，“儒学即哲学”是熊十力在溯源时对“儒学”的知识性质的贞定。考虑到熊十力所谓的“儒学”包括了“经学”，所以他反复比较儒家哲学与科学及宗教的殊异性，其中蕴含多重的意义。首先，“儒学即哲学”是针对康有为、章太炎、胡适等人的“原儒”而发。我们知道，康有为、胡适的“原儒”都把孔子塑造成教主，赋予儒学以宗教的性质。章太炎的“原儒”把孔子和儒学还原为诸子之一，章氏持守“六经皆史”观，他的“原经”又把经学等同于史学。熊十力多次批评康氏的儒教论和章氏的经史观，他自然不能赞成他们对孔子和儒学的界说。熊氏认为，儒学包

① 关于“即道原儒”的方法，及康有为的“原儒”，参见黄燕强：《康有为“原儒”及其经子关系论》，《暨南学报（哲学社会科学版）》2020年第7期。

② 熊十力：《原儒》，上海：上海古籍出版社，2019年，第17页。

通内圣与外王、成己与成物之道，其乾元性海的本体是超越而内在的，吾人以精进力显发自性固有的无穷德用，则能裁成天地，辅相万物，引导群生共同臻至太平世间。因此，儒学既非提倡出世而反人生的宗教学，亦非纯然关注经验现象而迷失形上本体的历史学，而是归本尽性、至命，且周通万物之理的哲学。

其次，“儒学即哲学”内含儒学创始于孔子的意思。熊十力把儒学的本源追溯至伏羲八卦，但他认为伏羲的易卦尚存神道、术数之学，孔子作《易》而阐明哲理，晚年又因易理而创作六经，由是奠定儒学之宏基，巍然而为儒学的宗师。“故儒学成为独立之一家派，实自孔子创作六经。”[①] 那么，就哲理化的儒学言，其创立者自然是孔子，而非伏羲，更不是章太炎、胡适说的老子或道家，亦非刘师培、刘咸炘等所谓的源自史官文化。[②] 肯认孔子为儒学的开山始祖，这又表明熊十力在“原儒”时，自觉地区分“儒”和“儒学”的概念。“儒”之名虽不始于孔子，“儒”最初可能是一种相礼的职业，孔子未必是“儒”的创始者，[③] 但在熊十力看来，“原儒”的首要工作是区别“儒”与“儒学”，而孔子毫无疑问是儒学的开创者，孔子以前实无所谓儒学，儒学的基本方向及理论均由孔子提出，故儒学必以孔子为创建人，[④] 即“儒学成家毕竟自孔子始”。[⑤] 孔子创立规模宏博、精义深邃的儒学，遂成为中国学术思想的正统。无论儒的本义如何，及其最初身份是什么，它和孔子的儒学并无必然联系，“原儒”也就不必追溯“儒”的字源义。这实际上否定了章、胡等人从语言学的角度“原儒”，直接从孔子与儒学的关系来溯源，将“儒”发展至“儒学”的思想线索虚无化了，透露出熊氏乃胡适所谓的儒家信仰者。

其三，哲学是西洋的舶来品，熊十力以哲学贞定儒学，其中一大深意是，哲学在古希腊是知识的总汇，是全部学科之母，科学本来含摄于哲学之中。儒学与哲学相类，赅摄一切学术思想，是中国文化思想的本源和正统。不仅晚周诸子百家是儒学的支与流裔，而且从知识和学科的发展演化说，孔子所哲理化的儒学，

---

① 熊十力：《乾坤衍》，上海：上海古籍出版社，2019年，第59页。

② 今人大多以章太炎《原儒》为近代“原儒”的开篇，鲍国顺首提“刘师培实是近代学术史上原儒论的创始人”。（鲍国顺：《刘师培的儒学观》，载《龙宇纯先生七秩晋五寿庆论文集》，台北：学生书局，2002年，第520页）

③ 熊十力在《答马格里尼》一文中提到：“儒之名，亦不始于孔。”（《十力语要》，上海：上海古籍出版社，2019年，第157页）这大概是认同章太炎、胡适应用语言学方法考究“儒”之名，但熊氏没有说明“儒”之名始于何时，也没有分析“儒”的本原义究竟为何，在这些问题上，他是否接受章太炎或胡适的说法，因其并未述及，我们很难确证。但可以肯定的是，熊十力曾留意章、胡的相关论著，他在《与友人论六经》中采纳了胡适以《易·需卦》为“儒卦”的观点，这是又一例证。

④ 这是劳思光的原儒说，熊十力的观点大致如是，故移用于此。参见劳思光：《新编中国哲学史》（第1卷），桂林：广西师范大学出版社，2005年，第78页。

⑤ 熊十力：《六经是孔子晚年定论》，载《原儒》，第342页。

其实包含格物之科学。针对时人批评孔子反智，称儒学疏于自然科学的探究，熊十力辩解说："圣人本不反智，不废思辨，然穷理至万化根源，即由万殊以会入一本处，决非恃理智思辨可获证解。"[①]儒家的格物穷理即在探究科学知识，中国古代的科学不发达，未能如西方发展出现代科学理论体系，是因儒学及其经典被战国和两汉的小康之儒所改窜，致令其重智的传统湮没不彰。同时，科学重在探究经验世界的物质现象及其规律，而不大关心宇宙本体及人类的道德心性，智慧的探寻当由分析现象而至究明本体。明体是求知的极诣，儒学优胜于科学者在此。

近代以来，批儒反孔寖兴而成思潮，儒学成了游魂，经学渐次瓦解。熊十力怀抱继往圣之绝学的心志，他用哲学贞定儒学，意在为儒学的现代转型开示新路径。如何从哲学的视域转化传统儒学，在讨论这一问题之前，首先要追问的是，儒学是否具有现代性价值。作为儒学的信仰者，熊十力自然不能赞成儒学必须被请进博物馆的意见；作为理性的哲学家，熊氏又无法完全忽略时人对儒学的批判。他需要论证的是，儒家性命之学的现代价值何在，内圣学如何开出民主、科学等外王学。如果说内圣确然可能开出新外王，那么，孔子之后的儒学为何未能发展出民主与科学？进而追问的是，汉学与宋学是否赓续孔子的真儒学？现今又该如何接着讲孔子的真儒学？凡此种种问题，归结起来就是如何重建儒家的学统，这是熊十力"原儒"的题中之义，故其开篇即为《原学统》。

二、儒家的学统及其重建

"原儒"命题内含破坏与建设的双重义谛，章太炎、胡适应用的语言学方法，虽然打破了宋明儒建构的心性学道统，但章氏称良史之孔子为"保民开化之宗"[②]，胡适将"悬记"之孔子类比于中兴基督教的耶稣，他们在"祛魅"中透露出"尊孔"的观念，[③]并分别以史学或儒教为归趋，尝试重建中国文化的思想谱系。熊十力的"原儒"同样如此。其《原学统》篇是对儒学之"流"的还原，《原外王》和《原内圣》两篇是对儒学之"源"的还原。[④]前者在追溯儒学的流变时，推翻了三

① 熊十力:《原儒》，第 25 页。

② 章太炎:《驳建立孔教义》，载《章太炎全集》(四)，上海：上海人民出版社，1985 年，第 196 页。

③ 鲁迅说，章太炎晚年"粹然成为儒宗"，他由早年的诋毁孔子，转向尊崇孔子和六经。他称孔子为良史，因其认史学为中国文化之正宗。那么，孔子就是中国文化的宗主。冯友兰说，胡适在《说儒》里，"把孔子恢复到'至圣先师'底地位。……一切光荣归于孔子。……把孔子的地位抬高，把老子的地位降低，把孔子恢复到哲学史中的正统底地位"(冯友兰:《哲学所与政治——论胡适哲学史工作和他底反动的政治路线底联系》,《哲学研究》1955 年第 1 期)。如时人所言，章、胡"原儒"表现出"尊孔"的意思，以及复兴民族文化的意愿。

④ 参见顾士敏:《儒学的"还原"——评熊十力的〈原儒〉》,《孔子研究》1995 年第 1 期。

代道统、治统相承的传统观念，而在以正统儒学是非评判诸子百家以逮宋明道学及佛学中，重建儒学的源流谱系。后者是阐述新学统所包通的内圣外王之道，以此作为儒学之统宗，作为中国文化的大本大源及其走向现代的道脉。只是，章、胡的“原儒”更具解构意味，极大地消解了孔子和六经的神圣性与权威性，熊十力则通过重建“四经”系统，据此阐明儒家的新学统，将儒学改造成一种兼具超越性、普世性和现代性的思想，故其相对地淡化了实证方法，主要以体认的方式而构建其新儒学体系。

熊十力早年的思想体系承继阳明心学而来，但晚年的《原儒》则归宗孔子而放弃阳明。[①] 这不仅体现在他对阳明学的是非评论，还表现为他对宋明儒的道统论提出非议。在熊十力看来，汉学固然是未见道体，甚且窜改六经，遮蔽了孔子的大同之道，沉溺于拥护帝制的小康礼教。相近的是，宋明儒于内圣学有所发明，但“宋儒识量殊隘，只高谈心性，而不知心性乃非离身、家、国、天下与万物而独存”[②]。熊氏在《读经示要》中还批评宋儒提倡绝欲、主静，既无民族思想，也无民治思想，不仅脱离生活实际，弄得人生毫无活气，而且未能开启近世的民主与科学传统。换言之，宋学的精神只专注于人伦日用间存养心性，全无博文经世之功，令体与用、心与物离析为二，未能阐明孔子的外王学。因而，宋明儒亦未见道之全体，其道统论自然是不能成立的。同时，《原儒》通过辨伪和正名，将十三经中除六经以外的典籍还原为解经类传记或儒家类子书，这不仅意味着“四书”的圣经名义被取消了，也表明宋儒依托“四书”而建构的道统亦随之瓦解。熊氏还指出，孔子早年祖述尧舜，宪章文武，继承三代的小康礼教，晚年创作六经，发明天下为公的大同之道，这已然是在上古圣贤之外自立道统。其后，曾、孟、荀等宣扬忠孝论，背离真孔学，汉宋儒家承其遗绪，致令真孔学沉霾不彰。可见，熊十力“原儒”内含一种打破汉宋之学统与道统的意思。但破坏不是熊氏的目的，重建学统才是其“原儒”的根本宗旨。

熊十力反复申论，孔子“集古圣之大成，开万世之学统”。[③] 那么，什么是学统的“活的精神”和“本来面目”？其传承谱系又是如何？前文述及，熊十力把孔子思想厘定为早晚两期，五十以前承继三代先王的治统，归宗于小康礼教；五十以后学《易》，重新创作六经，归本于内圣外王的大同之道。孔学的传承因而有大道派和小康派之分。熊氏指出，韩非子原不通儒学，其“儒分八派”说“只可

① 参见蔡家和：《熊十力对阳明心学的承继与创发》，《孔学堂》2019 年第 1 期。

② 熊十力：《原儒》，第 93 页。

③ 熊十力：《原儒》，第 12 页。

谓之小取、小舍”，大道、小康两派方可谓之大取、大舍。

> 一则全盘承受孔子晚年大道之论，而于其早年好古出于一时之意趣者，则全舍之；一则全盘承受孔子早年帝王之业，而于其晚年定论，拒而弗承也。①

熊十力把孔门弟子分为大道、小康两派，大道派赓续孔子晚年的大同学说，并舍弃孔子早年所服膺的小康礼教，所以是大取、大舍；小康派则笃守孔子早年传习的小康礼教，且拒绝承继孔子的大同之道，因而也是大取、大舍。儒学必以孔子晚年思想为正宗，两派虽然都源自儒学，但因其在取舍上的根本差异，“大道学派绍承孔子正统”，小康学派“实自堕于复古之迷途，乃孔子之罪人也”。②六国小儒始改窜六经，包括孟子、荀子皆固守小康之壁垒，汉儒承其遗绪，利用小康礼教拥护帝制，宋明儒亦绍述小康派的宗法思想，故汉学与宋学皆属小康学派，大道之学则被遮翳，由是寖衰。

那么，熊十力所谓的大道之学究竟如何？其传承谱系又是怎样的？熊氏阐述其宗旨云：

> 《原外王篇》以《大易》《春秋》《礼运》《周官》四经，融会贯穿，犹见圣人数往知来，为万世开太平之大道。格物之学所以究治化之具，仁义礼乐所以端治化之原。《春秋》崇仁义以通三世之变，《周官经》以礼乐为法制之原，《易大传》以知物、备物、成物、化裁变通乎万物，为大道所由济。夫物理不明，则无由开物成务。《礼运》演《春秋》大道之旨，与《易大传》知周乎万物诸义，须合参始得。圣学，道器一贯，大本大用具备，诚哉万世永赖，无可弃也！③

“四经”备载太平大同之道，是圣人为万世创立的法度和学统。然每部经书承担的功能有别，《大易》涵括内圣与外王，其内圣学即如上文叙述的乾元性海之本体，其外王学则以认知万物、成就万物和变化改造万物为宗。《春秋》崇尚仁义之理，明通三世之变，而归趋于太平世界。《周官》创立太平法制，而一切法律制度的本原，须归宗于孔子的礼乐思想。《礼运》演绎《春秋》的太平之道，构建人类共同生活的规制。“四经”所代表的圣人之学，含摄形而上的道体与形而下的器用，因

① 熊十力:《乾坤衍》，第 55 页。
② 熊十力:《乾坤衍》，第 69 页。
③ 熊十力:《原儒序》，载《原儒》，第 1-2 页。

而是道器一贯、体用具备，奠定了万世永赖的宏基，足为当下中国所效法。熊十力通过论证“四经”的典范性、一贯性和现代性，也就说明了“四经”的合法性与一体性，从而建构了一个新的经典系统和学术统系，类似宋儒提倡“四书”。

至于大道之学在先秦的传承，熊十力采用司马谈的说法，称当时“宗主孔子六经而推衍其广大深远之蕴，著作特多，故经传有千万数也”。[①]但因先秦及两汉的小康之儒变改六经的真髓，窜乱六经的文本，致令千万数的传记湮没阙佚。“孔门大道学派，今可考者只游、夏二人。”[②]子游传《礼运》，子夏传《春秋》，他们撰写了诸多传记以发明大道之学。[③]熊十力比较了子游和子夏的教育方法之异同，以此证明孔门弟子在传习大道之学时，表现出开放性和多元化的倾向，而且归本于明究心性、本体的宗旨。游、夏等大道派留存的传记残缺伪佚，如要考见孔子的大道之学，唯有求诸“四经”。据此概述大道的要义，一是消灭统治阶级和剥削，建立全世界人类共同生活的民主制度；二是全人类一律平等、自由，彼此互相和爱、扶助；三是提倡格物之科学，应用科学知识改造社会和改造自然，实现富邦国、养万民、生百物的目的；四是倡导政治革命、社会革命、生产革命，通过革命的方式推翻小康社会，建立天下为公的大同世界。“从《礼运》之改造社会思想，《周官》之领导生产建设，方信《春秋经》自消灭统治以达到太平世，裁成天地、辅相万物之盛，步步皆脚踏实地（实事求是），不是空想的社会主义也。”[④]凡此皆属外王之学，熊十力尝试将民主、科学、社会主义等现代性思想含摄于其“四经”学中。

相较于其他三部经书的侧重外王学，《易》则包通内圣外王之道，其核心精髓是体用不二。本体与功用虽有分而相即，由是义故，一方面是区别于科学的执用迷体，因如俗谛所谓科学真理，只留心现象界事物及其实用价值，迷失了对宇宙本体的追求，实则未免流于支离破碎的工夫，无法解释宇宙万化之源和天理性命之源。另一方面是区别于宗教的离用求体，在超脱万物、遗弃现实世界中别寻真宰，这种超越于吾人而独在的造物主，必然形成绝对无上的权威，既与人道、人心相隔，甚且对宇宙万象具有主宰义，也就否定了本心是刚健的、永恒的、能动的、可显为无穷大用的本体，无益于宇宙人生诸大问题的解决。相对于体用二分的科学和宗教而言，孔子哲理化的儒学之本体论，“不是僵死的、机械的、纯粹客

① 熊十力:《乾坤衍》，第 59 页。

② 熊十力:《乾坤衍》，第 57 页。

③ 熊十力:《乾坤衍》，第 65 页。

④ 熊十力:《乾坤衍》，第 91 页。

观的、外在的‘自然本体’，而是生生不已、刚健自动、主客内外合一的‘生命本体’；不是外在于宇宙万象和人类生活的所谓‘超绝本体’，而是合天地万物于一体，将宇宙人生打成一片的、动态的有机整体。同时，它又是内在的‘道德自我’即‘道德主体’。人的生命创造活动、道德自我完善的活动，体现了人的最高本质，涵盖了天地万物，主导着自然宇宙”[①]。这一本体论是由穷理而归本尽性，它不仅探讨宇宙的根源及其生生不已的创化过程，尤其关怀人生的归宿和人性的全面发展，关怀人存在的意义、价值和功能，以及宇宙万物如何达致和谐一体的本体境界等问题。熊十力因而相信，孔子的儒学必然为人类未来所托命。可惜，大道派的千万数传记毁于秦火及小康之儒，六经又遭改窜，儒家的真学统遂湮绝而“一团黑暗”，“至于今，历世三千年矣”，[②] 如今方得以彰明，熊十力显然是以赓续学统自居的。

在溯源儒家学统时，熊十力特别论及墨家、名家、法家、农家等皆为儒学的羽翼，其著述和学说犹如大道派的千万数传记。在经传阙佚的情况下，如要阐明孔子的真儒学，赓续其学统，除了诉诸“四经”，还应求之诸子百家，延续其思想和精神。

> 墨翟、惠施、农家，或为科学之先导，或为社会主义之开山，皆儒家之羽翼，不可不延续其精神也。法家书罕存。《管子》可略考。道家有极深远处，亦有极不好处，取长舍短，不容绝也。[③]

熊十力并未如古代正统儒家一般，斥诸子为异端，在他看来，诸子源出儒学，其学说并非完全与儒学立异，不可简单地将其拒斥于新学统之外。熊氏指出，儒学创明大道之根本，诸子沿其流而有所发挥，诸子阐发的民主、科学、平等、联比等理论，可与儒学相参证。而且，相较于改窜六经、拥护帝制的小康之儒，诸子百家可能更为忠实地承续和阐扬儒家的学统。所以，如果能够修习四经的道术，并通观诸子百家的学说，然后舍短取长，融会经子，则可以恢复大道派的学统。可见，熊十力的学统观是比较开放、多元的，并不像汉宋儒者般地排斥诸子学。

总之，熊十力的“原儒”把儒学溯源与学统重建相统一。这种通过思想探源来贞定某种思想的性质及其谱系，古今学者均有尝试，如古代的韩愈和近代的康

---

① 郭齐勇：《熊十力哲学研究》，北京：人民出版社，2011 年，第 26 页。

② 熊十力：《乾坤衍》，第 104 页。

③ 熊十力：《原儒》，第 101 页。

有为皆是典型例证。熊十力是在经学渐趋瓦解的背景下，重建“四经”系统及其思想体系，以此作为儒家的正宗学统，彰明儒学的现代性价值。所以他放弃了语言学的考证法，他也没有客观地考究儒家思想的发展线索，而是采用“即道以原儒”的方法，依据他从“四经”中体认的内圣外王之道，来贞定儒学的本源、性质及其传承谱系。因此，“儒”和“儒学”的本源必然要追溯至孔子及其六经，儒就成了孔子开创的儒家学派之私名，儒学不是源自巫史或老子，儒家也不是一种相礼助丧德职业，而是孔子六经的传习者。尤其是大道派的儒家，其怀抱刚健进取的精神，绝非文弱迂缓的师儒而已。儒学的根本原则是体用不二、心物不二，即内圣与外王一贯，它是即世间的，非出世间的，无须如康有为、胡适等以宗教贞定儒学的性质。儒学通贯形上之道与形下之器，其宇宙本体是超越而内在的，其外王治道是经验而具体的，不可如章太炎、刘师培等以史学规限儒学（经学）的范围。这样的“原儒”自然不是实事求是的，相比于语言学的溯源方法，它未必能如胡适所谓“可以使中国古史研究起一个革命”，但熊十力在溯源儒学时，于破坏中建构了一种新经典系统和新学统，开启了儒学（经学）现代化的转型之路。

三、《易》为中国哲学之源

熊十力以“哲学”贞定儒学的知识性质，他的“原儒”在某种意义上，既是对儒学的溯源，也是探究中国哲学的起源。熊氏反复申述，中国哲学的本源与正统是儒学，儒学肇端于《易》，《易》也就是中国哲学之源。然而，中国有无哲学？中国哲学源于史官，还是道家，抑或儒学？《易》是卜筮之书，还是哲学经典？《易》与先秦诸子学的关系如何？凡此问题的解答，学者意见不一，聚讼纷纭，熊十力在“原儒”中提出了其“独断之见”。

“哲学”概念和哲学学科是西洋的舶来品，中国是否有哲学，中国哲学的起源、特质及其合法性何在？这是百年来存在争议的问题，并延伸到“原儒”的讨论中。熊十力是文化保守主义者，但他并不排斥西洋舶来的“哲学”概念及其理论体系，他不像刘咸炘、梁漱溟等反对以“哲学”贞定儒学和经学。在熊十力的思想语境中，哲学是人们关于宇宙、社会、人生的本源、存在、发展之过程、律则及其意义、价值等根本问题的体验与探求。[①] 轴心时代的各大民族因其生存环境、生存体验等差异，使其对宇宙实体、存在方式、生命形态、理想世界等问题的认知，以

① 这是郭齐勇为“哲学”概念下的定义，适合于熊十力对“哲学”的理解。参见郭齐勇编著：《中国哲学史·导言》，北京：高等教育出版社，2006 年，第 1 页。

及对这些问题的表述和论证方式，表现出相似而又不尽相同的理解和期许。这就决定了世界上有共通的哲学意识和哲学问题，各大轴心文明具有特殊的思考方式和观念体系，使得问题的解答导向了不同的进路，从而产生形态相异的哲学类型。总之，“哲学”是一个普遍性与特殊性共存的概念和知识体系。

如果说先秦是中国的轴心时代，那么，在熊十力看来，开启“哲学突破”序幕的就是儒学。既然儒学即是哲学，“中国有哲学”就是一个毋庸置疑的问题。问题在于，儒学为中国哲学奠定的特质如何？熊十力在《原儒》中说，中国哲学讲究本体现象不二、道器不二、天人不二、心物不二、理欲不二、动静不二、知行不二、德慧知识不二、成己成物不二等，[①] 归结起来即是体用不二，因而没有唯心和唯物的一元论，以区别于西方哲学传统中的绝对唯心论和唯物论。针对时人批评中国哲学毫无系统，熊氏指出：“凡成系统之理论，其含义便尽于其所持之论，更无余蕴，而六十四卦之妙直是无尽藏，此意难为不知者言，呜乎深微乎！”[②] 所谓“系统”，并非指形式或结构上的首尾一贯而已，乃是指义理或内容的宏博精要，如冯友兰说的“实质上的系统”。[③] 就儒学而论，熊氏说先秦儒家大道学派的六艺经传有千万数，可谓宏博；同时，儒家穷天道性命之源，又以格物备物、化裁变通乎万物为用，此乃其精要。熊氏以《易》为例，一则说《易》“六十四卦含藏万有，摄无量义”，再则说《易》之道广大悉备而归本穷理尽性至命，故易学是“博而有要”，[④] 具备内在一贯的系统。《原儒》《乾坤衍》等著作即是要寻出易学，乃至中国哲学的实质上的系统。

“中国有哲学”是一个毋庸置疑的问题，中国哲学从何说起，则是一个可以商议的问题。胡适起初研究中国哲学史，有意做东西哲学的比较研究。他写作《说儒》时，转而认为中国只有思想而无哲学。大概是因为观念的变化，他的《说儒》是从比较宗教学的角度来审定原初的儒学，而非从比较哲学的角度来诠释儒学。所以他说儒学的本源是巫史文化，老子最早对巫文化做了形而上的、思辨性的转化，作为一种思想流派的儒学，实则是对老子思想的继承和发挥。胡适《中国哲学史大纲》采取“截断众流”的方法，并接受章太炎《原儒》的观点，以老子为中国第一位哲学家，这种认识体现在其《说儒》中，是称老子为先于孔子的“老儒”，肯定孔子问礼于老聃的传说。熊十力没有写过“中国哲学史”之类的著作，

① 熊十力:《原儒序》，载《原儒》，第 1 页。

② 熊十力:《原儒》，第 15 页。

③ 参见冯友兰:《中国哲学史（上）》，北京：中华书局，2014 年，第 21—22 页。

④ 熊十力:《原儒》，第 15-16 页。

但《原儒》在一定意义上，似可视为其梳理先秦哲学史的作品。他在此书中寻绎中国哲学的起源，探讨六经与诸子、儒学与诸子学的源流关系。如前所述，他把儒学确定为中国哲学的本源和正宗，先秦诸子学皆导源于此。需要进而追问的是，儒学“游文于六艺之中”，那么，六经又以哪部经书为本？《汉书·艺文志》称《易》为五经之原，熊十力极为服膺此论，他说：孔子“五十学《易》而后，思想大变，观察世变益深，于是作《易》《春秋》、新礼诸经（新礼谓《礼运》《周官》）此其后，必将重理早岁《诗》《书》故业，予以改造。”[①]《易》包通内圣外王之道，其他经书则详于外王学，于内圣学则略焉。因此，无论是从写作时间，还是从义理源流上看，《易》堪当为群经之原，可谓儒学之本，乃至是中国哲学思想的根底。

诚然，熊十力的论断缺乏客观、实证的依据，他说：“中国一切学术思想，其根源都在《大易》。”[②]这是儒学史和经学史的一贯见解，而现代哲学史的写作注重文献材料之真伪的考证，熊氏的说法未必能使人信服。因在现代疑古思潮的冲击下，从前被尊崇为孔子创作的常道之经，其成书时间和内容性质，如今都成了有待考辨的问题。如《易》是卜筮之书，还是哲学经典，学者的意见不一。从《易经》诠释史看，汉代易学主象数，宋代易学主义理，然无论汉宋，易学是象数与义理并存的。现代学者依据进化史观，从知识和思想线索的演进逻辑考辨《易经》，往往将其视为一层层累地形成的作品，卦画和卦爻辞等是最原初的内容，其功能主要用以占卜和筮问吉凶。即便是阐发义理的《易传》，许多学者否定其与孔子的关系，审定其为战国或两汉儒者所编撰。如此，《易》虽然保存了远古时代的文化基因，但《易》的内容从“天文之学”转向“人文之学”，或者说从术数之学转向义理之学，是发生在战国时代而完成于西汉初年，并非中国哲学史上的第一部典范性文本。

熊十力既疑古，又信古，他是在疑信之间采取释古的态度。就《易》的成书时间和内容性质言，熊氏接受疑古学者的意见，认为《易》创始于远古时代的伏羲，卦画和卦爻辞尚未脱尽宗教术数的窠臼。但他又强调，伏羲初画八卦的意旨，是要穷究宇宙本体的神化妙用，为辩证法之导源，蕴含精奥的哲理，非唯神道设教而已。熊氏又采纳今文经学家的“孔子作《易》”说，称孔子五十学《易》，上探伏羲八卦，依卦爻辞阐明天地宇宙运行不息和万化万物变动无穷之理，尽扫天帝、神异之迷信，归宗于宇宙本体及其神化妙用之探究。概括言之：“易学始于羲皇之八卦，为中国学术思想之大源。孔子以前之《易》大概为术数与哲理二者交

① 熊十力：《六经是孔子晚年定论》，载《原儒》，第346页。
② 熊十力：《新唯识论（语体文删定本）》，上海：上海古籍出版社，2019年，第125页。

杂之仓库。”[①]伏羲随顺初民的信念，以天帝为万物本原，孔子始建乾元以统天，明示天帝不得为万物主。[②]经孔子改作以后，《易》的“本体论则废除上帝，于心物问题则主张神与气本不二而亦有分”，体用不二之义既明，辩证逻辑之理始定，而《易》纯然“为哲学界之根本大典矣”。[③]熊氏还信守古文经学家的“《易》为五经之原”说，在他看来，群经和诸子皆是演绎《易》之理，《易》就是中国哲学史上首部典范之作，乃中国哲学的大本大源。熊十力此论综合了古今诸学派的说法，显然是针对胡适《中国哲学史大纲》“截断众流”的写法及其《说儒》称老子先于孔子的观点。

《易》因何是中国哲学之源？此问题的解答涉及“中国哲学史”的叙述方式与框架。其实，在哲学史的研究中，学者关注的紧要问题，一是形上学的存废，二是唯心与唯物的分派，三是哲学与科学的关系。首先，关于形上学的存废及其在中国哲学的表现形态。因受西方逻辑实证主义者消解形上学的影响，国内学者或主张废弃形上学，或提倡将形上学科学化。这就决定了他们对本土的形上学传统的评判态度，或宣称中国并无西方哲学史意义上的形上学，或以为中国的形上学缺乏逻辑实证的特质。新派如胡适、傅斯年等，旧派如吕澂、梁漱溟等，均反对应用西方哲学的宇宙论、本体论来诠解中国哲学。与此相对，熊十力不但表示：“哲学之本务，要在穷究宇宙基源”，[④]即探讨宇宙本体之究竟，故“明体”“究体”是哲学研究的第一要务。同时，他着意吸收西方哲学之长，结合《易经》“乾元统天”之义，而建构其体用不二的宇宙本体论。他说：“古《易》体用之分，遂为中国哲学立定宏规，确与西洋异轨。”[⑤]中国哲学的本体论源自《易经》，其中包含体用不二的原理，从而表现出超越于西方哲学的特质。其具体表现为：《易经》的乾元性海本体“不是僵死的、机械的、纯粹客观的、外在的‘自然本体’，而是生生不已、刚健自动、主客内外合一的‘生命本体’；不是自外于宇宙万象和人类生活的所谓‘超绝本体’，而是合天地万物于一体，将宇宙人生打成一片的、动态的有机整体。同时，它又是内在的‘道德自我’即‘道德主体’”。这样的本体既是超越的，又内在于人的生命，“体现了人的最高本质，涵盖了天地万物，主导着自然

① 熊十力：《原儒》，第225页。
② 熊十力：《原儒》，第233页。
③ 熊十力：《原儒》，第80页。
④ 熊十力：《原儒》，第233页。
⑤ 熊十力：《原儒》，第233页。

宇宙”。[①] 熊十力特别指出:“道家之学本出于孔子《易经》”[②],老子的宇宙本体论以“主一”开宗，用“象帝之先”界定“道”的内涵，即明天帝不足为万物之主，其反宗教神学的本体论就是源自《易经》，故《易经》奠定了中国哲学之形上学的理论形态。

其次，关于唯心与唯物的分派。东西哲学史上的宇宙本体论表现出多种形态，论其大要则不外是唯心论与唯物论。20 世纪 50 年代，受日丹诺夫的哲学史研究范式影响，人们应用唯心与唯物相对的叙述方式来撰写“中国哲学（思想）史”。熊十力的《原儒》正是创作于此种研究范式流行的时代，他在书中评述此现象：

> 是故以西学唯心、唯物分裂之情形，而考核中国哲学，则显然可见者，自伏羲始开学术思想之源，下逮晚周，诸子百家发展极盛，而哲学界始终无有如西学以唯心、唯物分裂宇宙之异论，此中国古学特殊处也。[③]

伏羲易学首辨体用、心物问题，孔子修正上古以天帝为宇宙主宰之失，将本体收摄于吾人本心。本心是无对之全体，本心的澄明可与宇宙大心相合。故孔子所谓“心”者，非只就其主乎吾身而言，乃是“通万物而言其统体”[④],万物即是心体之发用、流行。从伏羲到孔子，乃至诸子百家，无不讲求心物不二的道理，而无偏执精神或物质为本体者，故从未发生唯心或唯物的一元宇宙本体论。西学则是知有用而不知有体，因而发生一元唯心或一元唯物的偏见。熊氏指出:“如以精神为本体，固是执现象为本体，易言之，即有以用为体之过。以物质为本体者，亦是执现象而莫睹其真。有用无体，云何应理？”[⑤] 心物原是本体流行的两面，将心物分成二元，实乃只见现象而不知本原，固执于用而丧失其体，如此必不能真切地解悟体用，也不可能深切地澄明本心和穷究物理。因此，“自伏羲发明《易》道而后，中国哲学界不唯无一元的唯心论，亦无一元的唯物论”,[⑥]《易经》的体用、心物不二论奠定了中国哲学的宇宙本体论的基本形态，从先秦诸子到宋明的张载、王阳明等，皆谨守此一道理而建构其哲学体系，如用唯心与唯物二元对立的框架叙述“中国哲学史”，则其诠释通常是不得要领。

---

① 郭齐勇:《熊十力哲学研究》，第 26 页。
② 熊十力:《原儒》，第 38 页。
③ 熊十力:《原儒》，第 243 页。
④ 熊十力:《新唯识论（语体文删定本）》，第 288 页。
⑤ 熊十力:《原儒》，第 234 页。
⑥ 熊十力:《原儒》，第 235 页。

其三，关于哲学与科学的关系。近代以来，中国哲学的研究和“中国哲学史”的创作是在哲学与科学的关系命题下展开的。[①] 中国古代哲学是否具备科学精神与科学方法，因何未能发展出西方近代意义上的科学传统？未来的哲学是否必然要进化至科学形态？这些是人们所关心的议题。熊十力推崇科学的实用性，但不赞成哲学的科学化。他说：“现世学术复杂，科学重要不待言。而综合各种科学思想，以深穷宇宙实相（实相犹言实体），人生真性，不能不有赖于哲学。”[②] 科学帮助人们认识事物的律则，指导人们利用和改造自然世界，其重要性毋庸置疑。但“科学成功，却是要致力于支离破碎……所以于科学外，必有建本立极之形而上学，才是哲学之极诣”[③]。科学分析万物之理，至精至细，然其研究对象止于现象界，而对宇宙全体的认识，却是不该不遍，陷于一曲。它既无法解释宇宙万化的起源，也不懂得人类生命之源，不能说明道德主体如何通过自觉的实践体验，达致天人合一、万物一体的境界。所以，“科学的真理”如庄子所谓道术之分裂，并不能体察天地宇宙之全，“哲学的真理”方可备天地之美，称神明之容，包通内圣外王之道。这种穷究本源的真理，就是前文叙述的形而上学，导源于伏羲和孔子的《易经》。

古希腊哲学是一切学科之母，含括科学精神与方法。熊十力认为易学同样如此，他说：“古代哲人学术，有包罗万象之概。”[④]《易经》就是兼备哲学与科学的元典，孔子“作《易》阐明万有万物万事之普遍原理”，[⑤] 故“倡导科学之理论，莫盛于《大易》”[⑥]。孔子尊重知识，绝不反智，因而提倡格物之学，肯定人类具有无限潜能的认知能力，还有发展知识的爱好，能够周遍地体察万物之理，这是主智的观念、科学的精神。寻绎中国哲学史，“从帝尧人代天工之训，至孔子以逮荀卿，倡导科学之精神后先一贯”[⑦]。先秦诸子如墨翟、惠施、黄缭、公输子等皆以科学名家，且均导源于《易》。因“古《易》首发明辩证法”[⑧]，“孔子作《易》，首以阴阳成变解决宇宙论中之心物问题，盖本其所观测于万物万事万化者，莫不由乎辩

① 参见黄燕强：《“中国哲学史”创作中的“科玄之辩”》，《社会科学》2021 年第 7 期。

② 熊十力：《读经示要》，上海：上海古籍出版社，2019 年，第 209 页。

③ 此语出自熊十力门人所记，而经熊氏审定。参见《印行十力丛书记》，《熊十力全集》第四卷，武汉：湖北教育出版社，2001 年，第 5 页。

④ 熊十力：《读经示要》，第 209 页。

⑤ 熊十力：《体用论（外一种）》，上海：上海古籍出版社，2019 年，第 217 页。

⑥ 熊十力：《原儒》，第 112 页。类似话语，常见诸熊十力《乾坤衍》，如：“《易大传》倡导科学之论，实以科学技术为社会生产建设之基本。孔子倡导社会革命思想……纯以科学实事求是之精神与方法，拟定实行计划。”（熊十力：《乾坤衍》，第 269 页）

⑦ 熊十力：《原儒》，第 120 页。

⑧ 熊十力：《原儒》，第 234 页。

证法。"[①] 再明白言之,"孔子于《易》之《复卦》首明小辨术"[②]。熊十力所谓"小辨术",就是西方的逻辑分析方法,先秦诸子称之为"名学",这是格物学的利器。天地间的物理繁赜至极,须用逻辑分析法考察其同中之异和异中之同,然后能由表以入里,由粗而致精,究明万物间的因果关系。《复卦》所言尚简略,《易经》传记又多亡佚,犹幸《大戴礼》有《小辨篇》尚存鳞爪,其称孔子对鲁哀公问忠信云:"内思毕心曰知中,中以应实曰知恕。"根据熊十力的解释,"内思毕心"指内心具有思维的功用,而人的思维能够依据感觉摄入的万物万象,即所谓感性材料,反复地分析与综合其特性,据此构造无数抽象的概念,以表述万物内在的理则,从而构成重重无尽的理法界。[③] 所以,《易经》的格物学是以实测术为基础,以辩证法为工具,而归本于化裁天地、开物成务,即开发自然界无限物资,满足人类生活的需要。现代学者常说,《道德经》最先发明对立统一的矛盾原理,熊十力则认为老子的辩证法是窃取于《易》,先秦名家之学莫非导源于此。

总之,《易经》的哲理化同时开启了儒家哲学,儒学自其起源处即已扫尽宗教色彩,为中国哲学确立人文主义的典范。现代学者的"原儒"常以宗教贞定儒学,诸如康有为的儒教说,胡适的悬记说,牟宗三的人文宗教或道德宗教说,凡此皆与熊十力的观点不同调。儒学是否为宗教,这是仁者见仁的问题。然《易经》原属卜筮之书,这似为确凿的事实。而孔子曾否作《易》,或《易》的哪些内容出自孔子,这实在难以确证。熊十力的论证看似言之凿凿,实乃哲人之思,可谓"独断之学",却非科学实证的见解。

四、诸子为儒学之流裔

"即道原儒"的方法预设的前提是,儒学代表确定性常道。熊十力说,经为常道,宗经的儒学是千古学统之道脉。[④] 那么,常道是否儒学之所私?诸子百家是否有得于道体之一端?因熊氏通常把儒学与经学相等同,皆贞定为明体究理的哲学,故上述问题的解答,不仅反映了儒学与诸子学的关系,也体现了熊氏如何界定经学与子学的关系,并通过论证儒学(经学)与诸子学的源流关系,而阐述中国哲学的特质及其现代转型之路。

---

① 熊十力:《原儒》,第 222 页。

② 熊十力:《原儒》,第 117 页。

③ 参见熊十力:《原儒》,第 117 页。

④ 需要说明的是,"儒学"概念的意涵,如熊十力所谓宗经申义、上酬先圣的学问,他实际上是把"儒学"等同于"经学",儒学的范畴甚至包括六经。

熊十力写作《原儒》时，孔子与六经的权威已然瓦解，经学的传统几乎衰绝，诸子学的研究则方兴未艾。从当时学界的主流意见看，人们宣称经学的研究应该结束，中国哲学的未来则冀望于诸子学的复兴。熊十力依然持守“经为常道”的信念，表彰六经是包天地、通古今的至道，但他不排斥诸子。他说：“六经、诸子皆哲学大典。”[①] 中国哲学在现代的创造性转化和创新性发展，不仅要诉诸经学的赓续，还要求之于诸子学的阐扬。但不能固守六经以言道，诸子百家所发明的道体，其实可与六经互证互补。熊十力对此有充分的自觉，他说：

> 宇宙真理无穷无尽，非一家之学所能测，譬如大洋水非一人之腹所能饮。然复须知，凡成家之学，其于无穷无尽之真理本不能见其大全，而决非绝无所见，若绝无所见，即不得成为学术。故每一家之学，即就其所见到处逐渐推广求精求详，然其推广之领域终属有限。易言之，凡成一家之学者，即是自辟一天地，而亦自囿于其天地之内。[②]

概括而言，宇宙真理之大全非儒家所能私，诸子也能成一家之学，自辟思想天地，阐明宇宙真理的大概。无论从常道或真理的发现看，还是从中国哲学的未来说，熊十力并不拘囿于六经，他主张博采诸子之长，以论证中国哲学的合法性与现代性，进而建构其思想体系，《原儒》重建的学统就含括了诸子学。

熊十力肯定诸子学的思想价值，是基于其“诸子出于儒家”的认识。《汉书·艺文志》称诸子为“六经之支与流裔”，康有为的“原儒”认同此论，熊十力也是如此。他说：“春秋、战国之际哲学派别，其最伟大者当推六家：曰儒，曰墨，曰道，曰名，曰农，曰法。儒家宗孔子，为正统派，自余五家其源皆出于儒。”[③] 因此，熊氏反复申论，儒家是“华夏学术思想界之正统，诸子百家靡不为其枝流余裔”[④]。儒家是正统，然诸子不是异端，因其源出于儒，故诸子学与儒学是同源同质的，共同分享常道或宇宙真理之大全。这一说法与《汉志》相近，略同于章学诚（《文史通义·诗教上》），但又区别于传统儒者之斥诸子为异端，也不同于章太炎、胡适的“原儒”称儒学源自道家。熊十力以“哲学”贞定儒学（经学）与子学的性质，哲学史的研究既要探源，也要溯流，其本源为六经，其流裔是诸子，源与流之间

① 熊十力:《原儒》，第226页。

② 熊十力:《原儒》，第48页。

③ 熊十力:《原儒》，第28页。

④ 熊十力:《原儒》，第28页。写作于《原儒》之前的《读经示要》就说：“诸子之学，其根底皆在经也。”（熊十力:《读经示要》，第9页）类似言论，常见诸熊十力的各种著述。

的内在演进理路，反映出经（儒）与子互动及先秦哲学史的发展脉络。

那么，经与子的源流关系如何？或者说，儒学与诸子学的源流关系究竟怎样？《汉志》没有细致的辨析，章学诚的《文史通义·诗教上》曾有说明，然熊十力并不赞成章氏的“六经皆史”说，他也未采纳章氏的经子源流论。在熊十力看来，六经与诸子的源流关系是：

> 《春秋》正辞之学，归本辨物。后来荀卿乃至墨翟等家皆演《春秋》之绪，以切近于群理治道，实事求是为归。[①]
>
> 道家之学原本《大易》，孔子之枝流也。[②]
>
> 故《春秋》经主张天下一家，建立人类共同生活之规制，即天下之财公之于天下之人人，则社会上厚藏之阶级必先夷灭务尽，而后全人类皆无不足之患。老云“无藏也，故有余”，正符斯旨。[③]
>
> 名家之学，其源出于《易》《春秋》。[④]
>
> 《诗》亡然后《春秋》作。农家思想亦出于《诗》，固《春秋》之旁支也。[⑤]
>
> 《管子》之书虽后人所造，然必齐、鲁间儒生感礼让为治，不可起衰救敝，于是变而崇法，创成学说，托为管子之所著书。自其书行，而后法家学派始张矣。[⑥]

概括而言，墨家的名学出于《春秋》，道家、名家皆原本《大易》《春秋》，[⑦]农家出于《诗》《春秋》，法家创自齐鲁间儒生。[⑧]诸家的渊源中尤以《易》《春秋》

---

① 熊十力:《原儒》，第 4 页。熊十力说：“《墨子·大取》等篇，名学甚精，其源出于《春秋》尚可考也。”（熊十力:《原儒》，第 28 页）

② 熊十力:《原儒》，第 19 页。

③ 熊十力:《原儒》，第 37 页。

④ 熊十力:《原儒》，第 41 页。

⑤ 熊十力:《原儒》，第 91 页。

⑥ 熊十力:《原儒》，第 45 页。

⑦ 熊十力指出，墨子及其后学别墨皆是名家大师，名家源于《易》《春秋》，墨家只说出自《春秋》，因熊氏认为：“墨子好格物之学，犹秉儒术，而其非攻则与《大易》昌言革命之旨相违反。”（熊十力:《原儒》，第 55 页）

⑧ 关于诸子与六经的关系，熊十力在多种著作中均有论述。《读经示要》言之颇详：“诸子之学，皆原本六经。名家者流，自《易》《春秋》出。名家，发明思维术，示人以如何去观察与判断事物，而能得其理，无有迷谬。《易》《春秋》二经，皆深于名理，为后来名家导其源，此无可疑者。墨家者流，自《春秋》《尚书》出。墨子尚贤、尚同、兼爱、兼利等思想，皆本《春秋》太平世义，而推演之。其《天志》等篇，则本《尚书》。……法家者流，自《礼》与《春秋》出。……法家之学，盖通《春秋》升平，与《周官》之旨，将使人类离据乱之陋，而相习于法治。……道家者流，自《大易》出，老子言一生二，二生三，即本《易》之每卦三画，而疏释之也。……农家者流，自《诗》出。《三百篇》讽刺社会与乱政之诗甚多，此农家革命思想所由兴。……凡此数大学派，皆出于六经。诸家思想脉络，的然可寻。”（熊十力:《读经示要》，第 154—155 页）

为重,《易》乃是中国哲学之源,《春秋》则仅次于易,[①]二者为群经所宗,[②]亦为诸子所本。因此,“晚周六大学派,儒为正统,墨、道、名、农、法,同出于儒而各自成家,各辟天地,猗欤盛矣!”[③]然诸子未必如儒家之信奉六经、宗经申义,而是通过攻击儒家,标新立异,自创一家之学,而与儒家共同成就了中国轴心时代的“哲学突破”。

古今的学术话语体系有别,章学诚是以阴阳、天地、五行、法制、刑名等传统概念来论述诸子与六经的源流关系,熊十力则是结合现代学术话语和东渐之西学,以心物、科学、民主、平等等概念来论证诸子学如何承续六经。首先,以心物问题论道家与《易经》的关系。熊十力认为,哲学的创构须辨明体用、心物问题,伏羲八卦已涉及体用之义,至孔子作《易》,然后体用、心物之理乃昭如日月,老子的哲学思想即继承此而来。熊氏指出,老子所谓敻然无对、寂然无象的“道”,就是本体之名,万物的本源,而心物是道的功用。老子用“常无”“常有”界说“道”的规定性,熊氏以心物来说明,如“常无”指“心斡运物而无有形”,“常有”指“物含缊心而显其质”。微妙无形的心是真常的、永恒的、绝对的、清净的,能够永葆其本体清虚之性;粗拙有形的物是暂住的、变化的、有对的、浑浊的,一旦由道凝聚而成质,则可能违背其本体之自性。老子说:“万物负阴而抱阳,冲气以为和。”熊十力以“神质”解释,阴为质,阳为神,质是以凝聚万物为功,神则斡运、主领、开发乎质的功能,故老子说阴阳范畴犹《易》论乾坤、心物,阴阳冲和乃如乾元资生、坤元资始的势用,万物得之而各遂其性,由阴阳相依乃证成心物不二之理。且在熊氏看来,老子此语涵括宇宙论、人生论的意义。就宇宙论而言,本体的流行及其化成天地时,阴阳一齐俱有,其间虽有矛盾,亦有和谐,阴阳的对立统一构成了宇宙自然运行不息的动力。就人生论而言,《易传》说“继之者善也”,吾人继承阴阳冲和之气,以凝聚为性命,如是而人性无有不善。如此看来,“老氏于此处确实取诸《大易》,故于心物问题完全接受儒学,无有丝微争论”[④]。儒道的差别在于,儒家的乾元本体是刚健的、超越的、内在的,老子的“常无”则是以虚无为本体。如果一意崇尚虚无,以创造实物实事为戒,万物可能遂性而至冲和之境,也将导致废除万物之用,令体用离析为二。《易经》讲体用不二,主张在于万物万化的变动及其大用中认识本体,因而注重裁成天地、辅相万物,

① 熊十力:《六经是孔子晚年定论》,载《原儒》,第346页。

② 熊十力:《原儒》,第4页。

③ 熊十力:《原儒》,第48页。

④ 熊十力:《原儒》,第222页。

称体起用而使万物皆得起所，然后再由上达工夫，而发扬精神、灵性生活。所以，熊十力批评道家是“摄用归体”，而迥异于儒家的“摄体归用”。[①]

其次，以科学问题论墨家、名家与《易》《春秋》的关系。中国古代有无科学思想，中国近代科学的发展因何落后于西方？人们通常从传统哲学中寻求缘由，批评儒学缺乏科学意义上的知识论传统。熊十力的《原儒》特别予以辨正，他说格物致知之学源自伏羲八卦，孔子不反知，极注重科学，其《易经》发扬“人代天工”的科学精神，《春秋》详记各种灾异现象，意在敦促人审察物理，认识自然规律，改造自然世界，兴修天文、水利等工程，以满足和改善民众的生活需要。可见，“《大易》《春秋》皆倡导格物之学”[②]，墨家、名家的科学思想便受此启发。熊十力称赞墨子、惠施、黄缭等是名辨学家，也是天才的科学家。名家思想宗主《春秋》，其要旨是“正辞必先辨物”。就正辞而言，是对概念、命题、推理的研究，相当于探讨思维形式、规律和方法的逻辑学。《易经》的小辨术和《春秋》的正名说包含逻辑分析方法，《墨经》、惠施、公孙龙等人的坚白、小大、异同之辨等承袭二经，并拓展了逻辑学研究的问题域。就辨物而言，指辨析万物之理，掌握自然规律，并利用其改造自然世界。熊氏说，墨子和惠施不只是名家而已，且深通格物之学，《墨子·备城门》诸篇即是明证。从惠施的“遍为万物说”看，他既能研究自然科学，对物理世界的探索甚为深入，更难得的是，他富于求知欲，充满好奇心，向大自然里努力追求，希冀以一己的智力，穷尽宇宙所有的秘密。所以，墨子、惠施等人的名学和格物之学，可与儒学相互补。

其三，以民主问题论法家与儒家的关系。现代学者批评儒家和法家拥护君统，依附帝制，熊十力不以为然。他指出，儒家原有民主思想，《礼运》的大同之道就是明证，《春秋》《周官》则主张废除绝对王权，实行民主政治，并且建构了虚君的民主共和制。那么，法家是否有民主思想？熊十力认为，晚周的哲学思想发展兴盛，法家当如其他学派一般，内部分派必定众多，其中应有人倡导民主学说，如《淮南子·主术训》记载的“法籍礼义者，所以禁君，使无擅断也。……法生于义，义行于众适，众适合于人心，此治之要也。……法者，非天堕，非地生，发于人间，而反以自正”等语，就是采自法家中的民主论派。熊氏从三个层面来解说，一是根据“法生于义，义行于众”，称法家主张“废君而行民主之制”，因立

① 关于熊十力对道家的批评，参见景海峰:《熊十力哲学研究》，北京：北京大学出版社，2010年，第148—149页。不过，熊十力在批评道家时，还指出道家与儒学的渊源关系，并肯定道家在心物、民主等问题上的合理性。熊氏对其他诸子学的态度大致如此。

② 熊十力:《原儒》，第119页。

法的最终依据在于天下民意，体现了民众互相扶助、互相制约的法理精神。二是进而认为，依据群众公意确定法制，这是民主政治的基础，而法籍、礼义等具有限制君权的功能，反映的是君主宪政的理论。三是从思想源流的角度指出，“晚周法家民主论派必由儒者首创”，因为“儒学本有民主思想，其变儒而为法亦甚易”，而且其中强调法籍、礼义并重，不是纯粹以“法”为主。如谓“法者发于人间，而反以自正”，包含推己及人的恕道，实得真儒学的骨髓。[①] 可见，“法家民主派，儒家气味深”[②]。

其四，以平等问题论农家与《诗经》《春秋》的关系。熊十力梳理平等思想的渊源时说，上古三代的政治体制注重等级，由天子、诸侯、大夫构成了三层统治阶级，至孔子作《春秋》，彰扬贬天子、退诸侯、讨大夫的正义，再删定《诗经》而保存当时民众呻吟穷困的生活情态，故融会于诸经的一贯之道中，包括宣扬人格、机会、权利皆同等的平等观。熊十力说:“农家之学，当出于《诗经》。”[③] 农家未必源自一种职业，可能是学者同情《诗经》所描述的穷苦民众，乃因农事而号召君民并耕，据此推论立说，自成一家言。熊氏根据《孟子·滕文公上》记载陈相的言论，将农家思想概括为：一者，君臣与天下民众并耕而食，不许有统治阶级存在。二者，废止君统，破除上下等级制度，旨在使人类皆平等互助，而建立共同生活的制度。熊十力特别称道此“是真能实践《春秋》之道者”[④]，可作为太平世界的最高准则。三者，不分劳心者与劳力者，天下民众既共同耕作，又共同直接地处理政事，不需选举行使权力的人民代表，这近似无政府主义的绝对平等观。这样的农家思想既与儒家天下为公的大同之道相合，又与当时主流的社会主义理论和制度相契，熊氏给予高度的评价。

诸子学源自儒家，然诸子毕竟不像儒者那般宗经申义，往往是在采纳中批评儒学，由此推论演绎而成一家之言。用熊十力的话说，诸子百家虽源出于儒，然各持异论，各自开宗，而与儒家相抗衡，乃至是争立为正统。熊氏尊儒学为宗脉，从他的立场来看，诸子与儒学相异者，表明其既未探儒家内圣学的真髓，亦未悟儒家外王学的新义，故诸子百家思想纷歧的现象，反而阻碍了孔子新学说的发展，其中尤以道家、墨家、法家为甚。当然，熊十力的上述论证是否客观可信，这是可以商榷的。但从同情与理解的角度说，“宗经申义”是熊十力《原儒》的主旨，

---

① 此段论法家民主派的观点和引文，参见熊十力:《原儒》，第 47—48 页。

② 熊十力:《原儒》，第 243 页。

③ 熊十力:《原儒》，第 45 页。

④ 熊十力:《原儒》，第 177 页。

他以心物、科学、民主、平等诸问题论证六经（儒家）与道、墨、名、法、农的渊源关系，至少提示我们，经子关系命题源起于先秦，因六经与诸子都是哲学大典，故对此命题的探究，也就是细绎先秦哲学思想史的发展源流，探寻中国哲学的特质及其内在更新机制，借此促成中国传统哲学的创造性转化和创新性发展。

结 语

《原儒》作为熊十力的晚年定论，体现了他对“中国文化向何处去”“中国向何处去”等时代问题的省思。探寻儒学的起源是本书的主脉，围绕此中心议题而展开的，一是以西方传来的“哲学”概念贞定儒学的性质，说明儒学开启了中国轴心时代的“哲学突破”序幕；二是通过探究儒学与诸子学的关系，确认儒学为中国学术思想的本源，梳理先秦哲学思想史的源流变化；三是从现代学术视野和学术话语论证儒学和诸子学中包含科学、民主、平等的思想，回应时人对中国哲学与文化的批判；四是超越今古文之聚讼、汉宋学之嚣争，回归先秦儒学和诸子学，以儒学为正统，融会诸子学与西方哲学，重建中国学术思想的传承系统，强调“学统”既含摄德性之学，又包括知性之学，由此可以开出现代性的内圣外王之道。道或学统的阐扬与赓续，需要经典的承载，所以《原儒》以回归原典的方式，重建了“四经”系统，据此建构了新的经学思想体系。